R. Schulz
R. Bader
A. Richter

unter Mitarbeit von
A. Brand
K.-P. Lukasczyk
D. Scheel
B. Schneider
B. Siefer
C. Sladek
H.-U. Ziggert

Qualitätsmanagement und berufliche Bildung

Stam 4796.

www.stam.de

Stam Verlag
Fuggerstraße 7 · 51149 Köln

ISBN 3-8237-**4796**-7

© Copyright 2000: Verlag H. Stam GmbH · Köln
Das Werk und seine Teile sind urheberrechtlich geschützt. Jede Verwertung in anderen als den gesetzlich zugelassenen Fällen bedarf deshalb der vorherigen schriftlichen Einwilligung des Verlages.

Vorwort

Wer sich mit Qualitätsmanagement beschäftigt hat oder beschäftigen möchte, ahnt bei dem vorliegenden Titel „Qualitätsmanagement und berufliche Bildung (QMB)" nicht unbedingt, dass es hier um die didaktisch-methodische Auseinandersetzung mit dem Megathema „Qualität" geht. Es hat in den vergangenen Jahren vermehrt Ansätze zur Modernisierung von Organisationen, d. h. Organisationsentwicklung in Bildungseinrichtungen gegeben. Wer hierzu fündig werden möchte, wird enttäuscht. Wer aber wissen möchte, welche Unterrichtsinhalte aus dem Qualitätsmanagement beispielsweise für einen handlungsorientierten Unterricht in einer Berufsschulklasse der industriellen und handwerklichen Metalltechnik geeignet ist, der sollte weiterlesen.

Die Idee für diese berufspädagogische Auseinandersetzung stammt aus dem Jahre 1995, als in vielen deutschen Industrieunternehmen umstrukturiert werden musste, weil die tayloristischen Fabrik- und Fertigungsstrukturen durch die Tatsache, dass fernöstliche, aber auch europäische Länder Produkte zu deutlich geringeren Preisen bei gleicher Qualität anboten, unter erheblichen Leidensdruck gerieten.

Für die Berufsausbildung erwuchs aus dieser Entwicklung eine produktive Herausforderung, verlief sie doch unter der Perspektive, berufliche Arbeit um neue Komponenten anzureichern und hierdurch die Grundlage zur Entwicklung beruflicher Handlungskompetenz zu verbreitern und hinsichtlich des Anforderungsniveaus anspruchsvoller zu gestalten. So machte sich unser QMB-Team auf den Weg, die neuen Anforderungen an die Mitarbeiter und Mitarbeiterinnen eines umstrukturierten Betriebes zu erforschen, und aus den gewonnenen Eindrücken und Erkenntnissen wurden exemplarisch innovative Unterrichtseinheiten entwickelt. Mit viel Unterstützung aus Ministerien und Wirtschaft haben wir dann einen von der Bund-Länder-Kommission für Bildungsplanung und Forschungsförderung (BLK) finanzierten Modellversuch an berufsbildenden Schulen gestartet und durchgeführt. QMB war für uns zunächst nur ein Kürzel, allerdings stand es für eine Orientierung und zugleich auch für weit gespannte Hoffnungen. Heute stehen die drei Buchstaben für eine gewisse „Qualitäts-Philosophie" und für ein Arrangement didaktischer Ideen und Konzepte.

Das Generelle aller Inhalte und Lernziele haben wir in den „Lernfeldkomponenten zum QMB-Qualitätskreis" erfasst. Da die Verfasser überwiegend aus dem gewerblich-technischen Gebiet kommen und wegen der inhaltlichen Nähe von Qualitätsmanagement und Produktionstechnik, lag es nahe, konkretisierende Beispiele vorwiegend aus dem Berufsfeld Metalltechnik zu wählen. Wir sind allerdings der Auffassung, dass die zugrunde liegenden Impulse und Intentionen auf alle Berufsfelder transferiert werden können und sollten. Die „Qualitäts-Philosophie" von QMB dürfte sich über berufsspezifische Handlungssituationen problemlos auch auf die kaufmännischen und sozialpädagogischen Berufe übertragen lassen.

Zusätzlich zur Erprobung in drei Berufsschulen im dualen System haben wir QMB-Konzepte auch in einer Fachschule eingesetzt. Für die bereits auf dem Fundament von Berufserfahrungen Lernenden war dies der erste Kontakt zu TQM im Unterricht. Über Erfahrungen mit dieser Adressatengruppe wird ausführlich berichtet.

Die Idee von QMB, hiervon sind wir überzeugt, wird auch in weitere Schulformen, die Berufsfachschule, die Fachoberschule und das Fachgymnasium einziehen. Ausgehend von den Erfahrungen des Modellversuchs, halten wir eine Überarbeitung aller Lehrpläne unter dem Gesichtspunkt von QMB für unbedingt erforderlich und empfehlen den Bildungsministerien, dies zügig in Angriff zu nehmen.

Das vorliegende Buch ist für einen breiten Leserkreis angelegt. Das Thema QMB richtet sich zunächst an angehende und erfahrene Berufspädagogen des berufsbildenden Schulwesens. Für Innovationen in der betrieblichen Ausbildung sind sicherlich ebenfalls gute Anregungen enthalten. Wir würden uns besonders darüber freuen, wenn auch viele Lehrerinnen und Lehrer des allgemeinbildenden Schulwesens auf unseren QMB-Zug aufspringen, wenn auch Eltern und Schüler in unseren einschlägigen Erfahrungen herumschmökern und vielleicht hier und da eigene Impulse setzen könnten.

Die Motivation des QMB-Teams, dieses Thema aufzugreifen, den Modellversuch durchzuführen und dieses Buch zu schreiben, entsprang der Einsicht in die Notwendigkeit von Innovationen im Bereich von Ausbildungsinhalten und Ausbildungsmethoden in einer Zeit erhöhter Dynamik des technologischen, arbeitsorganisatorischen und wirtschaftlichen Wandels in der Industrie und im Dienstleistungssektor, der breiten Einführung moderner Informations- und Kommunikationstechniken und des Übergangs in die viel zitierte Wissensgesellschaft. Diese Transformationsprozesse nicht zu ertragen, sondern aktiv mit zu gestalten setzt Engagement auf der Grundlage von Sachkenntnis voraus. Mit dem vorliegenden Werk hoffen wir, den Aufbau von Sachkompetenz anregen und unterstützen zu können. Wir werden in einigen Jahren resümieren, ob dies gelungen ist.

Die Herausgeber

Inhaltsverzeichnis

Vorwort 3
REINHARD SCHULZ, REINHARD BADER, ANDY RICHTER

Teil I: Veränderungen des gesellschaftlichen und wirtschaftlichen Umfeldes beruflicher Ausbildung – Fragen und Ansätze für Neuerungen 9

1 Wirtschaftlicher Wandel – Wirkungen auf das Beschäftigungssystem und die Beschäftigten sowie Konsequenzen und Perspektiven für das (Berufs-)Bildungssystem 9
REINHARD SCHULZ

   1.1 Veränderungen des gesellschaftlichen und wirtschaftlichen Umfeldes 9
   1.2 Neue Dimensionen in „Qualität" und „Kosten" 11
   1.3 Neue Anforderungen aus der Industrie – ein exemplarisches Beispiel 16
   1.4 Konsequenzen für die berufliche Erstausbildung 18
   1.5 Versuch einer Lösungsstrategie 22

2 Entwicklung beruflicher Handlungskompetenz durch Verstehen und Gestalten von Systemen und Prozessen im Qualitätsmanagement 25
REINHARD BADER, ANDY RICHTER

   2.1 Untersuchungsansatz 25
   2.2 Entwicklung beruflicher Handlungskompetenz 26
      2.2.1 Zum Begriff der beruflichen Handlungskompetenz 26
      2.2.2 Zur Bildungsrelevanz beruflicher Arbeitsprozesse und Konkretisierung beruflichen Arbeitsprozesswissens 27
   2.3 Arbeitsprozesswissen im Wandel – Eine Retrospektive am Beispiel der Automobilindustrie 30
      2.3.1 Darlegung des Analyseansatzes 30
      2.3.2 Die handwerkliche Einzelfertigung 33
      2.3.3 Taylorismus und industrielle Massenproduktion 34
      2.3.4 Der Ansatz der Schlanken Produktion 37
      2.3.5 Erweiterte Gestaltungsfreiräume im Qualitätsmanagement 38
   2.4 Versuch einer Erweiterung des systemtheoretischen Ansatzes der Technikdidaktik 44
      2.4.1 Zur Intention und zum Modell des systemtheoretischen Ansatzes 44
      2.4.2 Grenzen des systemtheoretischen Ansatzes 45
      2.4.3 Versuch einer Erweiterung durch Modelle des Qualitätsmanagements 47
   2.5 Zusammenfassung und Ausblick 51

3 Ziele und Intentionen einer Integration des Qualitätsmanagements in die berufliche Aus- und Weiterbildung 57
REINHARD SCHULZ

    3.1   Ausgangslage und Problemaufriss 57
    3.2   Ziele und Intentionen 58

Teil II: Didaktisch-methodische Umsetzungen des Qualitätsmanagements in der Berufs- und Fachschule 61

4 Vom Taylorismus zu qualitätsmanagement-orientierten Lernsituationen 61
AXEL BRAND, CHRISTOPH SLADEK, HANS-ULRICH ZIGGERT

    4.1   Ziele 61
    4.2   Rahmenbedingungen 62
    4.2.1 Region 62
    4.2.2 Schule 62
    4.2.3 Auszubildende 63
    4.3   Die unterrichtliche Umsetzung in Itzehoe 64
    4.3.1 Vorbemerkungen 64
    4.3.2 Aufbauen einer Handlungsgrundlage nach arbeitsteiligen (tayloristischen) Prinzipien 65
    4.3.3 Verbesserung der Produktion mit Hilfe des Qualitätsmanagements 68
    4.3.4 Qualitätsmanagement in berufstypischen Lernsituationen 72
    4.4   Ausgewählte Lernsituationen hinsichtlich des Qualitätsmanagements 78
    4.4.1 Lernsituation: „Marktbeobachtung, Marktanalyse und Erfassung des fiktiven Kundenwunsches unter besonderer Berücksichtigung der Kundenorientierung" 79
    4.4.2 Lernsituation: „Analyse der Machbarkeit und Anpassung der Prozesskomponenten am Beispiel einer Fräsvorrichtung" 86
    4.4.3 Lernsituation: „Planung des Produktionstages" 90
    4.5   Allgemeines Fazit 93
    4.5.1 Lerninhalte Qualitätsmanagement 93
    4.5.2 Lernprozessbeobachtung 94
    4.5.3 Abschlussprüfung 96
    4.5.4 Hauptfragen 97
    4.5.5 Empfehlungen 99

5 Qualitätsmanagement und DIN EN ISO 9000 ff. erlebt im Handlungsrahmen einer „Inselfertigung" 101
DIETMAR SCHEEL, BERND SIEFER

    5.1   Rahmenbedingungen 101
    5.1.1 Unterrichtsrelevante Rahmenbedingungen der handelnden Personen und Institutionen 101
    5.1.2 Bedingungen des Bildungssystems 102

5.2	**Didaktisch-methodische Rahmenkonzeption des Unterrichts**	104
5.2.1	Ziele	104
5.2.2	Inhalte	104
5.2.3	Methoden	109
5.2.4	Medien	111
5.3	**Fertigungstechnik und Qualitätsmanagement**	112
5.3.1	Projekt 1: Einzelfertigung einer Kleinserie	112
5.3.2	Projekt 2: Serienfertigung mit „SPC (Statistischer Prozesskontrolle)"	115
5.3.3	Fachliche Differenzierung und Qualitätsmanagement	121
5.3.4	Projekt 3: Kunststoffspritzwerkzeug	122
5.3.5	Projekt 4: Montageanlage	124
5.4	**Lernprozessbeobachtung und Abschlussprüfung**	125
5.4.1	Lernprozessbeobachtung	125
5.4.2	Abschlussprüfung	125
5.5	**Zusammenfassung und Ausblick**	127
5.6	**Anhang**	130
5.6.1	Liste der Abkürzungen	130
5.6.2	Projektunterlagen am Beispiel des „Kunststoffspritzwerkzeugs"	131

6 Qualitätsmanagement als fachübergreifendes Unterrichtsprojekt ... 133
KLAUS-PETER LUKASCZYK, BERND SCHNEIDER

6.1	**Vorbemerkungen**	133
6.2	**Rahmenbedingungen**	134
6.2.1	Personen	134
6.2.2	Bildungssystem	135
6.3	**Didaktisch-methodische Konzeption des Unterrichts**	136
6.3.1	Ziele	136
6.3.2	Begründung der Zielsetzung	138
6.3.3	Methoden	145
6.4	**Antworten zu den fünf Hauptfragen**	154
6.5	**Abschließende Gedanken der Projektleitung**	158
6.5.1	Rückblick	158
6.5.2	Ausblick	159

Teil III: Empirische Befunde aus dem Untersuchungsfeld ... 163

7 Wandel des Beschäftigungssystems: Empirische Erhebung zu veränderten Anforderungen an die berufliche Ausbildung aus der Sicht von Industrieunternehmen ... 163
ANDY RICHTER, REINHARD BADER

7.1	**Intentionen**	163
7.2	**Fragebogen**	164
7.3	**Rücklaufquote**	164
7.4	**Exemplarische Ergebnisse**	164
7.5	**Zusammenfassung**	173

8 **Überführung in das Regelsystem: Empirische Erhebung zu didaktisch-methodischen Entwicklungen in den Fachschulen des Bundesgebietes** 177
ANDY RICHTER, REINHARD BADER

    8.1   Intentionen 177
    8.2   Fragebogen 177
    8.3   Rücklaufquote 179
    8.4   Ergebnisse 180
    8.5   Zusammenfassung 190

Teil IV: Gestaltung von Lernfeldkomponenten zum Qualitätsmanagement 193

9 **Lernfeldkomponenten zum QMB-Qualitätskreis** 193
AXEL BRAND, ANDY RICHTER, DIETMAR SCHEEL, REINHARD SCHULZ, BERND SIEFER, CHRISTOPH SLADEK, HANS-ULRICH ZIGGERT

    9.1   Klassische Lehrplanstruktur und daraus resultierende Problemfelder 193
    9.2   Zur reflexiven Transformation beruflicher Handlungssituationen in Lernfelder und Lernsituationen 194
    9.3   Lernfelder zum Qualitätsmanagement? 196
    9.4   Lernfeldkomponenten zum Qualitätsmanagement 197
    9.4.1 Grundsätzliche Rahmenbedingungen und Vorüberlegungen 197
    9.4.2 Lernfeldkomponenten – orientiert am Qualitätskreis 197
    9.4.3 Zur inhaltlichen und zeitlichen Dimension der Lernfeldkomponenten 205

Abbildungsverzeichnis 209

Tabellenverzeichnis 213

Autorenverzeichnis 214

Sachwortverzeichnis 215

Teil I:

Veränderungen des gesellschaftlichen und wirtschaftlichen Umfeldes beruflicher Ausbildung – Fragen und Ansätze für Neuerungen

REINHARD SCHULZ

1 Wirtschaftlicher Wandel – Wirkungen auf das Beschäftigungssystem und die Beschäftigten sowie Konsequenzen und Perspektiven für das (Berufs-)Bildungssystem

1.1 Veränderungen des gesellschaftlichen und wirtschaftlichen Umfeldes

Anfang der 90er Jahre wurde den Managern der deutschen Automobilindustrie durch die MIT-Studie in beeindruckender Weise deutlich, was „Made in Germany" im weltweiten Vergleich in der Automobilproduktion noch bedeutet. Die Anzahl der benötigten *Arbeitsstunden je PKW* und die *Anzahl der Montagefehler* wichen erheblich von denen der japanischen Konkurrenz ab. Produktivität und Qualität waren deutlich hinter japanischen Standard geraten (vgl. *Abbildung 1.1*). Zu lange hatte man sich auf den Lorbeeren deutscher Qualitätsarbeit ausgeruht. Kaum jemand hatte wahrgenommen oder nachhaltig publiziert, dass sich die Kurven für die *Arbeitsstunden je Auto* (wenn man diesen Produktivitätsfaktor auf der Zeitachse abträgt) von Deutschland und Japan bereits 1975 getroffen hatten. Darüber hinaus findet man für deutsche Kraftfahrzeuge eine dreijährige Garantie, wie für japanische Autos, heute immer noch nicht!

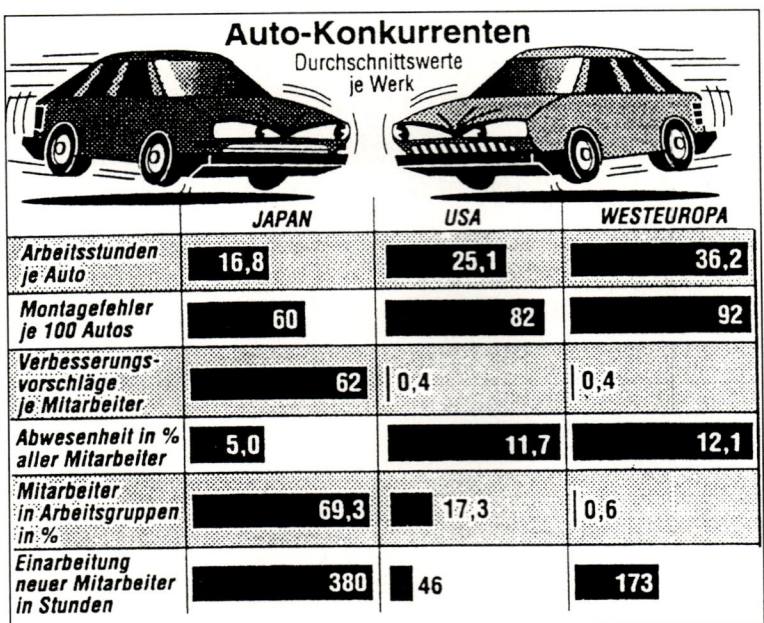

Abbildung 1.1:   MIT-Studie; Quelle: Globus

Zu lange haben wir in Deutschland in der Industrie tayloristisch gefertigt und den Mitarbeiter weit unter seiner Intelligenz eingesetzt. Wir haben trotzdem in Zeiten des stetigen Wirtschaftsaufschwunges gut gelebt, weil wir grundsätzlich hochwertigere und preiswürdigere Produkte auf den Weltmarkt gebracht haben als andere Länder. Diese Philosophie funktionierte aber nur so lange, wie die Konkurrenzländer Japan oder die USA nicht gleichwertig, preisgünstiger oder gar kundenorientierter produzierten oder, so lange diese Länder marktmäßig und „geographisch" in weiter Ferne lagen und *Globalisierung* noch ein Schlagwort war.

Im Zeitalter der Globalisierung und des Internets hat sich die Welt sprichwörtlich zu einem „Dorf" entwickelt. „Know-How" und Produktionsmittel sind weltweit verlager- und einsetzbar und Informationen in einer zehntel Sekunden um die ganze Welt verbreitet. So hielt bei uns langsam auch die *notwendige* Kundenorientierung Einzug. Eine erste gängige Qualitätsauffassung dieser Zeit verdeutlicht *Abbildung 1.2*. Die reine Kundenorientierung führte aber in einigen Unternehmen zu großen Unruhen, da der Wettlauf um die Gunst des Kunden zu Entlassungen der Mitarbeiter führte und folglich das Klima im Unternehmen regelrecht „vergiftet" wurde. Der deutsche Leidensdruck zog auch nach sich, dass nach japanischem Vorbild die Philosophie „Steigerung der Qualität bei gleichzeitiger Minimierung der Kosten" auch in der deutschen Industrie verfolgt wurde. Dies bedeutet die grundsätzliche Erhöhung der Produktivität durch prozessorientierte Restrukturierungen. In diesem Prozess wurden erfolgreiche Qualitätsstrategien, wie z. B. Lean Production, Just in Time, KVP und DIN EN ISO 9000 ff. integriert.

Abbildung 1.2: Geäußerte Qualitätsauffassung eines Unternehmens

Das wirtschaftliche und gesellschaftliche Problem vor dem wir standen und immer noch stehen, ist nicht nur einfach die Verbesserung der Produktqualität sondern der weltweite Druck, nach Möglichkeiten zu suchen, wie man in unserer Gesellschaft zu einem insgesamt positiv gelebten Qualitätsmanagement in Kindergarten, Schule, Betrieb und Privatleben kommen kann. Dazu muss vielen Verantwortlichen in unserer Gesellschaft verdeutlicht werden, dass Qualität im Kopf beginnt – und dies letztendlich beim mitdenkenden Mitarbeiter! Wie aber gestalten und verbessern wir diesen Prozess? Es reicht nicht, ständig mangelndes Qualitätsbewusstsein, mangelnde Produktqualität und mangelndes globales Verständnis zu beschreiben und zu kritisieren. Es müssen Lösungswege gefunden werden, mit denen man gesellschaftlich aus diesem Dilemma herauskommen kann.

In den folgenden Abschnitten wird anhand eines mittelständischen Industriebetriebes der nachhaltige Strukturwandel, der auch stark durch die MIT-Studie initiiert wurde, beschrieben und speziell dessen Auswirkungen auf die Ausbildung im dualen System beleuchtet. Danach wird ein möglicher Weg aufgezeigt, wie man generell zu einem globalen und effizienten Qualitätsbewusstsein finden kann, damit das Image „Made in Germany" wieder wirkliche Qualität und ein weltweit positives Image widerspiegelt. Das kann, insbesondere in Deutschland, nur über die Ressource Wissen und Bildung und in diesem Kontext speziell über die berufliche Bildung erfolgen.

1.2 Neue Dimensionen in „Qualität" und „Kosten"

Bei genauerer Betrachtung des Aspektes „Qualität" in der MIT-Studie kommt den *Verbesserungsvorschläge je Mitarbeiter* und der *Anzahl der Mitarbeiter in Arbeitsgruppen* besondere Bedeutung zu: 1990 gab es in Japan 62 *Verbesserungsvorschläge pro Mitarbeiter* – in Europa waren es nur 0,4 (vgl. *Abbildung 1.1*). Dies sollte auch aus berufspädagogischer Sicht zum Nachdenken anregen. Wie muss in der Berufsschule demzufolge unterrichtet werden, damit die zukünftigen Facharbeiter in den Prozess des ständigen Nachdenkens über Verbesserungsvorschläge einsteigen können? Ein weiterer wichtiger Aspekt in Bezug auf die *Qualität* ist, dass in Japan die Qualitätsplanung von vornherein in den gesamten Prozess integriert wurde. D. h. Qualität wurde wesentlich konsequenter geplant und zudem *Selbstprüfung* durchgeführt. In Deutschland dagegen wurde erst produziert und nachher aufwendig gemessen (*Fremdprüfung*) – mit hohen oder niedrigen Ausschussquoten. Das nannte man dann „gute oder schlechte Qualität" und das System wurde als „Qualitätssicherung" bezeichnet. Die Selbstprüfung hingegen fordert den Menschen dazu auf, über sein eigenes Tun selbstverantwortlich zu urteilen, d. h. mit der eigenen Unterschrift zu dokumentieren: *Ich bin für meine Arbeit selbst verantwortlich und verbürge mich auch dafür.* Wie aber können solche fundamentalen Neuerungen gegenüber dem bisher so geliebten Taylorismus zwischen Tätigkeit und Kontrolle unterrichtet werden? Wie können mögliche Fehler vermieden werden? Oder dürfen Fehler gemacht werden?

Eine Analyse des Bundesministerium für Forschung und Technologie hat u. a. ergeben, dass zum Beispiel in der metallverarbeitenden Industrie 25% des Umsatzes in Klein- und Mittelbetrieben für die Beseitigung von Produktionsmängeln ausgegeben werden musste. Also müssen wir uns doch frühzeitig darüber Gedanken machen, wie Fehler vermieden und nicht, wie Fehler nachträglich beseitigt werden.

Die Kosten für die Fehlerbeseitigung, die durch Reklamationen der Kunden entstehen, sind 1000-mal teurer, als wenn man den Fehler gleich während der Planung entdeckt hätte (vgl. *Abbildung 1.3*)

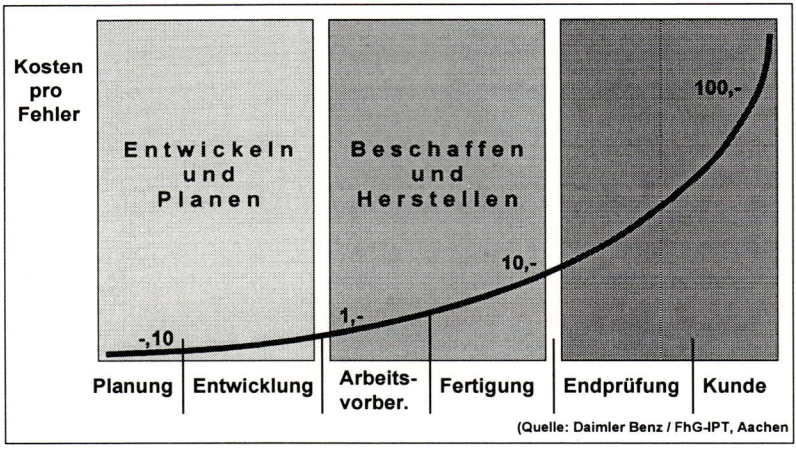

Abbildung 1.3: Fehlerentdeckung und Kosten;
[DEUTSCHE GESELLSCHAFT FÜR QUALITÄT E. V. 1996, Modul 2 – S. 8]

Daher müssen wir uns schon in frühen Jahren mit der FMEA (Fehler-Möglichkeits-und Einflussanalyse) auf unterschiedlichen Ebenen und zu unterschiedlichen Gegebenheiten in der betrieblichen *und* in der schulischen Ausbildung beschäftigen! Die FMEA ist ein wichtiges Werkzeug auf dem Wege zur *geplanten Qualität*. Dabei werden mögliche Fehlerquellen nach den tatsächlichen Auswirkungen beurteilt und dementsprechend bewertet. Zum Schluss wird die Summe der verteilten Punkte ermittelt und die kritischen Fehlerquellen werden weiter untersucht. Wo aber liegen die generellen Fehlerquellen in einem Unternehmen?

Grundsätzlich haben wir unser Augenmerk zu lange auf die rein technische Produktqualität gerichtet, auf die Fertigung und das Produktionsverfahren – und nicht auf den gesamten Arbeitsprozess, die Mitarbeiterzufriedenheit und den Kundenwunsch. Dabei müsste es jedem Mitarbeiter im Betrieb klar sein, dass alles was nicht dem Kunden dient, gar nicht oder nur ungern bezahlt wird. Anders ausgedrückt heißt das: Der Mitarbeiter sollte zu jeder Zeit darüber nachdenken, ob sein Tun gerade Wertschöpfung oder Verschwendung ist:

- **Wertschöpfend** ist eine Tätigkeit, die dafür sorgt, dass das Produkt Kundenanforderungen erfüllt.
- **Verschwendend** ist eine Tätigkeit, die Zeit, Aufwand oder Fläche benötigt, nicht jedoch den Wert des Produkts steigert. [vgl. NEDEß 1995, S.99]

Um Qualität zu erreichen, muss man stets den gesamten Geschäfts- und Arbeitsprozess in Augenschein nehmen und nicht nur Teilprozesse betrachten. Allerdings, dies sei angemerkt, sind die Fehlerhäufigkeiten oft an anderer Stelle verortet als gedacht. Schon W. EDWARDS DEMING (1900 – 1993), einer der Väter des TQM-Gedankens, gelangte ausgehend von Aspekten der statistischen Prozesskontrolle zu einer neuen Managementtheorie, da er festgestellt hatte, dass ein Bandmonteur nur zu 6% an der Endqualität beteiligt war, während das Organisationssystem diese zu 94% erbrachte [RENAULT 1996, S. 9]. Neuere Analysen in großen deutschen Unternehmen haben ergeben, dass die Verärgerung der Kunden nicht allein das eigentliche Produkt betrafen, sondern eher die kaufmännische Abwicklung eines Auftrages (vgl. *Abbildung 1.4*).

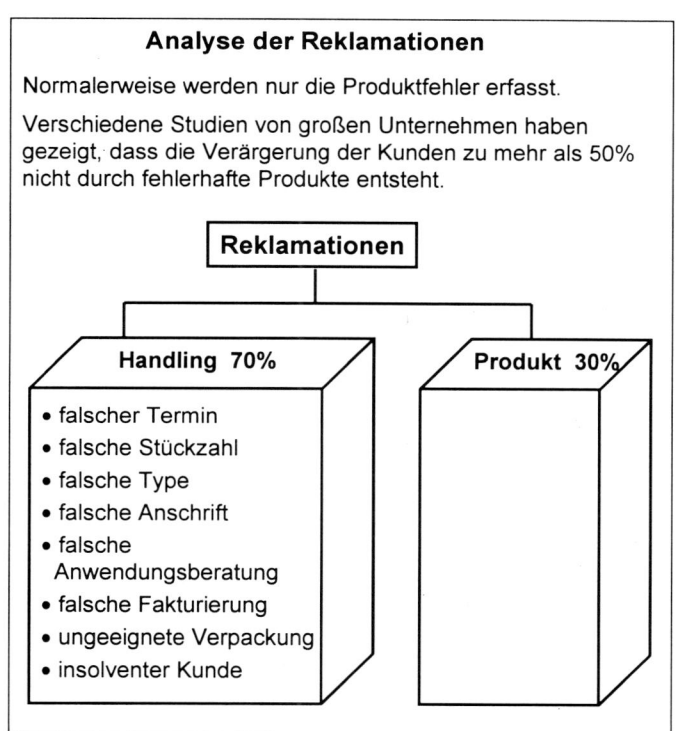

Abbildung 1.4: *Analyse der Reklamationen;*
Quelle: nach Sauer Sundstrand GmbH & Co., Neumünster

Diese Fehleranalyse hat beispielsweise die *Fa. Sauer Sundstrand*, ein mittelständisches, weltweit führendes Unternehmen zur Herstellung von Hydraulikaggregaten in Neumünster, während der eigenen Umstrukturierungsphase zu Beginn der 90er Jahre in ihrem Unternehmen bestätigt gefunden. In der Konsequenz heißt das: **Durch Prüfen wird keine Qualität erzeugt** (vgl. auch *Abbildung 1.5*).

Wie entsteht Qualität?

Qualität kann *nicht* durch Prüfen erreicht werden.

Qualität kann *nur* durch eine sehr gute Planung und Vorbereitung erreicht werden.

Schritt 1:	***sehr gute Planung***
Schritt 2:	sehr gute Vorbereitung
Schritt 3:	exakte Durchführung
Schritt 4:	ausreichende Überwachung
Priorität 1:	***sehr gute Planung***
Priorität 1:	sehr gute Vorbereitung

Die bisher aufgewendeten Kosten um Fehler zu vermeiden   = **Faktor 1**

Priorität 2:	exakte Durchführung
Priorität 3:	ausreichende Überwachung

Aufzuwendende Kosten, wenn Schritt 1 + 2 nicht in Ordnung sind = **Faktor 10**

Abbildung 1.5:   Wie entsteht Qualität?;
Quelle: nach Sauer Sundstrand GmbH & Co., Neumünster

In letzter Konsequenz bedeutet dies: Sorgfältig Planen, Planen, Planen und die kaufmännischen und den gewerblich-technischen Mitarbeiter gemeinsam in einem Team arbeiten lassen, damit Fehler vermieden werden und „Reklamationen gleich Null" angestrebt werden kann. Das heißt auch, die Menschen in den Mittelpunkt eines Unternehmens zu stellen! Dies sind nur einige der „Geheimnisse" des modernen Qualitätsmanagements. *Qualität kann nicht erprüft werden, sondern ist nur durch Ernstnahme des Kundenwunsches, präzise Planung und verantwortungsvolle Durchführung mit motivierten ganzheitlich denkenden Mitarbeitern zu erreichen.* Diese einschlägige Erkenntnis wurde durch die MIT-Studie gestützt – meist jedoch herrschte im Unternehmen ein so großer Leidensdruck, dass umstrukturiert und umgedacht werden musste. Aus diesem Grund wird heute der Mitarbeiter zur Ausgestaltung seines Arbeitsplatzes mit einbezogen. Die damit verbundene verbesserte Identifizierung mit dem Unternehmen führt zu einem Klima, in dem Qualität fast von selbst „erzeugt" werden kann. So bekommt der Begriff Qualität eine eher mentale Gewichtung, die weit über die reine Produktqualität hinausgeht.

Qualität kann heute neu quantifiziert werden und hat mehrschichtige Facetten:

Qualität bedeutet, Erwartungen erfüllen.
Mache das, was du machst, erst mal wirklich richtig.
Qualität ist die Minimierung des Risikos.

Qualität ist das Resultat sozialer Prozesse.
Qualität ist ein Klima.
Qualität ist eine Philosophie.
Der Schlüssel zur Qualität ist das Bewusstsein.

Wenn wir dann noch das Richtige tun, sind wir zudem besonders gut. Was aber ist das Richtige? Ein „richtiger Weg" war sicherlich die Entwicklung weg von der Qualitätssicherung durch reines Messen und Prüfen hin zum umfassenden Qualitätsmanagement (TQM) in dem das Planen und die Einbeziehung der Kompetenzen der Mitarbeiter den wesentlichen Kern bilden. Dennoch, Verhaltensänderungen bedürfen einer gewissen Zeit (vgl. *Abbildung 1.6*). Je nach Leidensdruck in einer Firma oder in einer Schule schreitet dieser Prozess langsam oder schnell voran.

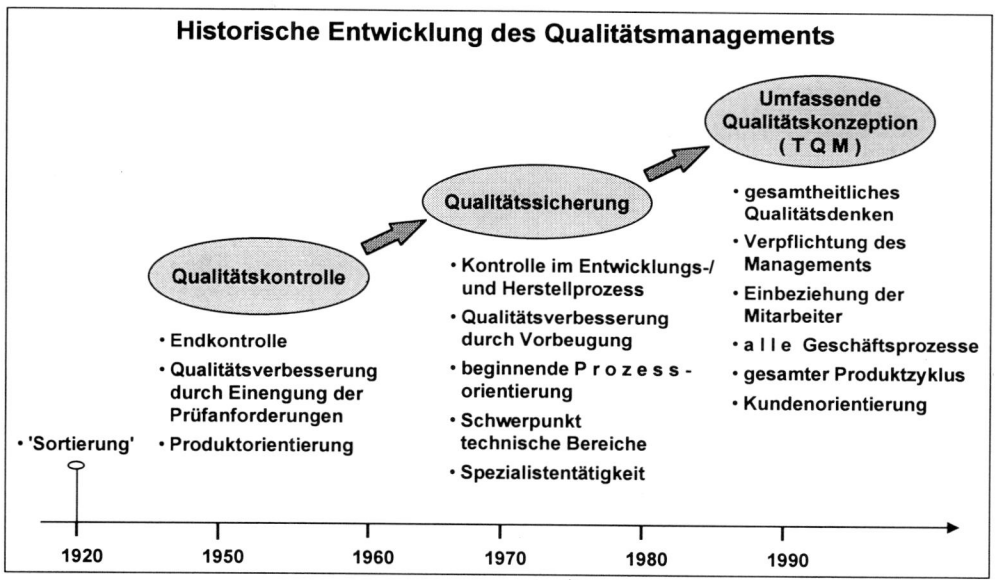

Abbildung 1.6: Ziele und Nutzen eines Qualitätsmanagement-Systems;
[nach DEUTSCHE GESELLSCHAFT FÜR QUALITÄT E. V. 1996, Modul 2 – S. 5]

TQM (*Total* Quality Management) als Weiterentwicklung der Qualitäts-Philosophie bindet neben der Kunden- auch die Mitarbeiterzufriedenheit in den Prozess der Produktentstehung/Leistungserbringung ein. Hinzu kommt eine prägnante und klar vorgelebte Firmenphilosophie, ein effizient arbeitendes Management, moderne Fertigungstechniken sowie die Berücksichtigung des Umweltschutzes.

Der Begriff *TQM* wird in der Literatur folgendermaßen beschrieben:
„Auf die Mitwirkung aller ihrer Mitglieder gestützte Managementmethode einer Organisation, die Qualität in den Mittelpunkt stellt und durch Zufriedenstellung der Kunden auf langfristi-

gen Geschäftserfolg sowie auf den Nutzen für die Mitglieder der Organisation und für die Gesellschaft zielt." [Deutsche Gesellschaft für Qualität e. V. 1996, Modul 5 – S. 1]

Unternehmen, die sich diese Philosophie zu eigen machen, werden am Weltmarkt nachhaltig und langfristig Erfolg haben, wenn ihnen motivierte Mitarbeiter in allen Hierarchieebenen zur Verfügung stehen. Dazu ist es ebenso notwendig, dass die Führungskräfte für umfassende Transparenz in ihrem Unternehmen sorgen.

Ein Schlüssel für eine erfolgreiche Kunden- und Mitarbeiterbegeisterung in einem Qualitätsmanagement-System ist u. a. auch die persönliche Qualität der Mitarbeiter in einem Unternehmen. Ohne sie führt die mangelnde Identifizierung zu einem lustlosen „Papiermanagement".

Obwohl viele Beispiele von Umstrukturierungen und verstärkter Kundenorientierung in der Automobilindustrie vorliegen, treten die oben beschriebenen strukturellen Probleme immer wieder auch bei mittelständischen Betrieben auf, wenn durch Kostenprobleme auf dem Weltmarkt ein erheblichen Leidensdruck entsteht. So z. B. auch bei der bereits oben erwähnten Fa. Sauer Sundstrand in Neumünster. Durch die jahrzehntelange Kooperation mit der Berufsschule im dualen System und das ständige Engagement der Unternehmensleitung mit dem Ziel, junge Menschen stets zukunftsorientiert auszubilden, gab es vor Ort natürlich auch den Leidensdruck in der Qualifikation bei veränderten Aufgaben der Mitarbeiter, sowohl in der Ausbildung neuer, als auch bei der Weiterbildung aller vorhandenen Mitarbeiter. Neue Fabrikkonzepte bedürfen auch veränderter Bildungs- und Qualifikationsprofile, d. h. es muss sehr umfangreich aus- und weitergebildet werden, wie folgendes Firmenbeispiel exemplarisch und nachahmenswert beweist.

1.3 Neue Anforderungen aus der Industrie – ein exemplarisches Beispiel

In den letzten zehn Jahren wurde in der Firma Sauer Sundstrand, anfangs mit 900 Mitarbeitern, rigoros umstrukturiert, und zwar von der Werkstatt- zur Inselfertigung. Es herrschte wirtschaftliche Flaute, und neue Wege mussten gefunden werden, um die Wertschöpfung zu erhöhen bzw. die Kosten zu minimieren. Während der Umorganisation wurden die Mitarbeiter innerbetrieblich ständig geschult. In den Hallen wurden viele Schautafeln zur umfassenden Information aufgebaut. Über allen Inselinformationen stand das neue Motto: „Ein Teil fließt." Die Hallen wurden durch die Einrichtung von Fertigungsinseln mit minimierten Transportwegen immer leerer. Werkzeugmaschinen wurden von den Mitarbeitern wie selbstverständlich durch die Hallen verschoben, als hätten sie einen Einkaufswagen im Supermarkt vor sich. Alle Maschinen und Zuführeinrichtungen wurden aufgrund der jahrelangen praktischen Erfahrung der Mitarbeiter vor Ort ganz eng ablauforientiert zusammengestellt. Es wurden ca. 30 Inseln gebildet.

Eine der ersten Fertigungsinseln war „Die Insel Welle". Nach altem Muster der Werkstattfertigung wurde die Welle (vgl. *Abbildung 1.7*) an zehn Werkstattplätzen gefertigt. Dabei wurden fünf Hilfsarbeiter und fünf Facharbeiter am Fertigungsprozess beteiligt. Jeder Facharbeiter bediente nur eine Maschine und hatte nur eine ganz bestimmte Fertigungsaufgabe.

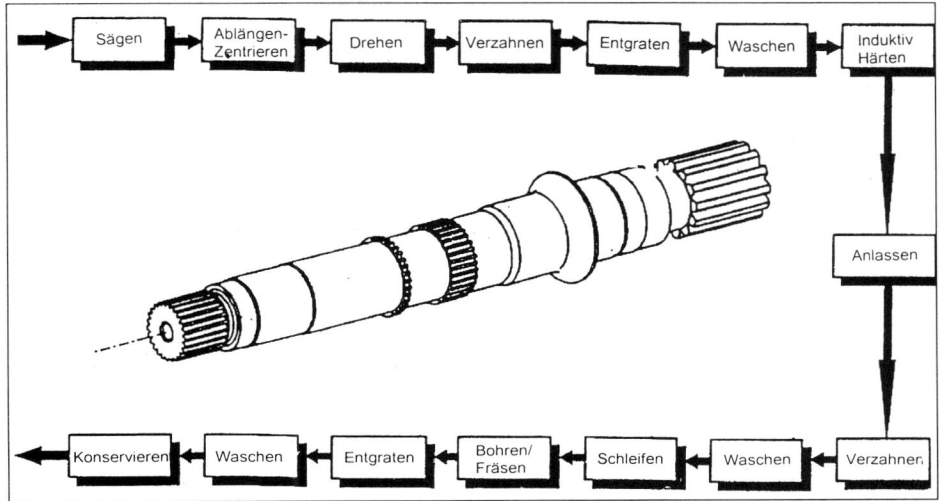

Abbildung 1.7: Fertigungsweg Welle;
Quelle: Sauer Sundstrand GmbH & Co., Neumünster

Zwischen den eigentlichen Wertschöpfungsprozessen wurde fleißig transportiert und gelagert (vgl. *Abbildung 1.8*). Die schwarzen Pfeile in der Abbildung sollen verdeutlichen, welche Wege dabei zurückgelegt werden mussten, damit eine Welle komplett gefertigt werden konnte. Insbesondere soll auch verdeutlicht werden, welche hohe Verschwendung vorlag, wenn Wege im Bereich mehrerer Kilometer gemessen wurden. Die wirkliche Wertschöpfung lag bei ca. 5% der Anwesenheitszeit des Teiles – vom Rohling bis zum Fertigteil – im Betrieb!

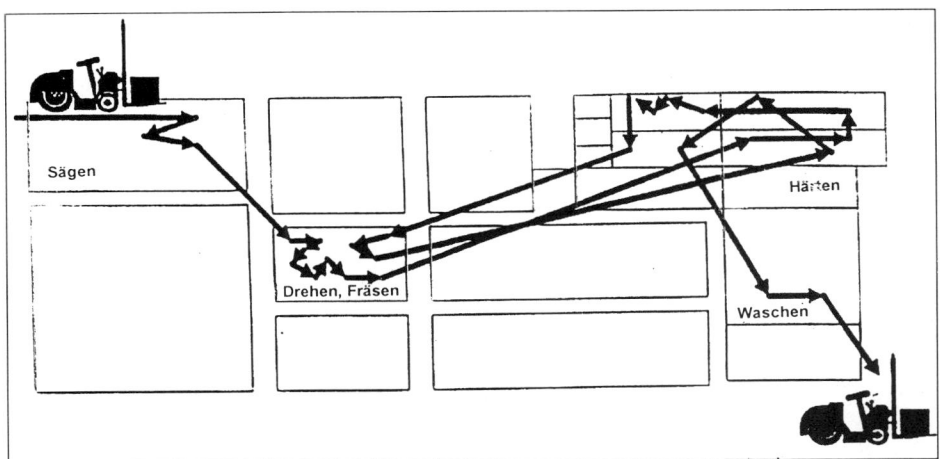

Abbildung 1.8: Werkstattfertigung und die Wege der Verschwendung;
Quelle: Sauer Sundstrand GmbH & Co., Neumünster

Vergleicht man jetzt die Wege in der „Insel" (vgl. *Abbildung 1.9*), so gibt es zwar immer noch Transportwege, aber sämtliche Maschinen wurden auf engstem Raum zusammengestellt, so dass der Transport durch Menschenhand nur wenige Meter beträgt. Es arbeiten nur noch zwei Facharbeiter an den zehn Fertigungs- und Prüfplätzen im Team. Die Hilfstätigkeiten wurden in das Tätigkeitsfeld der Facharbeiter integriert, d. h. Hilfsarbeiter werden nicht mehr benötigt.

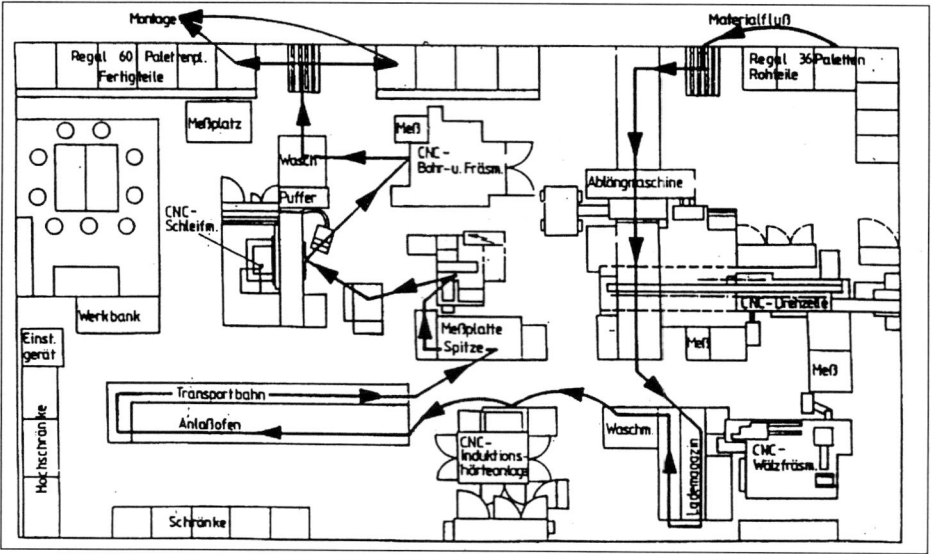

Abbildung 1.9:   Inselfertigung, ein Beispiel für Wertschöpfung;
                  Quelle: Sauer Sundstrand GmbH & Co., Neumünster

Der eingesetzte Dreher oder der Fräser, heute Zerspanungsmechaniker, hat also ein erheblich ausgeweitetes Zuständigkeitsfeld erhalten. Damit entwickelte sich im Laufe des Umstrukturierungsprozesses ein neues Anforderungsprofil an den „Inselfacharbeiter", dem die heutigen Ausbildungsrahmenpläne in großen Teilen noch nicht entsprechen.

1.4   Konsequenzen für die berufliche Erstausbildung

Die Firma Sauer Sundstrand hat dementsprechend ihr neues Anforderungsprofil an den Insel-Mitarbeiter definiert (vgl. *Abbildung 1.10* sowie *Abbildung 1.11*), einschl. notwendiger *Verhaltens- und Bewusstseinsänderungen*. Der „Facharbeiter 2000", soll beispielsweise sein Rohmaterial selbst bestellen, soll den Arbeitsablauf komplett planen, die CNC-Werkzeugmaschinen selbstständig und eigenverantwortlich einrichten, programmieren, fertigen, optimieren und prüfen. Er soll den Teiletransport selbst vornehmen, soll bei den Vorrichtungen und beim Maschinenkauf beratend tätig sein. Die Maschinen sind in eigener

Verantwortung zu warten, d. h. es ist insbesondere auf vorausschauende Wartung zu achten. Außerdem soll der Mitarbeiter im Sinne von „Qualitätsdenken": **Bei jedem Tun überlegen, ob es sich um Wertschöpfung oder Verschwendung handelt!** – **Täglich an kontinuierliche Verbesserungsmöglichkeiten denken!** Der einseitige CNC-Facharbeiter, früher als „Werker" oder sogar als „Teilewerfer" bezeichnet, wurde zum selbstständigen Denker, Planer und Berater.

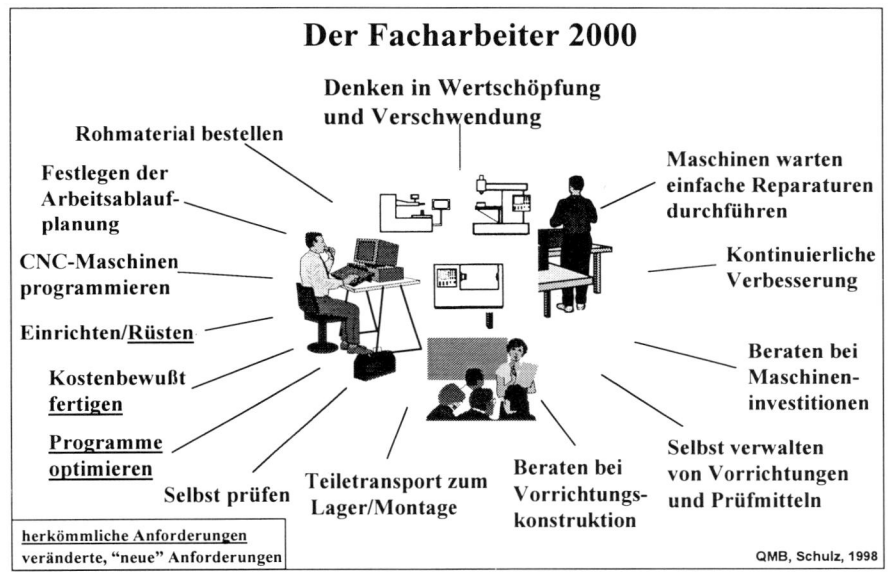

Abbildung 1.10: Der Facharbeiter 2000

Viele Facharbeiter haben sich über die Erweiterung ihrer „fachlichen Tätigkeit" gefreut (vgl. Abbildung 1.10). Diese Qualifikationen wurden während der Berufsausbildung z. T. umfangreich angelegt, mussten später jedoch im Zuge der tayloristischen Arbeitsweise in vielen Unternehmungen wieder aufgegeben werden.

Die ebenso geforderten extrafunktionalen Qualifikationen (vgl. Abbildung 1.11) stellen ein neues Anforderungsprofil an die betriebliche und schulische Ausbildung dar, das in diesem Ausmaß bisher kaum gefordert wurde.

Nicht nur in der Werkstatt wurden Veränderungen vorgenommen, sondern faktisch in allen Bereichen des Betriebes. Die Inselfertigung wurde zur Triebfeder der Umstrukturierung des gesamten Unternehmens. In der Konstruktion musste von nun an jede Toleranz begründet werden. Konstrukteure und Verkäufer fuhren gemeinsam zum Kunden, um Machbarkeit und Kundenwünsche teamorientiert zu lösen. Wer hätte vor Jahren gedacht, dass der Konstrukteur heute den Kunden kontaktiert und das, was er konstruiert, auch noch verkaufen soll? Die Arbeitsvorbereitung wurde aufgelöst. Die Fertigungsplaner wurden in die verschiedenen Inseln integriert. Die Fremdprüfung wurde abgeschafft, die generelle Selbstprüfung eingeführt sowie die „Holeschuld" durch eine „Bringepflicht" ersetzt. Die 40 Mitarbeiter der

Qualitätssicherung wurden ebenfalls integriert. *Jeder Mitarbeiter ist ein Qualitäter!* Sämtliche Lager wurden abgeschafft. Unternehmensweit wurde insgesamt teamorientierter gearbeitet. Diese Entwicklung führte z. B. dazu, dass Projektteams gebildet wurden, in denen Konstruktion, Produktion und Vertrieb eng miteinander zusammenarbeiten – Kaufleute, Ingenieure, Techniker, Meister und Facharbeiter.

Erweitertes Anforderungsprofil Facharbeiter 2000

• Teamfähigkeit	• Schichtmodelle	• Gruppengespräche führen
• Eigenverantwortliches Handeln	• Schichtpläne	
• Kommunikationsfähigkeit	• Sonderschichten	• Moderationstechniken
• Kooperationsfähigkeit	• Urlaubsplan	• Visualisierungstechniken
• Lohneinstufung, d. h. auch gegenseitige Beurteilung	• Arbeitszeitkonten	• Konfliktlösungstechniken
	• Arbeitsplatzrotation	• Planungsfähigkeit
• Problemlösungsfähigkeit statt Schuldprinzip	• Entlohnungssysteme	• Entscheidungsfähigkeit
• Fehlervermeidungstechniken		
• Soziale Verantwortung	• Vorzugsaktien	• Wirtschaftliche Lage des Unternehmens verstehen
• Persönlichkeitsentfaltung	• Gewinnbeteiligung	

Quelle: Fa. Sauer-Sundstrand

Abbildung 1.11: Der Facharbeiter 2000 – erweitertes Anforderungsprofil

Der Prozess, den die Mitarbeiter der Firma Sauer Sundstrand durchlebt haben, lässt sich in der Analyse als Weg von der Qualitätskontrolle über das Qualitätsmanagement bis zum „Total Quality Management" beschreiben. Dieser Veränderungsprozess in der Firma dauert bereits 10 Jahre an und wird immer noch fortgesetzt. Es hat sich dort sehr viel in Bezug auf das bisherige Qualitätsverständnis geändert. Jahrzehntelang wurde Qualität als Ergebnis von Qualitätskontrolle wahrgenommen. In dieser Firma ist man *jetzt vom Produkt über den Prozess zum Menschen gekommen* und Qualität wurde neu definiert: Der Mensch steht heute im Mittelpunkt der Qualitätsdefinition und nicht das Produkt!
Ohne Probleme läuft so ein Prozess aber nicht ab.

Die physikalischen und psychischen Mauern, die historisch durch den Taylorismus und die Werkstattfertigung entstanden waren, bedurften einer besonderen Aufmerksamkeit. Der physikalische Abriss gelingt relativ schnell. Mauern im Kopf abzureißen, braucht viel Zeit und ist oft ein langwieriger Prozess. Denn dazu müssen einige Hierarchiestufen eingeebnet und es muss Macht abgegeben werden – und das fällt schwer. Dazu bedarf es der Veränderung im Kopf. Der Schlüssel zur Qualität liegt in der persönlichen Qualität und der Handlungskompetenz eines jeden Mitarbeiters, einschließlich des Managements und der

Unternehmensleiter. Erst wenn der „Qualitätsknoten", der in vielen Köpfen „durch den Taylorismus geknüpft" worden ist, platzt, wird wirkliche *Qualität* erreicht.

Zwischen den Abteilungen wurden Mauern eingerissen. Insbesondere auch die „mentalen Mauern" wurden kontinuierlich bearbeitet: **Die Mauern zwischen Kaufleuten und Technikern** und zwischen „Vorgesetzten" und „Untergebenen" (vgl. *Abbildung 1.12*).

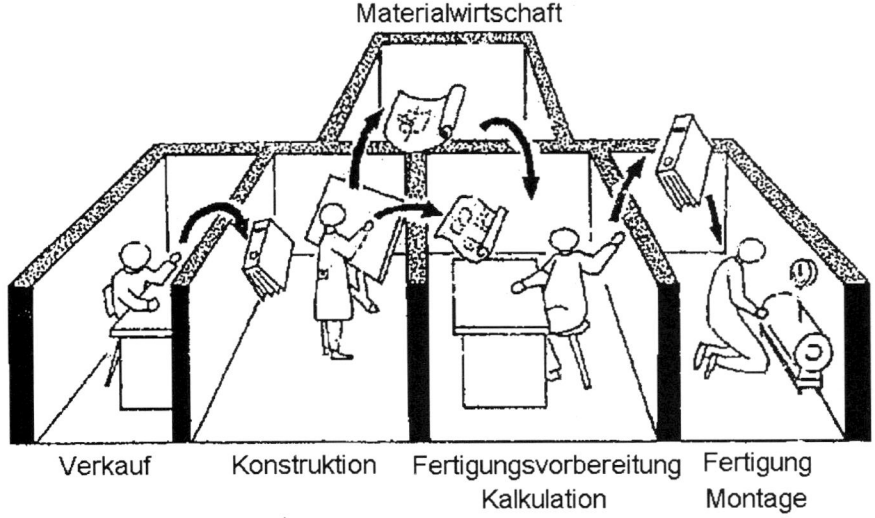

Abbildung 1.12: Kommunikation im Betrieb [EHRLENSPIEL 1995, S. 148]

Ähnliche Anforderungen werden auch von anderen Firmen in Deutschland zunehmend definiert. Die unterrichtliche Umsetzung zur Vermittlung der extrafunktionalen Qualifikationen bereitet aber mit Sicherheit noch erhebliche Probleme. Die Mitarbeiter in der Insel sollen sich beispielsweise gegenseitig beurteilen, um den Lohn festzulegen, Schicht- und Urlaubsplan sind sozialverträglich aufzustellen, einschließlich der Arbeitsplatzrotation. Die Fähigkeit zu Konfliktlösungen soll entwickelt werden. Die wirtschaftliche Lage des Unternehmens soll verstanden werden. Insgesamt ein Qualifikationskatalog, der es in sich hat und auch mit einigen Fragezeichen zu versehen ist.

Der massive Änderungskatalog für den Unterricht und die Lehrpläne in den Berufsschulen erforderte zunächst gründliches Umdenken – von der Qualitätssicherung zum Qualitätsmanagement. Vor zehn Jahren herrschte die Meinung vor: Wenn wir eine Messmaschine einsetzen, erhöhen wir die Qualität. Aber jetzt galt es, *„Qualität zu planen"*. CIM war „*out*", Lean Production und TQM waren „*in*". Die Qualitätsdebatte bewegte sich zeitweilig um die Zertifizierung und DIN EN ISO 9000 ff.. Aber wie sollte die Qualitätsphilosophie in den Unterricht getragen werden? Kann das Qualitätsmanagementsystem der Wirtschaft 1:1 in die Schule übernommen werden? Müsste nicht zunächst die Berufsschule zertifiziert werden?

1.5 Versuch einer Lösungsstrategie

Der mentale Prozess der Mitarbeiter der Industrie traf Berufsschullehrer im Prinzip genauso. Berufsschullehrer müssen erkennen, dass das, was die Industrie uns ins Pflichtenheft geschrieben hat, nicht von heute auf morgen zu erreichen ist. Dieser Prozess dauert im Betrieb Jahre, aber wir Berufsschullehrer möchten am liebsten den Schalter sofort umlegen und verkünden: *„Gestern war ich Qualitätssicherer – heute bin ich Qualitätsmanager"*.

Das klappt nicht! Damit der Prozess in Ruhe mit vernünftigen Rahmenbedingungen eingeleitet werden kann, haben wir den Modellversuch „Qualitätsmanagement und berufliche Bildung – QMB" durchgeführt. Wir sind der Meinung, dass das, was wir in Schleswig-Holstein untersucht haben, bundesweit Bedeutung erlangen wird. Qualitätsmanagement wird alle Lehrpläne verändern – hier allerdings zunächst exemplarisch die im Metallbereich. Mit aktiver Unterstützung des IPTS und des Bildungsministeriums wurde der Modellversuch 1994 in Bonn beantragt und 1995 für die Dauer von drei Jahren genehmigt.

Unser genereller didaktisch-methodischer Lösungsansatz bestand darin, Unterrichtsprojekte nach dem QMB-Qualitätskreis zu strukturieren.

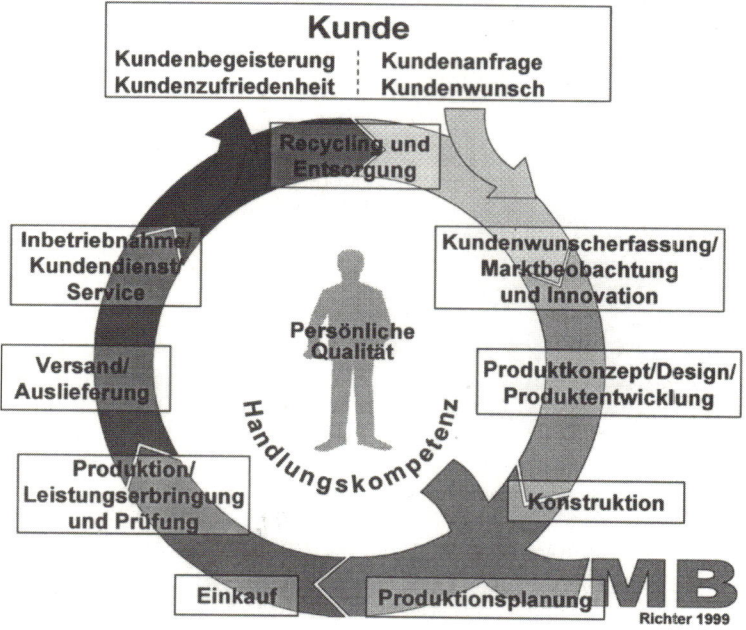

Abbildung 1.13: QMB-Qualitätskreis

Impuls und Grundlage für diesen Regelkreis, der vom Kundenwunsch ausgeht und über das hervorragende Produktmanagement zur Vision der Kundenbegeisterung führt, bildete der Qualitätskreis nach DIN EN ISO 9000 ff..

Allerdings unterscheidet sich der QMB-Qualitätskreis deutlich durch die im Kern ausgewiesene „Persönliche Qualität" jedes Einzelnen in diesem Prozess und die Handlungskompetenz auf deren Grundlage diese wachsen soll. Die persönliche Qualität ist der Schlüssel für eine wirklich erfolgreiche Produkt- oder Unternehmensqualität. Wer das nicht glaubt, der möge nur mal selbst sein täglich gelebtes Qualitätsbewusstsein im Privatleben, mit dem im Betrieb gelebtem Qualitätsbewusstsein vergleichen. Ist es nicht so, dass die meisten Mitarbeiter ihr eigentlich toll entwickeltes Qualitätsbewusstsein morgens am Werktor abgeben und abends beim Pförtner wieder abholen?

Der QMB-Qualitätskreis soll besonders:
- das ganzheitliche Verstehen und Analysieren von Produktions- und Geschäftsprozessen,
- das gesamte gedankliche Durchdringen eines Produktionsprozesses von der Idee bis zum Recycling, einschließlich der „Nahtstellen" in einem Unternehmen,
- das Erkennen von internen und externen Kunden-Lieferanten-Beziehungen,
- das Verantwortungsbewusstsein für die Umwelt durch die Einbeziehung des Entsorgungsgedankens,
- das Erkennen der Bedeutung des Kunden als Ausgangs- und Endpunkt aller Aktivitäten in einem Unternehmen,
- die Einsicht, dass alles was der Kunde nicht fordert, nicht bezahlt wird und damit Verschwendung ist, sowie
- die Einsicht, dass ein Techniker ein gewisses kaufmännisches Verständnis besitzen muss und umgekehrt,

fördern.

Wenn der Unterricht im Aus- und Weiterbildungsbereich an diesem QMB-Qualitätskreis ausgerichtet wird, wenn dabei zu jeder Zeit TQM-gerecht gedacht und gelebt wird, dann werden unsere Jugendlichen in Zukunft sehr erfolgreich sein.
Allerdings sollten die Schwerpunkte je nach Adressatenkreis und Lebensfortschritt differenziert angegangen werden. Das kann bedeuten, dass der QMB-Qualitätskreis während einer Ausbildung mehrfach durchlaufen wird, aber zum Schluss sollten alle Inhalte unterrichtet worden sein.

Wenn eingangs die MIT-Studie das Mega-Thema „Qualität" in Europa ausgelöst hat, so sind wir heute zehn Jahre weiter und sollten auf Grund der Fortentwicklung in Richtung Informations- und Wissensgesellschaft trotzdem den Produktionsbereich Deutschland nicht ganz vernachlässigen. Aber was brauchen wir dazu, um am Weltmarkt im produktiven Sektor erfolgreich zu sein? Gefordert sind:
- neue Ideen und neue innovative Produkte,
- genügend flexible Arbeitszeiten, um die Ideen auch wettbewerbsfähig umsetzen zu können,
- kundenorientierte Marketingstrategien, nicht in Kostenstellen denken, sondern in Nahtstellen,
- motivierte Mitarbeiter, die sich mit ihrem Unternehmen identifizieren,
- Mitarbeiter mit Multimedia-/Internetqualifikationen,

- leistungsbereite und motivierte Mitarbeiter mit hoher Handlungskompetenz, d. h. insbesondere hohe Fachkompetenz mit ausgeprägter Sozialkompetenz,
- Recht auf Fehler, Anerkennung (Belohnung) bei Zugeben eines getätigten Fehlers,
- Anreize für Gehaltserhöhungen, über Geld sprechen,
- Einsicht für ältere Mitarbeiter: Die berufliche Lebenserfahrung reicht nicht aus, den heutigen Anforderungen in der modernen Produktion Stand zu halten und
- effiziente allgemeine Bildung und Berufsausbildung, von der man akzeptiert, dass Ausbildung Geld kostet!

Literatur

DEUTSCHE GESELLSCHAFT FÜR QUALITÄT E. V. (1996):
Ziele und Nutzen eines Qualitätsmanagementsystems für kleine und mittlere Unternehmen. Lehrgangsunterlagen zum Einführungsseminar der Deutschen Gesellschaft für Qualität e. V. (DGQ) – Block QM. (1. Ausgabe) Frankfurt am Main (DGQ) 1996.

EHRLENSPIEL, KLAUS (1995):
Integrierte Produktentwicklung. Methoden für Prozessorganisation, Produkterstellung und Konstruktion. München, Wien (Carl Hanser Verlag) 1995.

NEDEß, CHRISTIAN (1995):
Die Neue Fabrik. Handlungsleitfaden zur Gestaltung integrierter Produktionssysteme. Technische Universität Hamburg-Harburg. Arbeitsbereich Fertigungstechnik I. Hamburg (Bock & Schulz) 1995.

RENAULT (1996):
Das Renault-Album zur „Politik Qualité Totale". Kommunikationsdirektion und Qualitätsdirektion Renault (Hrsg.). Régie Nationale des Usines Renault S. A. 1996.

REINHARD BADER, ANDY RICHTER

2 Entwicklung beruflicher Handlungskompetenz durch Verstehen und Gestalten von Systemen und Prozessen im Qualitätsmanagement

Ein Versuch der Erweiterung des systemtheoretischen Ansatzes der Technikdidaktik

2.1 Untersuchungsansatz

Sachkundiges und verantwortungsbewusstes Handeln setzt Verstehen voraus, Verstehen von Einzelheiten und von Zusammenhängen. „Sachkundig und verantwortungsbewusst" wird in den verschiedenen Wissenschaftsdisziplinen zwar immer als Einheit und jeweils im Rahmen gesellschaftlicher Verantwortung gesehen, jedoch werden beide Aspekte verschieden gewichtet. In den Technikwissenschaften hat sich die Theorie technischer Systeme [vgl. beispielsweise ROPOHL, 1985] als brauchbarer Ansatz etabliert, um Technik sowohl als Ganzes als auch in ihren Teilen zu analysieren und zu durchdringen. Die Berufspädagogik thematisiert u. a. das Konstrukt des Arbeitsprozesswissens als Strukturierungs- und Reflexionsansatz[1]. In ihm wird neben dem rein technischen System der Arbeitsprozess und somit insgesamt das Arbeitssystem auch mit seinen gesellschaftlichen Wirkungen stärker in die Betrachtung einbezogen. In der Technikdidaktik wird u. a. das in Anlehnung an Modelle der allgemeinen Technologie, der Konstruktionswissenschaft und der Systemtheorie der Technik entwickelte sozio-technische Handlungssystem zur gedanklichen Rekonstruktion und zur Beschreibung des Arbeitssystems herangezogen. Die Idee dieses Beschreibungsmodells: Denk- und Handlungsvollzüge, die ein *technisches* System planen, hervorbringen, nutzen und schließlich beseitigen, lassen sich entlang der Phasen, die die Ablaufstruktur bilden, konkretisieren. Handlungskompetenz lässt sich auf diese Weise sowohl in ihren Ausprägungen bei einzelnen Verrichtungen als auch in ihrem Zusammenhang konzeptualisieren.

Die Beschreibung neuerer Produktionsstrategien, u. a. auch des Qualitätsmanagements, erfordert eine Erweiterung und Ergänzung des sozio-technischen Handlungssystems. Zum einen „verschwimmen" zunehmend die Bereichsgrenzen zwischen den einzelnen Phasen der Produktentstehung, die das Handlungssystem strukturieren, und werden Hierarchieebenen abgebaut, zum anderen wird die Produktion an sich umbewertet. „Technik" gerät durch diese Neuorientierung zwar nicht in den Hintergrund, muss aber in verschiedenen Bereichen

---

[1] So z. B. auf einer Tagung der „Arbeitsgemeinschaft der Hochschulinstitute für Gewerblich-Technische Berufsbildung (HGTB)" im Sommer 1998, auf der Arbeitsprozesswissen das Tagungsthema darstellte. Zur HGTB-Tagung vgl. PAHL, RAUNER, SPÖTTL [2000]; zum Arbeitsprozesswissen allgemein vgl. KRUSE [1986]; RAUNER [1996]; FISCHER, RÖBEN [1997] und zum Zusammenhang von Arbeitsprozesswissen und Qualitätsmanagement im Besonderen vgl. RICHTER, BADER [2000] sowie SCHULZ, RICHTER [2000].

einer auf Prozesse verlagerten und einer stärker auf (externe, aber vor allem auch interne) Kunden orientierten Sichtweise weichen oder sich in höherem Maße mit ihr abgleichen lassen. Doch gerade diese Prozess- und (teilweise veränderte) Kundenorientierung erfasst das Modell „sozio-technisches Handlungssystem" nicht zufriedenstellend. Es sollte deshalb erweitert werden. Darüber hinaus, und falls dies aus Gründen der Überschaubarkeit als „nicht machbar" erscheint, sollte nach anderen Modellen und unterstützenden Beschreibungs-, Strukturierungs- und Reflexionsansätzen gesucht werden. Ein möglicher Ansatz zur gedanklichen Durchdringung des Arbeitssystems bietet sich im Denkmodell des Qualitätskreises an. Dieser Strukturierungsansatz, der dem Qualitätsmanagement entlehnt wurde, bezieht in weit höherem Maße den Prozessgedanken und die Kundenorientierung in die Reflexion des Arbeitsprozesses mit ein. Das heißt nun nicht, das sozio-technische Handlungssystem zu verwerfen, sondern sowohl auf der Mikro- und der Meso- als auch auf der Makroebene ein zusätzliches Instrument zur Verfügung zu stellen, um die Förderung von Handlungskompetenz durch *Verstehen von Einzelheiten und von Zusammenhängen* zu stützen.

Warum dies erfolgen muss und wie dies geschehen kann, sollen die weiteren Ausführungen zeigen.

2.2 Entwicklung beruflicher Handlungskompetenz

2.2.1 Zum Begriff der beruflichen Handlungskompetenz

Kompetentes berufliches Handeln ist seit jeher Gegenstand berufs- und betriebspädagogischer Forschung und Ziel der Ausbildung in einem Beruf. Die berufliche Bildung soll den Menschen auf berufliche *und* gesellschaftliche Aufgaben vorbereiten und seine individuelle Entfaltung zu einer mündigen, autonomen und sozial verantwortlichen Persönlichkeit fördern. Das zentrale Interesse des Berufsbildungssystems ist auf die Entwicklung von Kompetenzen und somit auf die Bildungsrelevanz der zu vermittelnden (beruflichen) Inhalte gerichtet, das zentrale Interesse des Beschäftigungssystems auf die berufliche Leistungsfähigkeit. Beide, Kompetenz und Leistungsfähigkeit, umfassen den kritisch-konstruktiven Umgang mit Technik (Technikbewertung und -gestaltung, Technikfolgenabschätzung) sowie ein reflexives Verhältnis gegenüber sich verändernden gesellschaftlichen und betrieblichen Bedingungen und Anforderungen (Lebens- und Arbeitsgestaltung).

Damit ist der Begriff der beruflichen Handlungskompetenz ansatzweise umrissen: Sie ist die Fähigkeit und Bereitschaft, in beruflichen Situationen problemorientiert und sachgerecht, durchdacht sowie in individueller und gesellschaftlicher Verantwortung zu handeln und wird in den Dimensionen Fachkompetenz, Humankompetenz und Sozialkompetenz entfaltet [vgl. BADER 1991, S. 443; zur Grundlegung des Kompetenzbegriffes vgl. beispielsweise ROTH 1968 und 1971, zum Begriff der Handlung z. B. AEBLI 1985, S. 182f.].

Berufliche Ausbildung zielt im Wesentlichen auf die Entwicklung und Förderung von Fachkompetenz. Diese bezeichnet eine auf Berufsarbeit bezogene Sachkompetenz, d. h. die Fähigkeit und Bereitschaft, berufliche Aufgaben- und Problemstellungen selbstständig, fachgerecht sowie methodengeleitet zu bearbeiten und das Ergebnis zu beurteilen. Hierzu gehören auch „extrafunktionale Qualifikationen" wie logisches, abstrahierendes, integrierendes Denken sowie das Erkennen von System- und Prozesszusammenhängen.

Charakteristisches Merkmal von Handlungskompetenz in Bezug auf Technik ist das Gestalten der Umwelt mit Technik als Mittel. Deshalb schließt kompetentes Arbeitshandeln die Veränderung bestehender Verhältnisse ein. Dies bedeutet einerseits, den engeren Bereich der „Sache" zu erschließen, andererseits aber auch, angrenzende Gebiete zu betrachten, Veränderungsmöglichkeiten und Potentiale zu erkennen sowie die Wirkungen und Folgen von Veränderungen abzuschätzen. Dass dies nicht nur auf den Bereich der eigenen Tätigkeit beschränkt werden darf, ergibt sich aus den komplexen Zusammenhängen in der heutigen Arbeitswelt: Sie ist gekennzeichnet durch multi-kausale Verknüpfungen und vielfältige Interaktionen zwischen sozialen, wirtschaftlichen, politischen und anderen Systemen der Gesellschaft.[2]

Berufliche Ausbildung sollte auch Fähigkeiten und Erfahrungen dazu vermitteln, im Wandel der Technik aktiv an deren Gestaltung und Weiterentwicklung mitzuwirken. Unter dem Ziel der Förderung und Entwicklung beruflicher Handlungskompetenz und in Bezug auf das Arbeitssystem bedeutet dies immer die Notwendigkeit der vorherigen gedanklichen Durchdringung desselben: Zum einen der Technik an sich, zum anderen aber auch der Prozesse, in denen diese angewandt wird. Für „Technik" wurden verschiedene Beschreibungsmodelle ausgeformt. Dagegen existieren für die Arbeitsprozesse wenige theoretisch gestützte Konzeptualisierungen.

Ein möglicher Ansatz, um Arbeitsprozesse zu analysieren und gedanklich zu durchdringen, stellt das Konstrukt des Arbeitsprozesswissens dar.

2.2.2 Zur Bildungsrelevanz beruflicher Arbeitsprozesse und Konkretisierung beruflichen Arbeitsprozesswissens [3]

Der Begriff des *Arbeitsprozesswissens* bedeutet keine alleinige Fixierung auf die Abfolge von Tätigkeiten. Er umschreibt vielmehr das *„Verständnis des Gesamtarbeitsprozesses [...]* in seinen
- produktbezogenen,
- technischen,
- arbeitsorganisatorischen,
- sozialen und
- systembezogenen Dimensionen." [KRUSE 1986, S. 189]

Beim Aufbau von Arbeitsprozesswissen bildet die Synthese aus gewonnenen (sinnlichen) Erfahrungen und systematisch erworbenem Wissen die Grundlage, um Arbeitsprozesse ganzheitlich zu erfassen, zu planen, durchzuführen, zu kontrollieren und zu bewerten [vgl. FISCHER, RÖBEN 1997, S. 250] sowie gezielt und reflektiert zu verändern (Gestaltungsaspekt). Und das ist das Ziel der Förderung und Entwicklung beruflicher Handlungskompetenz.

---

[2] Zu verschiedenen Aspekten dieser gesellschaftlichen Segmente, deren Vernetzungen und Interdependenzen vgl. beispielsweise WILLKE [1995, 1996a und 1996b] oder LUHMANN [1997a und 1997b].

[3] Dieser und der folgende Abschnitt (vgl. *Abs. 2.3*) stützen sich auf Forschungsergebnisse der noch in Bearbeitung befindlichen Dissertation von Andy Richter.

Arbeitsprozesswissen muss allerdings auch in distanzierender Reflexion – insbesondere zum eigenen Arbeitsumfeld und zu den eigenen Arbeitshandlungen – und im Vergleich zu den Arbeitsumfeldern anderer erworben werden, so dass:
- die Vielfalt gleichzeitig existierender Organisationsformen des Gesamtarbeitsprozesses,
- die historische Genese der vorfindlichen Organisationsweise und
- die Gestaltungsmöglichkeiten des Arbeitsprozesses

deutlich werden [vgl. KRUSE 1986, S. 190].

Im Zusammenhang mit gesellschaftlicher Arbeitsteilung erfolgte die inhaltliche Ausrichtung der Arbeitsprozesse und des Arbeitsprozesswissens eher am Arbeitsplatz und der zugeteilten Tätigkeit, weniger an dem (meist) gestaltbaren Gesamtprozess betrieblicher Leistungserbringung. Arbeitsprozesswissen soll jedoch in seiner Dynamik betrachtet werden, die sich nicht allein am Arbeitsplatz, an der Arbeitsaufgabe und der zugeteilten Tätigkeit orientiert, sondern eher an dem sich stetig verändernden Arbeitssystem, indem neben dem (statischen) Arbeitsplatz der dynamische Arbeitsprozess und mithin insgesamt das sich verändernde Arbeitssystem einbezogen werden. Arbeitsprozesswissen ist somit nicht ausschließlich auf die Arbeitsaufgabe und den zugeteilten Arbeitsplatz bezogen, vielmehr manifestiert es sich in der Fähigkeit und Bereitschaft, an der Veränderung und Gestaltung des Arbeitsprozesses bzw. des Arbeitssystems sowie des Arbeitsumfeldes und damit auch der Arbeitsbedingungen aktiv und kritisch mitzuwirken (kritisch-konstruktive Gestaltungskompetenz). Arbeitsprozesswissen ist infolgedessen auch eine wesentliche Komponente des Wissens um Arbeitssysteme und somit eng mit „Technik" verbunden.

Doch erst, wenn die Arbeitshandlungen mit „Technik" verknüpft und ganzheitlich in den Kontext der vor- und nachgelagerten Tätigkeiten eingebunden und sowohl ihre Einbindung als auch die Technik an sich erkannt werden, ist kritisch-konstruktives und reflexives Handeln möglich. Doch gerade dieses *Möglich* deutet einen weiteren Aspekt an, der hinzukommen muss, damit ganzheitlich gehandelt werden kann: Das Erkennen des eigenen Eingebundenseins in ein Arbeitssystem ist zwar eine notwendige, aber noch nicht hinreichende Bedingung dafür, Arbeitsprozesswissen effektiv zu entfalten. Denn nur, wenn das Beschäftigungssystem eine Mitgestaltung zulässt und entsprechende Regelmechanismen existieren, damit die angedachten Veränderungen auch auf den Prozess der betrieblichen Organisationsentwicklung zurückwirken, kann berufliches Arbeitsprozesswissen als Äußerung beruflicher Handlungskompetenz wirksam werden [vgl. RAUNER 1996, S. 426; HEIDEGGER u.a. 1991].

Damit sind zwei wesentliche Aspekte gekennzeichnet, die es ermöglichen, Arbeit, Technik und Gesellschaft reflektiert zu verändern:
1. Die Notwendigkeit des Erkennens:
   - der Vernetzung der eigenen Tätigkeit mit den Tätigkeiten anderer,
   - der Einbindung der eigenen Arbeitshandlungen in den Gesamtprozess betrieblicher Leistungserbringung und
   - des eigenen Eingebundenseins in einen betrieblichen und gesellschaftlichen Kontext, der gestaltet werden kann.

Somit ist – entsprechend dem Konzept einer „vollständigen Handlung" [vgl. PAMPUS 1987, S. 47 sowie visualisiert *Abbildung 2.1*] – das Informieren, Planen, Entscheiden, Ausführen, Kontrollieren und Bewerten von (Arbeits-)Aufgaben zumindest möglich. Darüber hinaus wird dadurch auch das Verändern und Gestalten reflexiv.

2. Die Notwendigkeit, dass das zu verändernde (Teil-)System eine Mitgestaltung auch zulässt und entsprechende Regularien dazu existieren.

Erst dadurch können das gezielte Verändern und Adaptieren der eigenen Arbeitshandlungen und des Arbeitsumfeldes (Arbeitsgestaltung) sowie betrieblicher und gesellschaftlicher Verhältnisse (Technik- und Lebensgestaltung) umfassend und ganzheitlich realisiert werden.

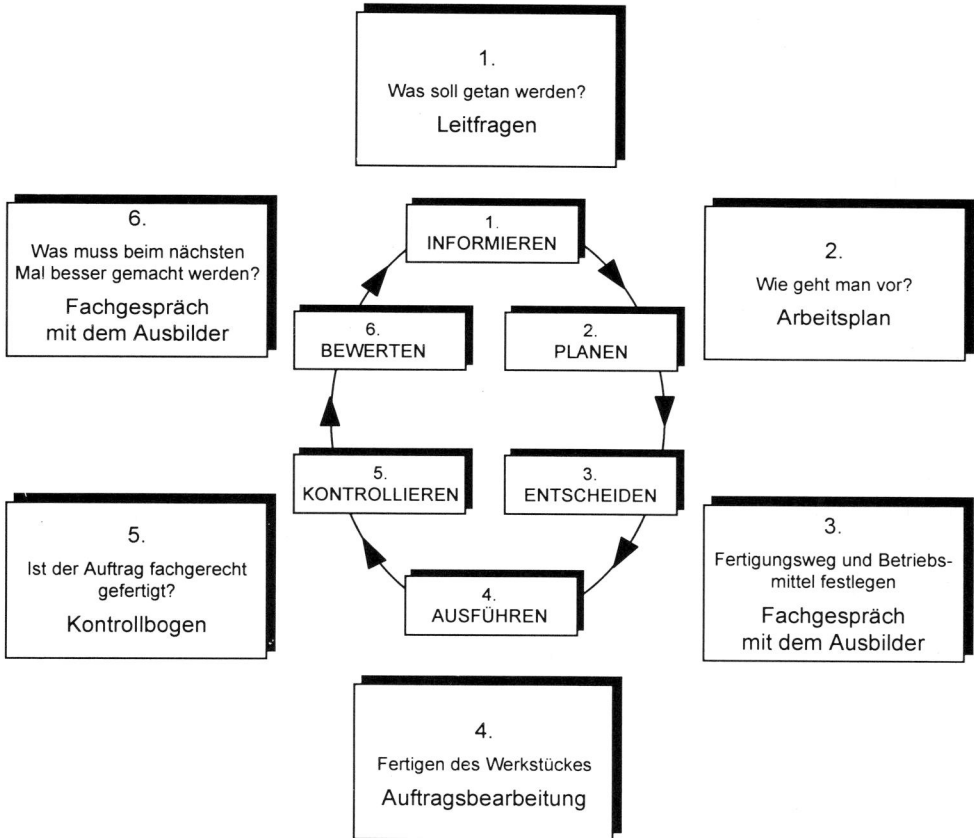

Abbildung 2.1:   Lernprozess bei einer vollständigen Handlung [nach PAMPUS 1987, S. 47]

Das Erkennen von Einbindungen und Vernetzungen kann durch Strukturierungsmodelle wie z. B. das des *sozio-technischen Handlungssystems* [vgl. BADER 1991 sowie die *Abbildung 2.15*] und das Konzept der *vollständigen Handlung* [vgl. PAMPUS 1987, S. 47 sowie visualisiert *Abbildung 2.1*] gestützt werden. Eine daraus erwachsende Gestaltungskompetenz und -bereitschaft wird allerdings erst dann sinnvoll genutzt, wenn deren Entfaltung innerhalb des Arbeitssystems möglich ist. Das heißt: Wenn zwar Wissen über Einzelheiten und Zusammenhänge sowohl technischer als auch prozessoraler Sachverhalte aufgebaut wurde, dieses aber aufgrund von Beschränkungen des Arbeitssystems nicht in eine reflektierte

Veränderung bestehender Verhältnisse mündet, kann Handlungskompetenz in Form kritisch-konstruktiver Gestaltung der Umwelt auch nicht wirksam werden. Der Sinn des Aufbaus von Wissen um Einzelheiten und Zusammenhänge innerhalb eines Arbeitssystems, welches eine Mitgestaltung nicht ermöglicht, ist dann zu hinterfragen.

In verschiedenen Arbeitssystemen existierten zur Nutzung der oben beschriebenen kritisch-konstruktiven Gestaltungskompetenz verschiedene (oder auch keine) Mechanismen und Freiräume. Diesen soll im Folgenden nachgegangen werden.

2.3 Arbeitsprozesswissen im Wandel – Eine Retrospektive am Beispiel der Automobilindustrie

2.3.1 Darlegung des Analyseansatzes

Arbeitsprozesswissen sollte im Kontext der geschichtlichen Entwicklung der Organisationsformen des Gesamtarbeitsprozesses erworben werden [vgl. KRUSE 1986, S. 190]. Entsprechend den vorangegangenen Ausführungen (vgl. insbesondere den Pkt. 2 der Aufzählung im vorherigen Abschnitt) muss jedoch ein Arbeitssystem eine Mitgestaltung in verschiedensten Bereichen auch zulassen, damit Arbeitsprozesswissen wirksam entfaltet werden kann. Dass dies in verschiedenen Produktionssystemen in unterschiedlichen Ausprägungen möglich war, eröffnet sich aus ihrer historischen Entwicklung. In Analogie zu den Ausführungen KRUSES, der das Nachzeichnen der historischen Entwicklung der Arbeitsorganisation als ein wesentliches Moment auch beim Aufbau von Arbeitsprozesswissen kennzeichnet, geht es „um das Verständnis der Genese der jetzigen Organisation des Arbeitsprozesses wie auch um dessen Gestaltbarkeit, zwei Aspekte, die eng miteinander verbunden sind [... – denn die] Rekonstruktion des historischen Gewordenseins einer Arbeitsorganisation ist ein wichtiges Element des Verständnisses von der Gestaltbarkeit von Arbeitsprozessen." [KRUSE 1986, S. 192]

In diesem Sinne soll im Folgenden der Frage nachgegangen werden, ob verschiedene Organisationsformen von Produktion auch zur Ausformung unterschiedlichen Arbeitsprozesswissens geführt haben. Arbeitsprozesswissen integriert das Wissen über Technik – in ihrer Gesamtheit und in Einzelheiten. Die „Technik" hat sich in den vergangenen hundert Jahren enorm gewandelt. Deshalb ist von vornherein klar, dass auch das Arbeitsprozesswissen Wandlungen unterworfen war. Mit Beginn der Einführung des Qualitätsmanagements ereignete sich allerdings ein eklatanter Bedeutungsumbruch: Technik war nicht mehr das vorherrschende Mittel, da man erkannt hatte, dass die Steuerung des Gesamtarbeitsprozesses nachhaltigere Effekte hervorbringt als der Einsatz immer raffinierterer und auch komplizierterer technischer Einrichtungen.

Allerdings, dies sei angemerkt, steht Qualitätsmanagement insbesondere unter bildungstheoretischen Aspekten in der Kritik, und zwar dann, wenn es unreflektiert zum Gegenstand beruflicher Aus- und Weiterbildung erhoben wird, d. h. eine im Qualitätsmanagement auch angelegte Funktionalisierung der Beschäftigten unbefragt und kritiklos übernimmt. Deshalb soll hier das System Qualitätsmanagement nicht isoliert behandelt werden, sondern im

Kontext der geschichtlichen Entwicklung anderer Produktionsstrategien und unter der Perspektive der Entwicklung und weiteren Entfaltung beruflicher Handlungskompetenz.

Die Struktur der folgenden Ausführungen orientiert sich an markanten Phasen in der Entwicklung der Produktionssysteme und der in ihnen enthaltenen Qualitätssysteme (vgl. Abbildung 2.2).

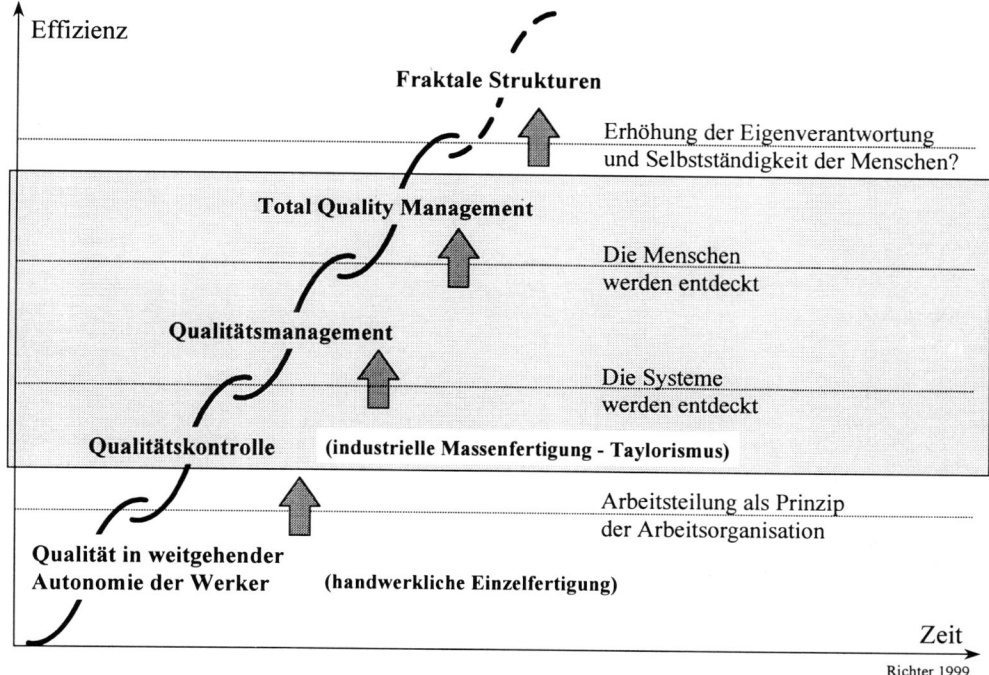

Abbildung 2.2: Entwicklung der Qualitätssysteme;
Gerasterter Teil nach: Deutsche Gesellschaft für Qualität e. V. – DGQ

Als konkretisierendes Beispiel wird hier die Automobilindustrie herangezogen, denn an ihr lassen sich besonders deutlich Veränderungen der Arbeitsorganisation aufzeigen, die auf die Entwicklung von Gestaltungskompetenz am Arbeitsplatz zurückwirken.

Sicherlich ist diese vielschichtige Genese inhaltlich hinreichend bekannt. Sie wird hier dennoch rekonstruiert, um Wandlungen in der Ausprägung des Arbeitsprozesswissens aufzuzeigen, und zwar unter den oben ausgeführten Aspekten (vgl. auch die Aufzählung in Abs. 2.2.2)
– des Erkennens von Formen der Einbindung der Mitarbeiter in ein Produktionssystem und
– des Veränderns und Mitgestaltens der Arbeitsbedingungen sowie der Regelmechanismen des Systems, die dies eröffnen,
und darüber hinaus
– der Besonderheiten der in den Produktionssystemen angelegten Qualitätssysteme.

Die Rekonstruktion erfolgt in Bezug auf die Hauptsysteme – die *handwerkliche Einzelfertigung*, die auf der tayloristischen Arbeitsteilung beruhende *industrielle Massenproduktion* und das Konzept der *Schlanken Produktion* – in vier Schritten:

1. Es werden wesentliche Aspekte des jeweiligen Produktionssystems kurz beschrieben.
2. Darauf aufbauend wird das in dem jeweiligen System notwendige und anwendbare Arbeitsprozesswissen analysiert.
3. Hieran anschließend werden diese Systeme auf Regelmechanismen hin untersucht, die es den Mitarbeitern ermöglichen, ihr entwickeltes Arbeitsprozesswissen – im Sinne der Äußerung von Handlungskompetenz – zur kritisch-konstruktiven Gestaltung der Arbeitsprozesse und des Arbeitsumfeldes sowie zur Stützung der betrieblichen Struktur- und Organisationsentwicklung zu nutzen.
4. Die in den jeweiligen Hauptformen der Produktionssysteme vorherrschenden Qualitätssysteme werden im Hinblick auf:
   – die Formen der Qualitätsverantwortung,
   – den Umgang mit Qualitätsmängeln und
   – die Unternehmensbereiche, auf die sich die Qualitätssysteme beziehen und in denen sie wirksam werden,
   betrachtet.

An die im letzten Schritt aufgezeigten Regelmechanismen anknüpfend, werden nachfolgend die im Qualitätsmanagement bzw. in Qualitätsmanagement-Systemen integrierten Regelmechanismen zur Nutzung der Gestaltungskompetenz der Mitarbeiter sowie deren Implementation beschrieben. Die im Qualitätsmanagement angelegten erweiterten Freiheitsgrade und Gestaltungsspielräume erfordern – neben rein fachlichen Kenntnissen – eine vermehrte Ausformung extrafunktionaler Qualifikationen. Gestützt auf Befunde aus einer schriftlichen Befragung von Industrieunternehmen im Land Schleswig-Holstein, werden im *Kap. 7* dieses Buches solche extrafunktionalen Qualifikationen aufgezeigt, die in enger Beziehung zum Arbeitsprozesswissen stehen und zudem wesentliche Elemente von Handlungskompetenz darstellen. Abschließend sollen das „neue" Wissen und die „neuen" Möglichkeiten der Gestaltung von Arbeitsprozessen, die Qualitätsmanagement bzw. Qualitätsmanagement-Systeme fördern und fordern, zusammengefasst werden.

Die nachzuzeichnende Genese der Produktions- und Qualitätssysteme war und ist ein vielschichtiger und variantenreicher Prozess (vgl. *Abbildung 2.2*). Worauf es ankommt, ist die Erkenntnis, dass die einzelnen Systeme ständigen Veränderungen unterworfen waren und sind. Zur Veranschaulichung werden verschiedene Grafiken herangezogen. Obwohl die einzelnen Abbildungen jeweils idealtypische Momentaufnahmen darstellen, bilden sie dennoch wesentliche Aspekte der jeweiligen Produktions- und der in ihnen enthaltenen Qualitätssysteme ab und liefern in ihrer Zusammenfassung ein Abbild ihrer Entwicklung und Veränderung.

Für die Produktionssysteme (vgl. *Abbildung 2.2* und die Einzeldarstellungen *Abbildung 2.3*, *Abbildung 2.5*, *Abbildung 2.6*, *Abbildung 2.8*, *Abbildung 2.11* und *Abbildung 2.13*) erweisen sich Interaktions- und Kommunikationsbeziehungen als besonders aussagekräftig. Sie verdeutlichen die implementierten Rückkopplungsmechanismen und umschreiben das Maß an Eigenverantwortung, welches den Mitarbeitern zur Gestaltung der Arbeitsprozesse sowie der eigenen und angrenzenden Arbeitsbereiche vom System zugestanden wird.

Für die Qualitätssysteme (vgl. *Abbildung 2.2* und die Einzeldarstellungen *Abbildung 2.4*, *Abbildung 2.7*, *Abbildung 2.9*, *Abbildung 2.12* und *Abbildung 2.14*) sind die Bereiche, auf die sich die Qualitätssysteme beziehen und in denen sie wirksam werden, von besonderer Bedeutung. Denn in diesen Qualitätssystemen sind es die Arbeiter, die Qualitätsmängel entdecken, diese beseitigen und Maßnahmen zu deren Vermeidung zumindest anregen können. Sie tragen somit auch zu Veränderungen ihrer Arbeitsaufgaben, ihrer Arbeitsbedingungen und mittelbar des Arbeitsumfeldes bei. Der Umfang der Qualitätsverantwortung der Mitarbeiter (auf Facharbeiterebene) ist deshalb auch ein Maß für die Einbeziehung ihrer Kompetenzen in den Prozess der betrieblichen Struktur- und Organisationsentwicklung.

2.3.2 Die handwerkliche Einzelfertigung

Ende des 19. Jahrhunderts wurden Automobile in Form der klassischen, *handwerklichen Einzelfertigung*[4] gebaut. Eine Fertigung „unter einem Dach" gab es noch nicht. Die Einzelteile wurden in kleinen, individuellen Betrieben von gut ausgebildeten Handwerkern in Handarbeit produziert und ein Montage-Betrieb übernahm den Zusammenbau der von den einzelnen Handwerkern gelieferten Teile. Da jeder der Handwerksbetriebe nur eine gewisse Anzahl von Teilen herstellen konnte, wurden baugleiche Teile in verschiedenen Werkstätten gefertigt, um den steigenden Bedarf zu befriedigen. Die damalige Verwendung ungeeichter und folglich mit kleinen Abweichungen behafteter Lehren sowie die aus der Handarbeit und der Toleranzbreite der in dieser Zeit vereinzelt verwendeten und ungenauen Maschinentechnik herrührenden Abweichungen bedingten, dass trotz gleicher Pläne und Blaupausen kein Teil dem anderen glich. Die Folge war, dass die einzelnen Teile solange von den Arbeitern des Montagebetriebes bearbeitet wurden, bis sie exakt zusammenpassten. Diese Schlosser mussten ebenso wie die Handwerker in den Herstellungsbetrieben gut ausgebildet sein, denn handwerkliches Geschick, Material-, Werkzeug- und Verfahrenskenntnisse waren für diese Arbeiten unabdingbar.

Das dazu notwendige Arbeitsprozesswissen umfasste Kenntnisse über den gesamten Prozess der Leistungserstellung – von der Anlieferung der Einzelteile, deren Bearbeitung und deren Zusammenbau, der Fehlerbeseitigung, der Anfertigung und Reparatur von Werkzeugen ... bis hin zur Auslieferung des fertigen Automobils (vgl. *Abbildung 2.3*). Die Möglichkeit der Einflussnahme der Arbeiter auf den eigenen Arbeitsablauf, die Arbeitsgestaltung und Ablaufveränderung war dementsprechend groß. Spezielle Regelmechanismen, die es den Arbeitern ermöglichten, ihr Arbeitsprozesswissen zur Gestaltung des Arbeitsablaufes und Arbeitsumfeldes zu nutzen, waren daher nicht erforderlich.

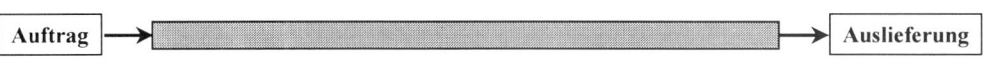

Richter 1999

Abbildung 2.3:   *Produktionskette in der handwerklichen Einzelfertigung*

---

[4] Detaillierter zur automobilen Produktion in handwerklicher Einzelfertigung vgl. beispielsweise WOMACK, JONES, ROOS [1992, S. 25ff.] und FORD [1923, S. 25ff.].

Auf der Ebene des Qualitätssystems – aber man kann eigentlich noch nicht von einem Qualitätssystem sprechen – bedeutete dies: Eine Qualitätsprüfung im Sinne einer zentral gesteuerten systematischen Suche nach Mängeln fand nicht statt. Einziges Kriterium war die Funktionstüchtigkeit des Produktes (des fertigen Automobils). Doch damit war weit weniger gemeint als das, was heutzutage im englischen Sprachraum mit „fit for use" umschrieben wird. Es gab eigentlich nur zwei Möglichkeiten: Entweder das fertige Auto konnte aus der Werkstatt gefahren werden oder es wurde so lange nachgebessert, bis dies gelang. Die Qualitätsverantwortung lag somit vollständig in den Händen jedes einzelnen Arbeiters (vgl. *Abbildung 2.4*). Fehler wurden entweder durch die Arbeiter zufällig entdeckt und durch sie beseitigt oder verblieben im Automobil, und der Käufer besserte das Produkt selbst nach.

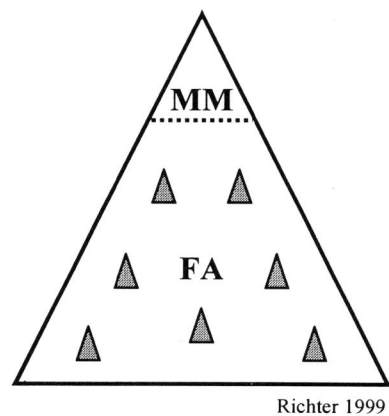

Richter 1999

Abbildung 2.4: *Qualitätssystem der handwerklichen Einzelfertigung*

Dieses System drängte nach Veränderungen, denen Frederick W. Taylor mit seinen Überlegungen den Weg geebnet hatte.

2.3.3 Taylorismus und industrielle Massenproduktion

Von Frederick W. Taylor wurde Anfang des 19. Jahrhunderts mit den Werken „Grundlagen der wissenschaftlichen Betriebsführung" [SEILING 1994, S. 15] und „Shop Management" [SUZAKI 1994, S. 1] eine Organisationsstrategie von Produktion beschrieben, die in Anlehnung an den gängigen Sprachgebrauch im Folgenden kurz als *Taylorismus* bezeichnet werden soll. Taylors Idee war es, entgegen der damaligen Praxis, die Arbeitsabläufe in so kleine Teilstücke zu zergliedern, dass die einzelnen Arbeitsschritte auch von ungelernten Arbeitskräften zu beherrschen waren. Die Arbeiter wurden dabei lediglich als „Erweiterung der Maschine" [SUZAKI 1994, S. 1] gesehen. Gleichzeitig empfahl Taylor eine strikte Trennung planender und ausführender Tätigkeiten im Unternehmen.

Ihre erste Umsetzung fanden die Ideen Taylors in der amerikanischen Automobilindustrie, insbesondere in den Automobilwerken Henry Fords[5]. Dieser erkannte den kausalen Zusammenhang zwischen der Maßhaltigkeit einzubauender Teile und der möglichen Kosteneinsparung bei deren reibungsloser Montage während des Fertigungsprozesses. Es waren natürlich auch Entwicklungen der Maschinen-, Werkzeug- und Werkstofftechnik, die Henry Fords Pläne begünstigten, aber die eigentlichen Neuerungen und revolutionären Veränderungen lagen eher auf arbeitsorganisatorischem Gebiet. Die Montagespezialisten für den Zusammenbau der Einzelteile waren nicht mehr für ein komplettes Auto, sondern zuerst für eine einzelne Baugruppe wie Motor nebst Getriebe, Fahrwerk und Karosserie (vgl. *Abbildung 2.5*) und später nur noch für einzelne Arbeitsschritte zuständig (vgl. *Abbildung 2.6*). Zudem wurden die einzusetzenden Bauteile nicht mehr durch die Monteure geholt und vor Ort bearbeitet, sondern maßgenau an den jeweiligen Arbeitsplatz geliefert. Die Folge war, dass teuer ausgebildete Facharbeiter lediglich zur Beseitigung von Qualitätsmängeln (Nacharbeit) benötigt wurden. Die „Anlernzeit", wenn man denn noch von einer solchen sprechen kann, neuer „Monteure" dauerte nur noch Minuten, besondere Anforderungen an dessen handwerkliche und geistige Fähigkeiten wurden nicht mehr gestellt.

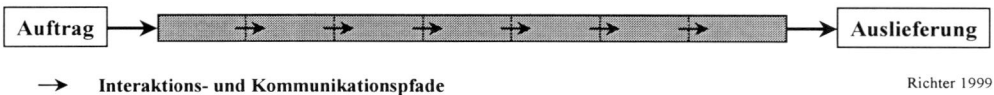

Richter 1999

Abbildung 2.5:   *Produktionskette zu Beginn der industriellen Massenproduktion*

Das zur Erledigung der Aufgaben notwendige Wissen über den Prozess der Leistungserstellung sowie die Bereiche, auf denen die Arbeiter gestaltend einwirken konnten, verringerten sich fast in dem selben Maße, wie die Tätigkeiten und die gestalterischen Freiheitsgrade in den Unternehmen eingeschränkt wurden.

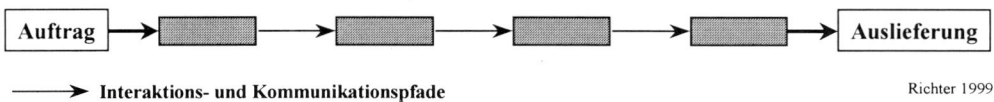

Richter 1999

Abbildung 2.6:   *Produktionskette in der Blütezeit der industriellen Massenproduktion*

In diesem Produktionssystem müssen neben der eigentlichen Fertigung Material, Werkzeuge und Fertigteile beschafft, befördert und sowohl zeitlich als auch örtlich koordiniert, es müssen Arbeitsabläufe geplant, organisiert, administriert und kontrolliert, die Qualität muss überprüft, der Einkauf und der Absatz müssen gemanaged werden. Waren zu Beginn Henry Fords industrieller Automobilfertigung dazu gut ausgebildete Handwerker erforderlich, so

---

[5]   Zu den von Henry Ford eingeleiteten Veränderungen automobiler Produktion gegenüber der handwerklichen Einzelfertigung vgl. auch FORD [1923, S. 107ff.] und WOMACK, JONES, ROOS [1992, S. 25ff.].

wurden später spezialisiertere Fachkräfte eingesetzt, deren Aufgabenbereiche sich einengten und die immer weniger den Gesamtprozess der Produkterstellung überblickten.

Das in diesem Arbeitssystem und bei dieser Aufgabenverteilung (oder eher Aufgabeneinschränkung) notwendige Arbeitsprozesswissen sowie die Möglichkeiten, dieses auf die betriebliche Strukturentwicklung wirksam werden zu lassen, verringerten sich stetig: Umfassendes Arbeitsprozesswissen wurde zur Erledigung der Aufgaben nicht benötigt. Es existierten auch keine Regularien, um das noch vorhandene Arbeitsprozesswissen für die Organisations- und Strukturentwicklung zu nutzen, sie wurde zentral von der obersten Hierarchieebene aus geplant und gesteuert.

Dieser fortschreitende Prozess bedarf wohl keiner weiteren Erläuterung, er brachte aber noch einen unangenehmen und für seinen Bestand letztendlich entscheidenden Nebeneffekt mit sich: Qualitätsmängel wurden erst am Ende des Prozesses oder gar erst nach Auslieferung entdeckt und mussten nach der Fertigung oder nach Reklamationen, meist mit erheblichen Kosten, beseitigt werden. Der Grund dafür liegt nicht etwa bei den Arbeitern, sondern in der Organisation des Qualitätssystems der industriellen Massenfertigung, denn während der Fertigung hatten die Monteure nur eine einzige Aufgabe: die angelieferten Teile schnellstmöglich einzubauen, eine Fehlerkorrektur bzw. das Nacharbeiten nicht passender oder defekter Teile fiel nicht mehr in ihren Zuständigkeitsbereich. Und somit gab es seit der Anfangszeit industrieller Massenproduktion am Ende des Fertigungsprozesses für Qualitätsmängel eine Nachbesserungsabteilung, die defekte oder schlecht eingebaute Teile repariert. Später entwickelten sich die sog. Qualitätssicherungsabteilungen (vgl. *Abbildung 2.7*), die Fehler bereits vorher entdecken sollten. In ihnen wurden die von den Arbeitern gefertigten Teile kontrolliert. Es wurden jedoch lediglich die bereits entstandenen Fehler gesucht, doch ihre Ursachen nicht beseitigt. Eine Qualitätsverantwortung der Facharbeiter, wie noch in der handwerklichen Einzelfertigung, gab es von da an nicht mehr.

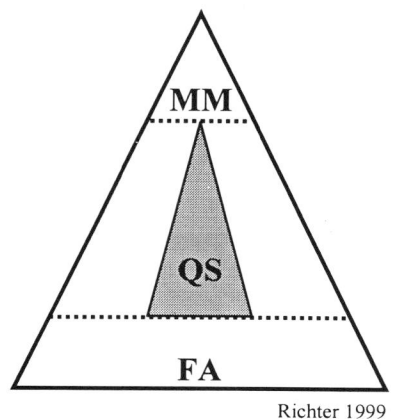

Abbildung 2.7: *Qualitätssystem in der industriellen Massenfertigung*

Die Trennung planender und ausführender Tätigkeiten nach dem tayloristischen Prinzip bedingte noch einen weiteren Folgeeffekt, der im Hinblick auf die Entwicklung, den Austausch und das Wirksam-Werden von (Arbeitsprozess-)Wissen eine hemmende Wirkung ausübte: Ein gehemmter Informationsfluss in tiefen hierarchischen Strukturen hat zur Folge, dass auch das Arbeitsprozesswissen gefiltert und nicht wirksam zur Arbeitsgestaltung sowie zur betrieblichen Strukturentwicklung genutzt wird.

Das später teilweise aufkommende System der werkstattorientierten Fertigung führte in tayloristisch organisierten Unternehmen zu keinen wesentlichen Neuerungen, da sich in Bezug auf das Produktionssystem nur geringe und für die Mitarbeiter hinsichtlich der Freiheitsgrade und zur Nutzung anwendbaren Arbeitsprozesswissens bei der Gestaltung von Arbeitsprozessen allenfalls marginale Veränderungen ergaben.

2.3.4 Der Ansatz der Schlanken Produktion

Die oben bereits erwähnte Strategie der *Schlanken Produktion* (Lean Production), die sich teilweise parallel zu der auf dem Taylorismus beruhenden industriellen Massenproduktion entwickelte, brachte ein offeneres Arbeitssystem hervor und stellt zudem – insbesondere in Bezug auf die Mitarbeiterbeteiligung und die Nutzung ihres Arbeitsprozesswissens – eine wesentliche Grundlage für das Konzept Qualitätsmanagement dar.

Die Strategie der Mitarbeiterbeteiligung in der Schlanken Produktion lässt sich wie folgt zusammenfassen [vgl. WOMACK, JONES, ROOS 1992, S. 61ff.; SEILING 1994, S. 19f.]:

- Die Arbeiter wurden zu Teams gruppiert, denen ein gewisser Montageabschnitt übertragen wurde. Sie sollten selbst den günstigsten Weg und eine effiziente Form des Zusammenarbeitens und der Erledigung der Aufgaben finden. Sie erhielten einen Teamleiter, der auch die Rolle des Vorarbeiters und des Springers übernahm.
- Die Reinigung des Arbeitsbereiches, kleinere Werkzeugreparaturen und die Qualitätskontrolle wurden ebenfalls den Teams übertragen.
- Zusammen mit Ingenieuren bzw. Technikern, aber auch ohne Unterstützung, sollten diese Teams Ablaufverbesserungen für ihren Arbeitsabschnitt entwickeln. Dafür wurden sie periodisch innerhalb der Arbeitszeit, also bezahlt, freigestellt.

Dieses Arrangement fordert von den Arbeitern weit mehr technologisches Wissen und Kenntnisse über vor- und nachgelagerte Prozesse und Abläufe sowie deren Gestaltbarkeit als in tayloristisch organisierten Systemen. Die gewährten Gestaltungsfreiräume bieten zudem die Möglichkeit, angedachte und notwendig erscheinende Veränderungen in das bestehende System einzupassen bzw. Teile dieses Systems direkt zu verändern. Das Arbeitsprozesswissen über den eigenen Arbeitsbereich und über Schnittstellen zu denen anderer Arbeitsbereiche muss infolgedessen erweitert und es kann zudem konsequent zur betrieblichen Strukturentwicklung und zur Gestaltung des Arbeitsumfeldes genutzt werden. Erstmals wurde in ein Produktionssystem damit ein Rückkopplungsschritt implementiert (vgl. *Abbildung 2.8*), der nicht nur der Rückmeldung von Produktionsmängeln diente.

Auftrag → ▭ ← → ▭ ← → ▭ ← → ▭ → Auslieferung

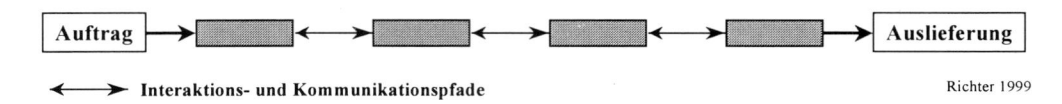

◄──► Interaktions- und Kommunikationspfade   Richter 1999

Abbildung 2.8: Produktionskette in der Schlanken Produktion und in der Anfangszeit des Qualitätsmanagements

Auf der Ebene des Qualitätssystems bedeutete dies, dass die (oftmals starren) Bereichsgrenzen der Qualitätssicherungsabteilung immer mehr aufweichten. Darüber hinaus wurde auch das Management einer Qualitätsprüfung unterzogen. Zudem erhielten Arbeiter mehr Qualitätsverantwortung (vgl. *Abbildung 2.9*) und wesentliche Gestaltungsfreiräume.

△	Unternehmenshierarchie
MM:	Ebene des Managements
FA:	Ebene der Facharbeiter
▲	Bereich der Qualitätsverantwortung
QS:	Qualitätssicherungsabteilung
◄►	zunehmend unschärfere Bereichsgrenzen

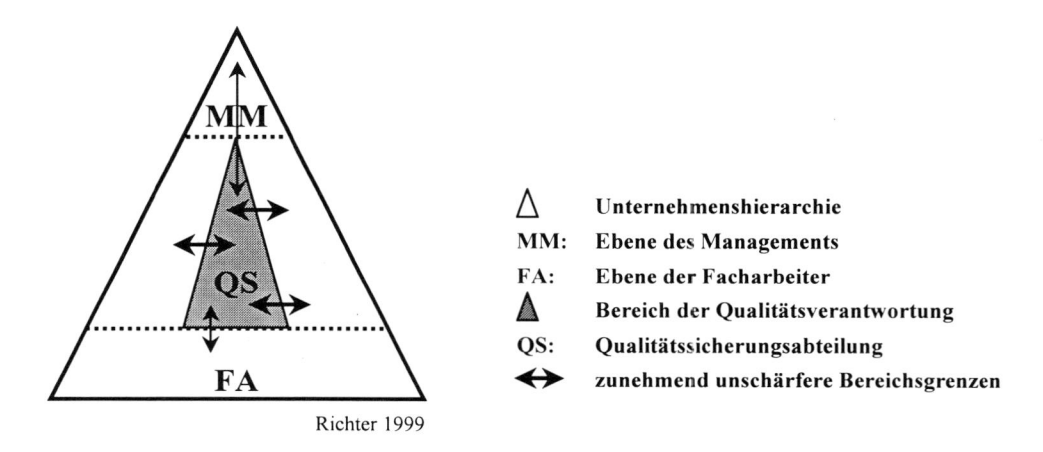

Richter 1999

Abbildung 2.9: Qualitätssystem in der Schlanken Produktion und in der Anfangszeit des Qualitätsmanagements

2.3.5 Erweiterte Gestaltungsfreiräume im Qualitätsmanagement

Ansätze zur Sicherung der Qualität sind nicht neu. Viele Unternehmen hatten bzw. haben seit je her solch eine Qualitätssicherung, deren Name dem Prinzip der Wareneingangsprüfung entlehnt ist. Diese Wareneingangsprüfung sollte die *Qualität* von Zulieferteilen *sicherstellen*. Qualitätssicherung beinhaltet jedoch darüber hinaus auch diejenigen Maßnahmen, die innerhalb einer Unternehmung ergriffen werden, um sicherzustellen, dass die gefertigten Produkte den spezifizierten (meist technischen) Anforderungen genügen. Dazu wurden und werden an vielen Stellen der Prozesse in den Unternehmen Inspektionen und Prüfungen durchgeführt. Ihre Blütezeit hatten diese mannigfaltigen Prüfungen in der industriellen Massenproduktion. Ganze Bereiche des Unternehmens waren damit beschäftigt, angelieferte oder produzierte Halbzeuge, Fertigteile, Endprodukte ... zu inspizieren. Diese Bereiche nannte man Qualitätssicherungsabteilungen nicht zuletzt auch wegen ihrer Größe [vgl. beispielsweise STEINBECK 1995, S. 149f. oder NEDEß 1997, S. 113].

Qualitätsmanagement ist jedoch kein moderner Begriff für Qualitätssicherung, sondern geht weit über diese hinaus. Die DIN ISO 8042, die Begriffe zu Qualitätsmanagement und Qualitätssicherung klärt und regelt, definiert Qualitätsmanagement wie folgt: „Alle Tätigkeiten der Gesamtführungsaufgabe, welche die Qualitätspolitik, Ziele und Verantwortlichkeiten festlegen sowie diese durch Mittel wie Qualitätsplanung, Qualitätslenkung, Qualitätssicherung, und Qualitätsverbesserung im Rahmen des Qualitätsmanagementsystems verwirklichen." Mit Rücksicht auf den Umfang dieses Kapitels ist es hier weder möglich, diese Begrifflichkeiten näher zu erläutern noch diese zu untersetzen. Zum Zweck einer Näherung kann obige Begriffsbestimmung jedoch folgendermaßen vereinfacht werden: Qualitätsmanagement „beschreibt das Zusammenspiel der einzelnen Organisationseinheiten [einer Unternehmung; Anm.: die Verf.] mit dem Ziel, ein möglichst fehlerfreies Produkt herzustellen" [STEINBECK 1995, S. 149]. Ein fehlerfreies Produkt stellt zugleich den vorrangigen Kundenwunsch dar. Demzufolge besteht das übergreifende Ziel des Qualitätsmanagements in der Erfüllung der Kundenforderungen, und diesem Ziel ordnen sich alle Aktivitäten in einer Unternehmung unter.

Durch das Qualitätsmanagement werden Arbeitsprozesse nicht zwangsläufig verändert. Die einzelnen Arbeitsschritte, beispielsweise bei der spanenden Fertigung eines Teiles, entziehen sich einer willkürlichen Variation. Aber auch komplette Fertigungsabläufe innerhalb eines Unternehmens können nicht beliebig modifiziert werden.

Ziel des Qualitätsmanagements ist es unter anderem, die sensiblen Schnittstellen zwischen den einzelnen Arbeitsabläufen, Arbeitsbereichen und Abteilungen sowie den Gesamtprozess betrieblicher Leistungserbringung gezielt zu gestalten und nicht nur „Technik" allein zu verändern. Eine ständige Prozess- und Veränderungsorientierung (vgl. *Abbildung 2.10*) ist zentrales Anliegen eines Qualitätsmanagement-Systems.

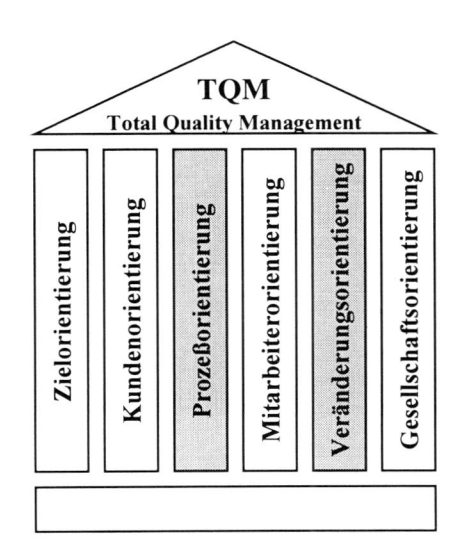

Abbildung 2.10: Säulen des Qualitätsmanagements (House of Quality) [GREßLER, GÖPPEL 1996, S. 33; Hervorhebungen durch die Verfasser]

Im Rahmen dieses erweiterten Gestaltungszieles ist es im Qualitätsmanagement unabdingbar, den Aufbau von Arbeitsprozesswissen zu fördern und es gezielt für die innerbetriebliche Struktur- und Organisationsentwicklung zu nutzen. Das insbesondere in Bezug auf die Funktionalisierung der Mitarbeiter[6] kritisierte Qualitätsmanagement implementiert jedoch die für eine Bildungsrelevanz von Berufsarbeit notwendigen Rückkopplungsmechanismen auf die betriebliche Strukturentwicklung in weit höherem Maße, als das in streng (tayloristisch) arbeitsteiligen und hierarchisch organisierten Unternehmen der Fall ist. Somit kann die entwickelte kritisch-konstruktive Gestaltungskompetenz der Mitarbeiter auch konsequenter auf die Organisationsentwicklung innerhalb der Unternehmung zurückwirken.

Zeugnisse dieser Implementation sind beispielsweise die im Qualitätsmanagement verankerten internen Kunden-Lieferanten-Beziehungen (Kundenorientierung; vgl. *Abbildung 2.10*) und der kontinuierliche Verbesserungsprozess (Veränderungsorientierung; vgl. ebenfalls *Abbildung 2.10*). Durch die internen Kunden-Lieferanten-Beziehungen sollen die vor- und nachgelagerten Arbeitstätigkeiten und Abteilungen in den eigenen Arbeitsprozess (zumindest gedanklich) einbezogen werden, wobei das Hauptaugenmerk auf der Erhaltung eines reibungslosen und effizienten Gesamtprozesses betrieblicher Leistungserbringung liegt (Prozessorientierung; vgl. wiederum *Abbildung 2.10*). Der kontinuierliche Verbesserungsprozess (KVP) schließt neben dem eigenen Arbeitsumfeld die Gestaltung (Veränderung, Verbesserung) der Schnittstellen zu anderen Tätigkeitsbereichen mit ein. Diese Überlappungsbereiche sollen in die eigene Planung und die Ausgestaltung des Arbeitsprozesses einbezogen werden. Sie verlangen somit zusätzliches Wissen, um notwendige Veränderungen in die Arbeits- und Betriebsorganisation zu integrieren.

Die Notwendigkeit, neben rein fachlichen Kenntnissen auch extrafunktionale Qualifikationen in den Arbeitsprozess einzubringen, hat sich nicht zuletzt auch aufgrund der vermehrten Einführung von Qualitätsmanagement-Systemen und der Erweiterung der Tätigkeitsbereiche in den Unternehmungen verstärkt, denn „zu einer umfassenden beruflichen Handlungskompetenz gehört neben der fachlichen Qualifikation heute weit mehr als fachliches Wissen im jeweiligen Ausbildungsberuf allein. Es sind zunehmend auch solche Qualifikationen gefragt, die den technologischen und organisatorischen Veränderungen weniger unterliegen, und nicht zuletzt die Fähigkeit und Bereitschaft der Beschäftigten, ihre Arbeit selbst mitzugestalten – nämlich Kompetenzen" [SCHULZ, BADER, RICHTER 1998, S. 44]. Zu dieser Gestaltungskompetenz gehören insbesondere auch Fähigkeiten, die es ermöglichen, (Arbeits-)Prozesse ganzheitlich zu erfassen und zu gestalten. Heutzutage erwarten Unternehmen immer stärker erweiterte Qualifikationen auch von den Facharbeitern. In eher offenen Strukturen – die beispielsweise durch die Einführung eines Qualitätsmanagement-Systems entstehen können – mit erweiterten Freiheitsgraden und Gestaltungsspielräumen muss das in hoch arbeitsteiligen (tayloristischen) und hierarchisch organisierten Arbeitssystemen erworbene Arbeitsprozesswissen erweitert werden. Insbesondere sind Kenntnisse, Qualifikationen und Kompetenzen gefordert, die eine ganzheitliche, system- und prozessorientierte Mitgestaltung von Arbeitsprozessen eröffnen (vgl. hierzu detailliert *Kap. 7*).

---

[6] Die in europäischen Großunternehmen eingerichteten Qualitätszirkel (mit ähnlichen Formen der Mitarbeiterbeteiligung) wurden unter anderem als „Vereinnahmungsstrategie" des Managements („Neben der Hand setzen die Mitarbeiter nun noch ihren Kopf ein und bekommen das noch nicht einmal bezahlt.") kritisiert [vgl. RAUNER 1996, S. 426].

Auf der Ebene des Produktionssystems ergibt sich dadurch die Notwendigkeit vermehrter reflexiver Kommunikationen und Interaktionen zwischen den einzelnen Fertigungsschritten und -bereichen mit dem Ziel der umfassenden Gestaltung eines effizienten Gesamtprozesses betrieblicher Leistungserbringung (vgl. *Abbildung 2.11*).

| Auftrag | ▬ | ◄─► | ▬ | ◄─► | ▬ | ◄─► | ▬ | Auslieferung |

◄──► Interaktions- und Kommunikationspfade   Richter 1999

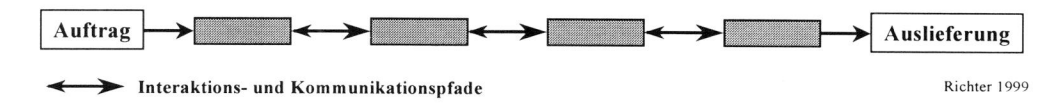

Abbildung 2.11: Idealbild einer Produktionskette im Qualitätsmanagement

Das Qualitätssystem im Qualitätsmanagement ist gekennzeichnet durch eine Verschlankung der eigentlichen Qualitätssysicherungsabteilung und der konsequenten Ausweitung der Qualitätsverantwortung auf alle Mitarbeiter der Unternehmung. In der Literatur werden verschiedene Ansätze der Einbindung der Mitarbeiter in das Qualitätssystem des Qualitätsmanagements beschrieben. So bezieht der systemorientierte Ansatz bereits „die Mitarbeiter aller Hierarchieebenen und Funktionsbereiche" [TOMYS 1995, S. 18] in die Qualitätssicherung mit ein. FEIGENBAUM führt ebenso aus, dass umfassende Qualitätsverbesserungen nur durch die Anstrengungen aller – und nicht durch die Anstrengungen ein paar weniger Spezialisten – zu erreichen sind [vgl. 1987, S. 64]. „Das auf japanischen Ursprung zurückgehende Konzept des *Company-Wide Quality Control* (CWQC) [...] kann als eine Weiterentwicklung des Ansatzes von FEIGENBAUM [...] angesehen werden, da es ebenso alle Mitarbeiter eines Unternehmens in das unternehmensweite Qualitätskonzept mit einbezieht. Die Qualitätsaufgaben werden im Konzept des Company-Wide Quality Control nicht von einer spezifischen Abteilung [vgl. auch *Abbildung 2.7*; Anm.: die Verf.] wahrgenommen, sondern jeder Mitarbeiter ist in seinem Verantwortungsbereich und mit seinen Möglichkeiten für die Qualität zuständig und verantwortlich." [TOMYS 1995, S. 18f.; vgl. auch ISHIKAWA 1985 sowie *Abbildung 2.9* und *Abbildung 2.12*] Das bedeutet für die Mitarbeiter auf Facharbeiterebene die Einführung und Umsetzung eines Systems der Eigenprüfung und für das Management die Konsequenz, sich einer Überprüfung der eigenen Operationsweise zu unterziehen (vgl. *Abbildung 2.12*), sicherlich in beiden (Hierarchie-)Ebenen eine sensibel zu handhabende Angelegenheit.

Innerhalb eines solchen erweiterten Handlungsrahmens sind die Bereitschaft der Mitarbeiter und das Erkennen des eigenen Eingebundenseins in ein Produktions- und Gesellschaftssystem eine notwendige Bedingung, um Arbeitsprozesswissen wirksam zu entfalten (vgl. auch Pkt. 1 der Aufzählung in *Abs. 2.2.2*). Ob jedoch die durch das Qualitätsmanagement geschaffenen (Gestaltungs-)Freiräume auch eine hinreichende Bedingung darstellen, um Arbeitsprozesswissen auch für die betriebliche Strukturentwicklung im Sinne kritisch-konstruktiver Gestaltungskompetenz zu nutzen, muss die weitere Entwicklung des derzeitigen, vielschichtigen und variantenreichen Arbeitssystems zeigen. Doch durch die im Qualitätsmanagement implementierten Regelmechanismen ist die ganzheitliche Gestaltbarkeit des eigenen Arbeitsbereiches, der Schnittstellen zu anderen Arbeitsbereichen und Abteilungen sowie des Gesamtprozesses betrieblicher Leistungserbringung prinzipiell möglich.

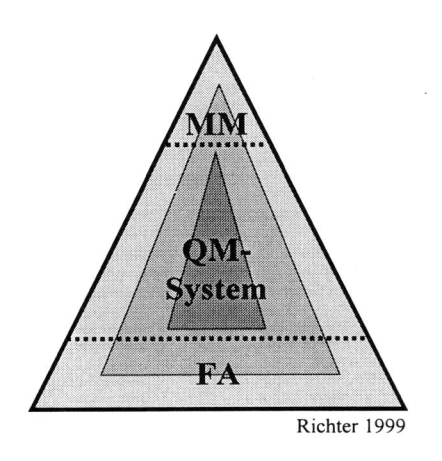

△ Unternehmenshierarchie
MM: Ebene des Managements
FA: Ebene der Facharbeiter
▲ Bereiche unterschiedlicher Qualitätsverantwortung im Rahmen eines Qualitätsmanagement-Systems
QM: Qualitätsmanagement

Richter 1999

Abbildung 2.12: Idealbild des Qualitätssystems im Qualitätsmanagement

Insofern eröffnet das Qualitätsmanagement neue oder auch bislang nur verschlossene Wege, auf denen die Mitarbeiter ihre entwickelte oder zu entwickelnde kritisch-konstruktive Gestaltungskompetenz in den Prozess betrieblicher Organisationsentwicklung einbringen können. Beim Qualitätsmanagement-Wissen handelt es sich demzufolge nicht um eine „neue" Form beruflichen Arbeitsprozesswissens, wohl aber um dessen Erweiterung, und es ist eine wesentliche Komponente von Gestaltungskompetenz, die Arbeitsprozesswissen integriert.

Diese Erweiterung besteht einerseits in einer veränderten Sichtweise von Produktion. „Technik" steht bei der Weiterentwicklung des Unternehmens nicht mehr isoliert im Vordergrund. Unternehmensstrategien richten sich heutzutage und nicht zuletzt durch die vermehrte Einführung von Qualitätsmanagement-Systemen immer stärker auch an der Erhöhung der Transparenz und Nachverfolgbarkeit sowie an der Optimierung von Prozessen aus. Andererseits eröffnet die intensivere Ausrichtung des Unternehmens auf die (externen) Kunden erhöhte Wettbewerbschancen. Diese Sichtweise betrifft allerdings nicht nur das Management, sondern reicht hinein in jeden noch so kleinen Geschäftsprozess und jede Arbeitstätigkeit. Die im Qualitätsmanagement verankerten internen Kunden-Lieferanten-Beziehungen sind ebenso ein Zeugnis dieser veränderten Kundenorientierung.

Arbeitssysteme befinden sich in ständigem Wandel. Die zukünftigen Entwicklungen sind nur schwer zu antizipieren und nur bedingt zu beeinflussen. Ein Trend zeichnet sich allerdings ab: Es scheinen sich vermehrt fraktale Strukturen (vgl. *Abbildung 2.2*, zu einer möglichen Produktionskette vgl. *Abbildung 2.13*, zu einem möglichen Qualitätssystem in fraktalen Strukturen vgl. *Abbildung 2.14*), allerdings erst in Ansätzen, herauszubilden. Vielleicht erwachsen den Mitarbeitern dadurch auch neue Freiheitsgrade – nicht nur, um ihr Arbeitsprozesswissen entwickeln und entfalten zu können, sondern auch, um zu einem flexibleren und offeneren Beschäftigungssystem zu finden, denn: *„Das Vermögen eines Unternehmens ist das, was dessen Mitarbeiter 'vermögen.'"* (nach Deutscher Wirtschaftsdienst)

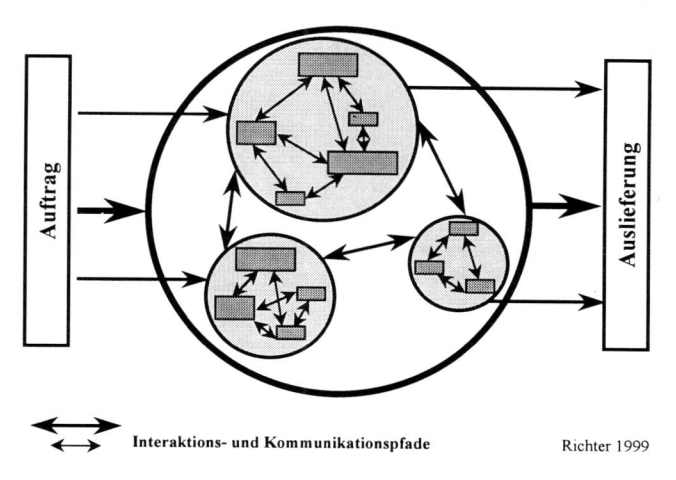

Entwicklung beruflicher Handlungskompetenz durch Verstehen und Gestalten 43

⟷ Interaktions- und Kommunikationspfade   Richter 1999

Abbildung 2.13:   Mögliche Produktionskette in fraktalen Strukturen

○   fraktale Struktur
△   hierarchieähnliche Strukturen
MM: Ebene des Managements
QM: Qualitätsmanagement
●   Bereiche unterschiedlicher Qualitätsverantwortung im Rahmen eines Qualitätsmanagement-Systems

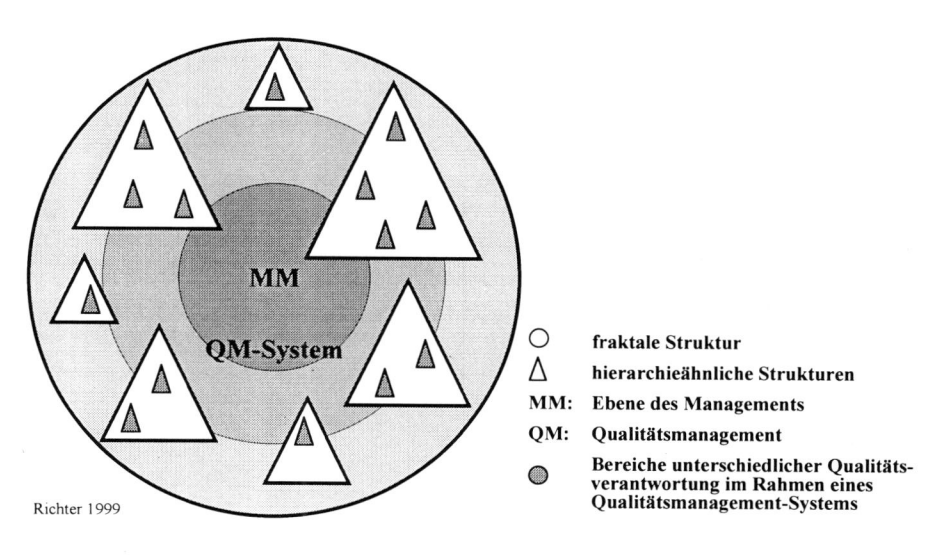

Richter 1999

Abbildung 2.14:   Mögliches Qualitätssystem in fraktalen Strukturen

2.4 Versuch einer Erweiterung des systemtheoretischen Ansatzes der Technikdidaktik

2.4.1 Zur Intention und zum Modell des systemtheoretischen Ansatzes

Berufliches Handeln in Industriegesellschaften ist arbeitsteiliges Handeln. Die eigene Handlung als Strukturelement eines Ganzen zu verstehen liegt nicht allein im Interesse von Bildung, sondern auch im Interesse effektiver Handlungsfähigkeit, die das Mitbedenken der Rahmenbedingungen und Folgen des Handelns einschließt.

„Selbstständiges Planen, Durchführen und Kontrollieren" gilt als Errungenschaft hinsichtlich der Ziele in den Ausbildungsordnungen der neugeordneten Ausbildungsberufe. Diese Formel verweist auf die Ganzheitlichkeit der beruflichen Arbeit, die prinzipiell für Technikschaffen als komplexen Prozess ebenso gilt wie für die Herstellung eines einfachen Maschinenelementes, die Ausführung einer Reparatur oder die Leistung eines Dienstes. Und eben diese Ganzheitlichkeit lässt sich strukturieren, indem das Ganze eines technischen Systems erfasst wird – von seiner Planung bis zu seiner Beseitigung.

Verstehen und Gestalten von Technik richten sich auf die Entstehung technischer Gegenstände (Apparate, Maschinen, Geräte) und auf deren Wirkungsweise und Nutzung insgesamt, also auf komplexe Anlagen ebenso wie auf kleinste Funktionseinheiten; sie richten sich auf das Elementare und auf Zusammenhänge, in die dieses eingebunden ist. Um Einzelnes in der Komplexität beschreiben, erläutern und veranschaulichen zu können, wird auf Kategorien der Systemtheorie zurückgegriffen. Es geht aber nicht etwa um die Einführung von Systemtheorie als Gegenstand beruflichen Lernens, sondern um die Erschließung von Betrachtungsweisen und Darstellungsmitteln aus der Systemtheorie unter dem didaktischen Interesse der Aufklärung von Sachverhalten und Verknüpfungen.

Ein System kann eine Gruppe von Menschen beschreiben, dann spricht man von einem *sozialen System*; ein System kann auch ausschließlich aus materiellen Elementen bestehen, die bestimmten Zwecken dienen, dann spricht man von einem *technischen System* oder Sachsystem. In *sozio-technischen Handlungssystemen* führen Menschen unter Zuhilfenahme technischer Systeme durch Handeln zielgerichtete Veränderungen herbei.

Die Denk- und Handlungsvollzüge von Menschen in Bezug auf Technik lassen sich erfassen und in Zusammenhang bringen, wenn man die „Lebensgeschichte" eines technischen Gegenstandes von seiner Planung (Zielorientierung) bis hin zu seiner Beseitigung (ggf. Rückgewinnung durch Recycling) gedanklich rekonstruiert. Als theoretischer Bezugsrahmen hierzu wird die *Ablaufstruktur eines sozio-technischen Handlungssystems* zugrunde gelegt (vgl. *Abbildung 2.15*).

Die Ablaufstruktur eines sozio-technischen Handlungssystems ist ein Modell, auf dessen Grundlage das Handeln in Ausbildungsberufen in Bezug auf einzelne Phasen der Planung, Entstehung, Nutzung und Beseitigung von Technik einsichtig gemacht werden kann.

Dieses didaktische Mittel, berufliches Handeln als Teil eines Gesamtsystems zu begreifen, reicht hinein bis in den Bereich, Tendenzen in der Technikentwicklung verständlich zu machen.

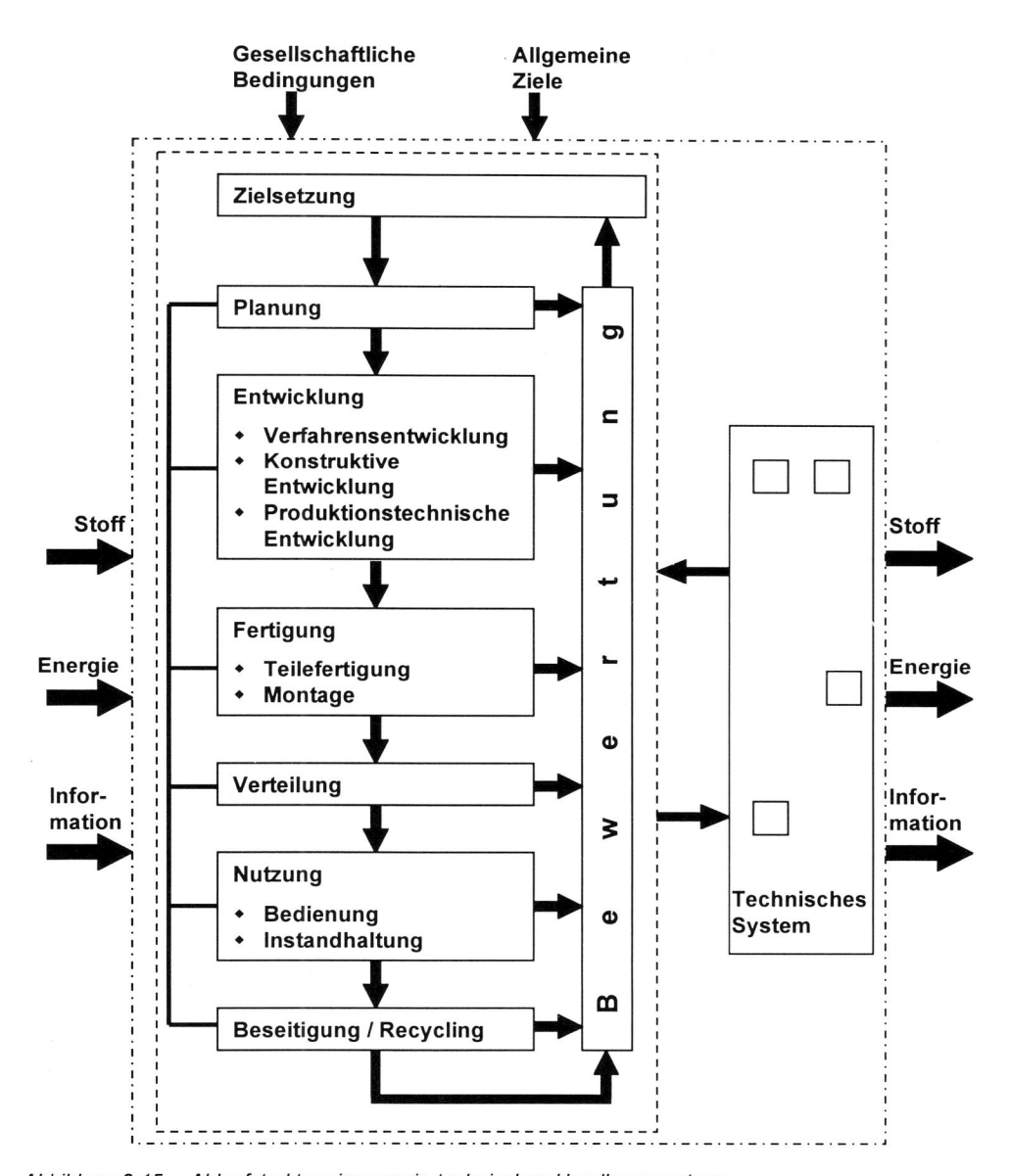

Abbildung 2.15: Ablaufstruktur eines sozio-technischen Handlungssystems

2.4.2 Grenzen des systemtheoretischen Ansatzes

Ausgehend von der Intention, das Verstehen von Technik zu erleichtern und auf dieser Basis zum Gestalten von Technik zu befähigen, soll der systemtheoretische Ansatz helfen, Technik in ihren Einzelheiten und mit deren Verknüpfungen zu beschreiben.

Das Modell des sozio-technischen Handlungssystems leistet dies auch zweifelsohne – aber eben nur dieses. Erweiterte Gestaltungsfreiräume der Arbeitenden – die durch das Qualitätsmanagement eröffnet wurden oder neu hinzugekommen sind – und Wandlungen in der Firmenphilosophie, die ebenso durch das Qualitätsmanagement mit angeregt wurden, lassen sich mit Hilfe des sozio-technischen Handlungssystems nicht in der anzustrebenden Akzentuierung und Differenzierung abbilden. Dies gilt insbesondere in Bezug auf folgende Aspekte:

- Die Prozesshaftigkeit von Produktion und die vielschichtigen Interdependenzen zwischen den einzelnen Bereichen sowie die Auswirkungen einzelner Veränderungen in *einem* Segment auf *alle* Unternehmensteile und die vor- und nachgelagerten Bereiche sollte besser veranschaulicht werden (Makroebene).
- Die gedankliche Durchdringung von Unternehmensprozessen allgemein und speziell von Arbeitsprozessen durch der Arbeitenden sollte stärker gestützt werden. Dies erfolgt mit dem Ziel, die Wirkungen der Gestaltung/Veränderung von Schnittstellen des eigenen Arbeitsbereiches zu den Arbeitsbereichen anderer zu verdeutlichen und prognostizierbarer zu halten (Mesoebene).
- Die Selbstreflexion der Arbeitenden bezogen auf die eigenen Arbeitshandlungen im Sinne *vollständiger Handlungen* wird durch das Modell des sozio-technischen Handlungssystems nicht umfassend angeregt (Mikroebene).

Unter den ersten beiden Aspekten lassen sich im sozio-technischen Handlungssystem zwar bereits Ansätze erkennen, und unter dem dritten Aspekt kann das Konzept der vollständigen Handlung (vgl. *Abbildung 2.1*) als Strukturierungshilfe herangezogen werden, jedoch sollten unter allen drei Aspekten weitere Ausformungen und Ausdifferenzierungen vorgenommen werden.

- Die stärkere Einbindung *externer und interner Kundenbeziehungen* in die heutigen Unternehmensprozesse und deren Bedeutung auch für die eigenen Arbeitshandlungen (auf Mikroebene) kann aus der Ablaufstruktur des sozio-technischen Handlungssystems nicht abgeleitet werden.
- Das Modell verdeutlicht nicht, dass die *Erbringung von Dienstleistungen* und der Austausch von Informationen – im Rahmen des Wandels von einer Produktions- hin zu einer Dienstleistungs- und Wissensgesellschaft – ebenso zu den Unternehmensprozessen zu zählen sind.

Die Ansätze zur Verdeutlichung der Prozesshaftigkeit *aller* Teile von Produktion *und* Dienstleistung innerhalb des sozio-technischen Handlungssystems sowie die Einbindung (externer und interner) Kunden in die Unternehmensprozesse gilt es ebenfalls weiter auszuformen und zu stützen.

Mit Modellen des Qualitätsmanagements könnte dies geleistet werden. Allerdings nicht in der Form, dass hierdurch das Ablaufmodell des sozio-technischen Handlungssystems ersetzt wird, sondern dass diesem andere Strukturierungshilfen beigestellt werden.

Allerdings muss mit diesen Instrumenten eine Reflexion auf der Makro-, der Meso- und der Mikroebene möglich sein, denn es reicht nicht aus, „sich mit soziotechnischen Systemen der untersten Ebene zu beschäftigen, in denen einzelne Menschen mit technischen Gegenständen umgehen. Es genügt auch nicht, jene soziotechnischen Systeme der mittleren Ebene in den Blick zu nehmen, in denen zahlreiche Menschen mit Maschinen zusammenwirken, um technische Produkte zu erzeugen [und Dienstleistungen zu erbringen; Anm.: die Verfasser]. Herstellung und Verwendung technischer Systeme sind in das umfassende soziotechnische System eingebettet, als das wir unsere technisierte Gesellschaft verstehen müssen." [ROPOHL 1985, S. 170]

2.4.3 Versuch einer Erweiterung durch Modelle des Qualitätsmanagements

Eine mögliche Ergänzung der bereits beschriebenen Strukturierungselemente zur Reflexion des heutigen Arbeitssystems und insbesondere zur Förderung von Handlungskompetenz durch *Verstehen von Einzelheiten und von Zusammenhängen* von Unternehmens- und Produktionsprozessen sowie von Arbeitshandlungen stellt der dem Qualitätsmanagement entliehene Qualitätskreis dar (vgl. als ein Beispiel die *Abbildung 2.16*)

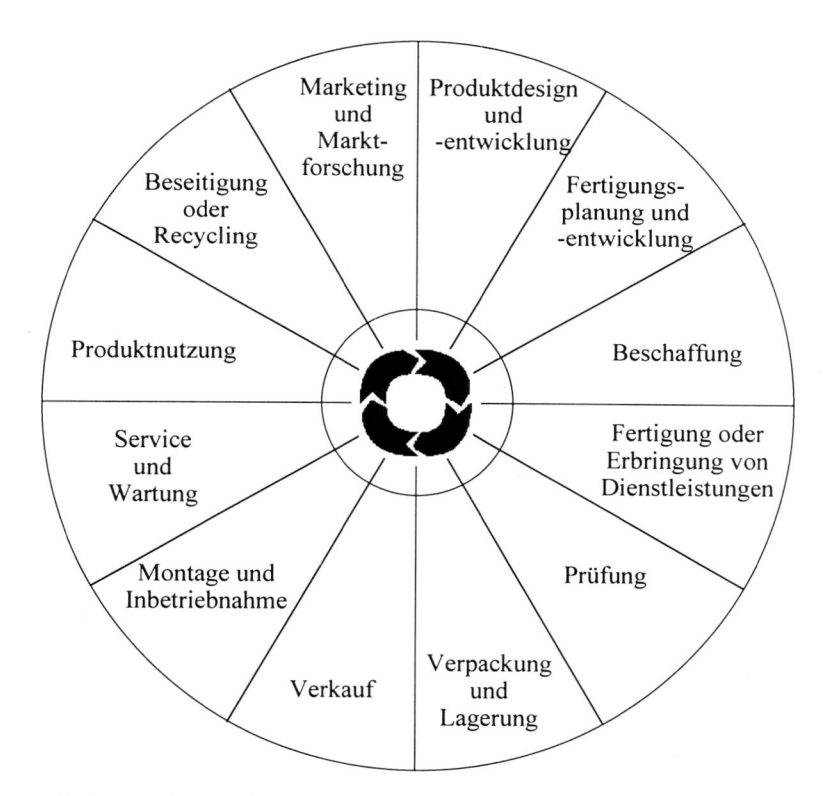

Abbildung 2.16: Qualitätskreis (Quelle: GREßLER, GÖPPEL 1996, S. 7)

Nach der DIN ISO 8042, die Begriffe zu Qualitätsmanagement und Qualitätssicherung klärt und regelt, ist dieser Qualitätskreis ein „Begriffsmodell der zusammenwirkenden, die Qualität in den verschiedenen Stadien beeinflussenden Tätigkeiten, die von der Feststellung der

Erfordernisse bis zur Bewertung, ob diese Erfordernisse erfüllt worden sind, reichen." [GREßLER, GÖPPEL 1996, S. 7]

Insofern gleichen sich das Modell „sozio-technisches Handlungssystem" und der Qualitätskreis. Jedoch wird eine andere Akzentuierung der Aussage vorgenommen: „Die Anordnung der Elemente zeigt das Ineinandergreifen der einzelnen Funktionen, nicht den zeitlichen Ablauf." [GREßLER, GÖPPEL 1996, S. 7] Somit werden die enge Verknüpfung der einzelnen Segmente und die Prozesshaftigkeit der Produktentstehung bzw. Leistungserbringung deutlicher als im Modell „sozio-technisches Handlungssystem". Allerdings stellt der originäre Qualitätskreis vornehmlich ein *technisches* Instrument dar und lässt einen wesentlichen Faktor – *den Kunden*, sowohl den externen als auch den internen – unberücksichtigt. Der Qualitätskreis sollte deshalb ergänzt und gerade um diese Sicht auf den Kunden erweitert werden. Solch eine mögliche Einbindung des Kunden und der Arbeitenden in den Qualitätskreis ist in *Abbildung 2.17* dargestellt.

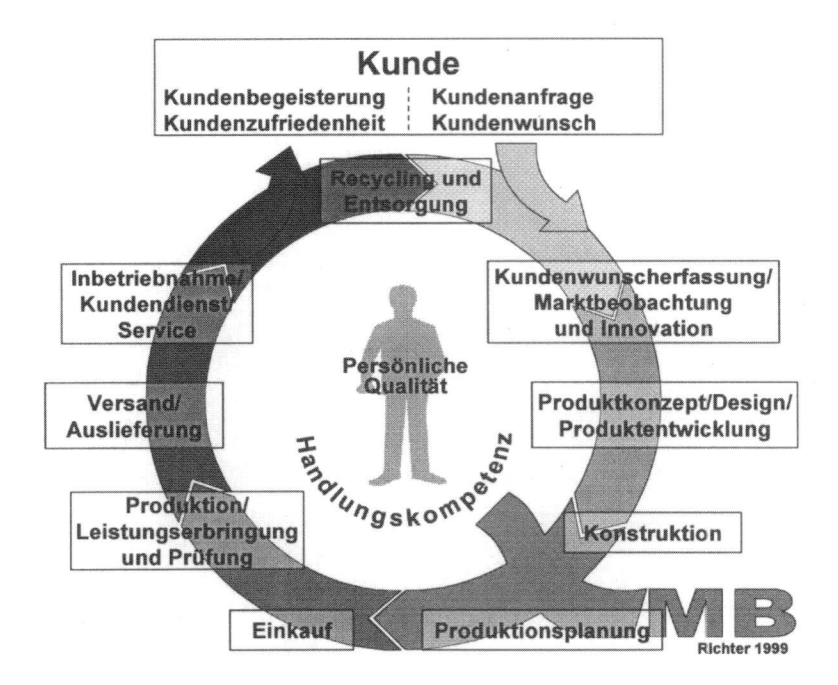

Abbildung 2.17: Qualitätskreis zur Strukturierung von Unternehmensprozessen

Zentrales Element des Qualitätskreises sind die Arbeitenden und mithin ihre Handlungskompetenz, die es ihnen erst ermöglicht, den dargestellten Prozess der Leistungserbringung zu konstituieren, zu gestalten und ihn – sicherlich etwas pathetisch gesagt – „mit Leben zu füllen".

Ausgangspunkt dieses Qualitätskreises sind die Kunden und somit auch die von ihnen gestellten Anforderungen an das von ihnen gewünschte Produkt bzw. die angeforderte Dienstleistung: „Ausgehend von den gesamten Anforderungen der Kunden, muß das Unternehmen prüfen, ob es in der Lage ist, diese Anforderungen zu erfüllen. Erst nach dieser Prüfung wird die Leistung entwickelt, realisiert und dem Kunden geliefert. Sofern es erforderlich ist, wird Kundendienst im Zusammenhang mit der Leistung erbracht. Zuletzt wird festgestellt, ob die Anforderungen des Kunden erfüllt wurden und ob es neue Anforderungen gibt. Damit ist der Kreis geschlossen: Er geht vom Kunden ins Unternehmen und von dort wieder zurück zum Kunden." [WUNDER 1995, S. 131]

Allerdings ist eine Prüfung des rein *technisch* und *betriebswirtschaftlich* Machbaren in der heutigen Zeit allein nicht ausreichend. Im Rahmen neuerer Unternehmensphilosophien muss ebenso eine Reflexion des Kundenwunsches unter erweiterten Gesichtspunkten vorgenommen werden. Dabei bilden quantifizierbare Begriffe wie Umsatz, Gewinn, Produktivität, Wachstum, Unternehmenserfolg ... zwar nach wie vor den eigentlichen Entscheidungsrahmen, jedoch gewinnen nicht quantifizierbare Aspekte wie Flexibilität, Nachhaltigkeit, umweltbewusstes Agieren, Rechtschaffenheit ... und insgesamt die Einbindung des Unternehmens in den gesellschaftlichen Kontext immer mehr an Bedeutung. Der Kundenwunsch ist deswegen nichts Absolutes und *muss* auch nicht mit allen Mitteln erfüllt werden. Dennoch gilt es, diesem, nach entsprechender Prüfung und Entscheidung, so gut und umfassend wie möglich nachzukommen.

Die darauf ausgerichteten Unternehmensprozesse können durch den Qualitätskreis (vgl. *Abbildung 2.17*) strukturiert werden. „Der Qualitätskreis verdeutlicht dabei das Eingreifen der verschiedenen Bereiche in einem Industriebetrieb zur Erzeugung der Qualität, die durch eine Folge von Qualitätsschritten in den verschiedenen Bereichen erreicht wird. Die in den jeweiligen Prozessen erzielten Ergebnisse haben Auswirkungen auf die folgenden Glieder der Wertschöpfungskette, woraus sich schließlich der Qualitätskreis ergibt. Das Anspruchsniveau des Abnehmers wird durch die Qualitätserfahrungen bestimmt und ist wiederum Eingangsgröße für den gesamten Wertschöpfungsprozeß." [NEDEß 1997, S. 112]

Diese Strukturierung auf der Makroebene eines Unternehmens sollte, um das *Verstehen von Einzelheiten und von Zusammenhängen* auch in tieferen Unternehmensstrukturen zu stützen, weiter untersetzt werden.

Zu dieser Innenstrukturierung der einzelnen Elemente kann der Qualitätskreis selbst herangezogen werden, so dass eine fraktal-ähnliche Struktur entsteht (vgl. die Andeutung in *Abbildung 2.18*). Die fraktalen Elemente sind dabei zwar gleich strukturiert und enthalten wiederum den Qualitätskreis, dessen Einzelelemente können allerdings andere bereichs- oder arbeitsplatzbezogene Kategorien aufweisen. In einem gleichen sich die einzelnen „Fraktale" jedoch: Sie gehen vom Kunden (extern/intern) zum Kunden und strukturieren in Summe einen Prozess, der darauf abzielt, die gestellten Anforderungen zu erfüllen und in diesem Sinne *Qualität* zu erzeugen.

Eine solche fraktale Schachtelung geht hinunter – über die Abteilungsebene und die Ebene des Arbeitsplatzes – bis auf die Ebene der Arbeitstätigkeiten zur Erfüllung einzelner Arbeitsaufgaben.

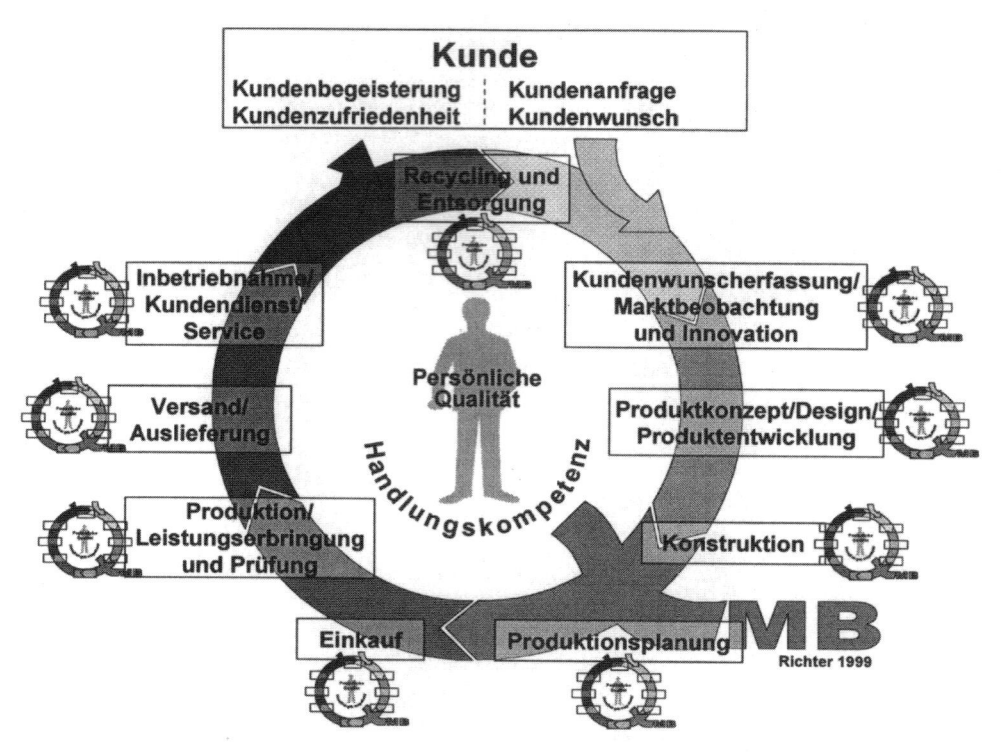

Abbildung 2.18: Fraktale Schachtelung des Qualitätskreises (erste und zweite Ebene) zur Strukturierung von Unternehmens- und Arbeitsprozessen (sowie Arbeitshandlungen)

Unter Beachtung der internen Kunden-Lieferanten-Beziehungen stellen sich dabei immer dieselben Fragen:

- Was erwartet der Kunde (nachgelagerter Bereich, Abteilung, Facharbeiter)? Welche Aufgaben müssen erfüllt werden?
- Wie kann man die Erwartungen des Kunden erfüllen? Was ist dazu zu tun?
- Wie muss der Prozess zur Aufgabenerfüllung strukturiert/verändert werden?
- Wie wird sichergestellt, dass die Anforderungen sachgerecht und zeitlich exakt erfüllt werden? Wurden sie erfüllt?
- Wie kann der Prozess im Sinne einer kontinuierlichen Verbesserung (KVP) effektiver und genauer gestaltet werden? (vgl. auch die *Abbildung 2.10* und die Ausführungen in *Abs. 2.3.5*) Was kann man beim nächsten Mal besser machen?

Insofern spiegeln diese Fragen auch den Prozess einer vollständigen Handlung wieder (vgl. die Punkte 1, 2, 3, 5 und 6 der *Abbildung 2.1*) und stellen einen auf die Mikroebene bezogenen Qualitätskreis dar.

Der oben beschriebene Qualitätskreis (vgl. *Abbildung 2.17*) strukturiert somit insgesamt den Prozess der Produktentstehung bzw. Leistungserbringung – von der Einbindung in den gesellschaftlichen Kontext über die Konstitution des Arbeitssystems und der eigentlichen Unternehmensprozesse bis hin zur Gestaltung der Arbeitsprozesse an einem (einzelnen) Arbeitsplatz. Die Wirkungen von Veränderungen auf vor- und nachgelagerte Arbeitsbereiche (Abteilungen, Unternehmensteile) und das Unternehmen insgesamt sowie gesellschaftliche Implikationen werden ebenfalls angedeutet.

Für den Bereich der Erbringung von Dienstleistungen kann der Qualitätskreis zwar in seiner Struktur erhalten bleiben, dessen Einzelelemente (Kategorien) müssen jedoch entsprechend dem Prozess zur Erbringung dieser Dienstleistung angepasst werden.

2.5 Zusammenfassung und Ausblick

Das Modell „sozio-technisches Handlungssystem" dient dazu, *Technik* in ihren Einbindungen und ihrer Funktion sowie ihre Funktionseinheiten zu analysieren. Sicherlich ist das sozio-technische Handlungssystem auch ein Beschreibungsmodell für Produktentstehungsprozesse und in diesem Zusammenhang in Ansätzen auch für Produktions- und Arbeitsorganisation. Jedoch werden die durch neuere Produktions- und Managementkonzepte (vgl. *Abs. 2.3.4* und *Abs. 2.3.5*) – nicht zuletzt auch durch die vermehrte Einführung von Qualitätsmanagement-Systemen – hinzugekommenen oder wiederentdeckten Bestimmungsfaktoren des Arbeitssystems (externe/interne Kunden; handlungskompetente Mitarbeiter, die den Prozess erst ermöglichen; kontinuierliche Verbesserung ...) nicht mit der hinreichenden Differenzierung bezüglich ökonomischer Implikationen, speziell der Kundenorientierung, sowie der Prozessgestaltung herausgearbeitet.

Der Qualitätskreis als Strukturierungsmodell von Produktions- und Arbeitsprozessen (nicht nur im Qualitätsmanagement) könnte diese Lücke schließen und dazu dienen, den Prozess einer Produktentstehung/Leistungserbringung mit den Bestimmungsfaktoren *Umwelt (auch Gesellschaft und Kunde) – Mensch – Technik* umfassender und detaillierter zu beschreiben. Er ist ein Beschreibungsmodell, das in verschiedenen Konkretisierungsebenen des Arbeitssystems dessen Abstraktion ermöglicht, indem er in fraktal geschachtelten Schritten das Verstehen und Analysieren von Technik und Arbeitsprozessen erleichtert und stützt.

Der Qualitätskreis kann somit Impulse geben für die Selbstreflexion der Mitarbeiter oder Betrachter eines Unternehmens bzw. von Unternehmensprozessen in Bezug auf gesellschaftliche Implikationen, das Unternehmen, die einzelnen Unternehmensbereiche und den einzelnen Arbeitsplatz.

Genau wie beim sozio-technischen Handlungssystem [vgl. BADER 1991, S. 453] sei jedoch vor einer überzogenen Ausdeutung des Qualitätskreises gewarnt, die nur all zu leicht zu einer technokratischen Verkürzung führen kann. Denn auch mit diesem Beschreibungsmodell lassen sich nicht alle Phänomene und Dimensionen des Bedingungs- und Beziehungsgefüges hinreichend treffend und differenziert abbilden. Letzteres gilt weitgehend für die Deutung historischer und sozialer Hintergründe. Ebenso wie das sozio-technische Handlungssystem kann der Qualitätskreis das Verstehen von Einzelheiten und von Zusammenhängen des multikausalen Konstruktes *Gesellschaft – Mensch – Arbeitssystem – Technik – Arbeitsprozess – Arbeitshandlung* stützen, muss allerdings, um verstanden und angewandt zu werden, sukzessive eingeführt werden.

Deshalb soll, auch unter dem Ziel der Entwicklung beruflicher Handlungskompetenz (vgl. *Abs. 2.2.1*), abschließend die Frage nach der Praktikabilität dieses Modells im Schulalltag gestellt werden.

Hier haben die Erfahrungen der Lehrkräfte innerhalb des Modellversuchs „Qualitätsmanagement und berufliche Bildung – QMB" gezeigt, dass eine Integration des Qualitätskreises als Strukturierungs- und Systematisierungshilfe im Unterricht hilfreich ist. Dies muss jedoch schrittweise und vor dem Hintergrund der Abstraktionsfähigkeit der Lernenden geschehen.

Probleme treten dann auf, wenn der Unterricht sich einerseits an einem betrieblichen Produktions- und Organisationsniveau orientiert, welches heute nur noch teilweise existiert, und/oder andererseits lediglich der Lehrplan anhand der Fachsystematik „abgearbeitet" wird:

- Im ersten Fall können die Schüler ihren betrieblichen Erfahrungshintergrund nicht in den Unterricht einbringen, da der Unterricht verständlicherweise wenig mit dem realen beruflichen Handeln z. B. im Ausbildungsbetrieb zu tun hat. Eine Reflexion und Systematisierung des Erlebten im Unterricht mit Hilfe des Qualitätskreises kann nicht gelingen, da dieser sich vornehmlich an neueren Produktionskonzepten (Qualitätsmanagement) orientiert.

- Im zweiten Fall werden die Potentiale, die eine handlungsorientierte Umsetzung z. B. in Projekten ermöglicht, verschenkt. Der im Modellversuch praktizierte Handlungsrahmen einer Lernfirma (vgl. *Teil II*), als ein Beispiel, verschaffte den Lehrkräften viele Anknüpfungspunkte, um mit Hilfe des Qualitätskreises das *Wie* und *Warum* betrieblichen Handelns transparenter darzustellen, Schnittstellen zu charakterisieren und zu gestalten, Wertschöpfung und Verschwendung einsichtig zu machen ... und insgesamt das *Verstehen von Einzelheiten und von Zusammenhängen* heutiger Produktionsprozesse zu fördern. Diese Erfahrungen sind ausführlich im *Teil II* dieses Buches dargestellt.

Unbestritten ist, dass der Qualitätskreis einen Beitrag zur Reflexion des gesamten Arbeitssystems leisten kann. Das Konzept muss jedoch weiter ausgeformt, konkretisiert und systematisiert sowie in den didaktisch-methodischen und inhaltlichen Rahmen des Unterrichts und der Lehrpläne eingeflochten werden. Erst dadurch wird es möglich, den Qualitätskreis als Strukturierungs- und Systematisierungsansatz sowie als Analyse- und Gestaltungsmodell in den Unterricht und die betriebliche Unterweisung zu integrieren. Die Erfahrungen des Modellversuchs sollten dahingehend differenziert ausgewertet werden. Die theoretischen Fundierung bedarf noch weiterer Untersuchungen.

Literatur

AEBLI, HANS (1985):
Zwölf Grundformen des Lehrens. Eine allgemeine Didaktik auf psychologischer Grundlage. (2. Aufl.) Stuttgart (Klett-Cotta) 1985.

BADER, REINHARD (1991):
Entwicklung beruflicher Handlungskompetenz durch Verstehen und Gestalten von Systemen – Ein Beitrag zum systemtheoretischen Ansatz der Technikdidaktik. In: Die berufsbildende Schule 43 (1991) 7/8, S. 441 – 458.

FEIGENBAUM, ARMAND VALLIN (1987):
Total Quality Developments into the 1990s – An International Perspektive. In: EOQC, EOQ (Hrsg.): Qualität – Herausforderung und Chance (Tagungsband). München 1987.

FISCHER, MARTIN; RÖBEN, PETER (1997):
Arbeitsprozeßwissen im chemischen Labor. In: Arbeit – Zeitschrift für Arbeitsforschung, Arbeitsgestaltung und Arbeitspolitik (1997) 3, S. 247 – 266.

FORD, HENRY (1923):
Mein Leben und Werk. Leipzig (Paul List Verlag) 1923.

GREßLER, U.; GÖPPEL, R. (1996):
Qualitätsmanagement – Eine Einführung. Köln (Stam Verlag) 1996.

HEIDEGGER, GERALD u. a. (1991):
Berufsbilder 2000 – Soziale Gestaltung von Arbeit, Technik und Bildung. Opladen (Westdeutscher Verlag) 1991.

ISHIKAWA, KAORU (1985):
What is Total Quality Control? The Japanese Way. Prentice Hall International. N. Y. (Englewood Cliffs) 1985.

KRUSE, WILFRIED (1986):
Von der Notwendigkeit des Arbeitsprozeß-Wissens. In: Schweitzer, Jochen (Hrsg): Bildung für eine menschliche Zukunft. Weinheim und Basel 1986. S. 188 – 193.

LUHMANN, NIKLAS (1997a):
Die Gesellschaft der Gesellschaft. Bd. 1. Frankfurt am Main (Suhrkamp Verlag) 1997.

LUHMANN, NIKLAS (1997b):
Die Gesellschaft der Gesellschaft. Bd. 2. Frankfurt am Main (Suhrkamp Verlag) 1997.

NEDEß, CHRISTIAN (1997):
Organisation des Produktionsprozesses. Unter Mitarbeit von Christian Hauer, Joachim Käselau, Jürgen Mallon u. a. . Stuttgart (Teubner) 1997.

PAHL, JÖRG-PETER; RAUNER, FELIX; SPÖTTL, GEORG (Hrsg.) (2000):
Berufliches Arbeitsprozeßwissen – ein Forschungsgegenstand der Berufsfeldwissenschaften. (Reihe: Bildung und Arbeitswelt, Band 1) Baden-Baden (Nomos Verlagsgesellschaft) 2000. (z. Z. im Druck)

PAMPUS, KLAUS (1987):
Ansätze zur Weiterentwicklung betrieblicher Ausbildungsmethoden. In: Berufsbildung in Wissenschaft und Praxis (1987) 2.

RAUNER, FELIX (1996):
Gestaltungsorientierte Berufsbildung. In: Dedering, Heinz (Hrsg.): Handbuch zur arbeitsorientierten Bildung. München, Wien, 1996. S. 411 – 430.

RICHTER, ANDY; BADER, REINHARD (2000):
Arbeitsprozeßwissen im Wandel – Qualitätsmanagement-Wissen als „neue" Form beruflichen Arbeitsprozeßwissens?. In: Pahl, Jörg-Peter; Rauner, Felix; Spöttl, Georg (Hrsg.): Berufliches Arbeitsprozeßwissen – ein Forschungsgegenstand der Berufsfeldwissenschaften. (Reihe: Bildung und Arbeitswelt, Band 1) Baden-Baden (Nomos Verlagsgesellschaft) 2000. (z. Z. im Druck)

ROPOHL, GÜNTER (1985):
Die unvollkommene Technik. (1. Aufl.), Frankfurt am Main (Suhrkamp Verlag) 1985.

ROTH, HEINRICH (1968):
Pädagogische Antropologie. Bd. I. Hannover (Hermann Schroedel Verlag) 1968.

ROTH, HEINRICH (1971):
Pädagogische Antropologie. Bd. II. Hannover (Hermann Schroedel Verlag) 1971.

SCHULZ, REINHARD; RICHTER, ANDY (2000):
Arbeitsprozeßwissen für neue Curricula – Lernfeldkomponenten zum Qualitätsmanagement. In: Pahl, Jörg-Peter; Rauner, Felix; Spöttl, Georg (Hrsg.): Berufliches Arbeitsprozeßwissen – ein Forschungsgegenstand der Berufsfeldwissenschaften. (Reihe: Bildung und Arbeitswelt, Band 1) Baden-Baden (Nomos Verlagsgesellschaft) 2000. (z. Z. im Druck)

SCHULZ, REINHARD; BADER, REINHARD; RICHTER, ANDY (1998):
Qualitätsmanagement. Reflexive Integration von Inhalten des Qualitätsmanagements in die berufliche Aus- und Weiterbildung. In: Die berufsbildende Schule 50 (1998) 2, S. 44 – 48.

SEILING, HARALD (1994):
Der neue Führungsstil. München, Wien (Carl Hanser Verlag) 1994.

STEINBECK, HANS H. (1995):
Das neue Total Quality Management. Qualität aus Kundensicht. Landsberg/Lech (Verlag Moderne Industrie) 1995.

SUZAKI, KIYOSHI (1994):
Die ungenutzten Potentiale. Neues Management im Produktionsbetrieb. München, Wien (Carl Hanser Verlag) 1994.

TOMYS, ANNE-KATRIN (1995):
Kostenorientiertes Qualitätsmanagement. Qualitätscontrolling zur ständigen Verbesserung der Unternehmensprozesse. München, Wien (Carl Hanser Verlag) 1995.

WILLKE, HELMUT (1995):
Systemtheorie III – Steuerungstheorie: Grundzüge einer Theorie der Steuerung komplexer Sozialsysteme. Stuttgart, Jena (Verlag Gustav Fischer) 1995.

WILLKE, HELMUT (1996a):
Systemtheorie I – Grundlagen: eine Einführung in die Grundprobleme der Theorie sozialer Systeme. (5., überarb. Aufl.) Stuttgart (Lucius & Lucius) 1996.

WILLKE, HELMUT (1996b):
Systemtheorie II – Interventionstheorie: Grundzüge einer Theorie der Intervention in komplexe Systeme. (2., bearb. Aufl.) Stuttgart (Lucius & Lucius) 1996.

WOMACK, JAMES P.; JONES, DANIEL T.; ROOS, DANIEL (1992):
Die zweite Revolution in der Automobilindustrie. Konsequenzen aus der weltweiten Studie aus dem Massachusetts Institute of Technologie. Deutsche Übersetzung von Wilfried Hof. Hrsg. von Eberhard C. Stotko. (7. Auflage) Frankfurt/Main, New York (Campus Verlag) 1992.

WUNDER, HELMUT (1995):
ISO 9000 – Entwicklung des Qualitätsmanagements und Vorteile ganzheitlichen Qualitätsmanagements. In: Feuchthofen, Jörg E.; Severing, Eckart (Hrsg.): Qualitätsmanagement und Qualitätssicherung in der Weiterbildung. Neuwied, Kriftel, Berlin (Luchterhand) 1995. S.127 – 137.

REINHARD SCHULZ

3 Ziele und Intentionen einer Integration des Qualitätsmanagements in die berufliche Aus- und Weiterbildung

3.1 Ausgangslage und Problemaufriss

Nationale und internationale Märkte sind in Bewegung geraten. Dabei kennzeichnen ein starker Verdrängungswettbewerb und ein zunehmendes Werben um die Gunst des Kunden die globale Marktsituation. Bei diesem Wettlauf um den Kunden und die Erfüllung seiner vielfältigen Wünsche werden qualitativ hochwertige Produkte, eine prägnante und klar vorgelebte Firmenphilosophie, ein effizientes, motiviertes Management und moderne Fertigungstechniken zum Schlüssel für den nachhaltigen und langfristigen Erfolg deutscher Unternehmen.

Das Produzieren von qualitativ hochwertigen Produkten war eigentlich schon immer eine Domäne der deutschen Wirtschaft. Die deutschen Produkte zeichneten sich in den 50er und 60er Jahren noch durch „Made in Germany", d. h. durch technische Überlegenheit und Zuverlässigkeit der Produkte, auf dem Weltmarkt aus. Die Ursprünge dieses Qualitätsbegriffs liegen in der hohen Kreativität und Kompetenz der Entwicklungsingenieure, der Techniker und Facharbeiter, die im Vergleich zu ihren Kollegen im Ausland auf eine deutlich bessere Fachausbildung zurückgreifen konnten. In den folgenden Jahren wurde auf wirtschaftliche Produktionsprozesse gesetzt. Ein hoher Qualitätsstandard wurde durch eine Vielzahl von Prüfungen sichergestellt.

Der Zeit- und Kostendruck, dem heute die Unternehmen in zunehmendem Maße ausgesetzt sind, lässt sich im wesentlichen auf einen ausgeprägten Käufermarkt mit internationalem Überangebot zurückführen. Heute zeichnet sich immer stärker das Ende der tayloristischen Qualitätsprüfung ab. Sinkende Produktlebenszyklen, steigende Produktkomplexität und eine konsequente Marktorientierung erfordern eine neue Form des Qualitätsmanagements, die sich konsequent an den Kundenforderungen orientiert.

Dieser erweiterte Ansatz der Qualitätssicherung lehnt sich an das Qualitätsparadigma der „Schlanken Produktion" an und betrachtet die Qualitätssicherung als umfassende Aufgabe aller am Wertschöpfungsprozess Beteiligten. Das integrative Arbeiten von Konstruktion, Qualitätssicherung, Arbeitsvorbereitung und Fertigung – damit Produktion in „Teams vor Ort" – kann die Produktivität erheblich erhöhen.

Die Erweiterung der Märkte, vor allem die Schaffung des EU-Binnenmarktes, führt auch zu veränderten Qualitätsanforderungen an das Handwerk. Dies betrifft insbesondere Handwerksbetriebe, die als Zulieferer der Produkthaftung unterliegen. Um wettbewerbsfähig zu bleiben, muss das Handwerk Qualitätssicherungssysteme in den Betrieben einführen, die sich an den europäischen Normen orientieren.

Die Betriebe und die Schule müssen insgesamt ihre Ausbildung ändern, damit schon in einem dualen Ausbildungsklima der Grundstein für die Motivation von qualitativ hochwertigen Produkten gelegt wird. Die Berufsschule muss auch möglichst schnell darauf reagieren, damit sie ein kompetenter Partner im dualen Ausbildungssystem bleibt. Die Zeitachse ist für den Erfolg sehr wichtig.

3.2 Ziele und Intentionen

Zur Zielorientierung innerhalb des Modellversuchs QMB dienten die folgenden fünf Hauptfragen, die jeweils in Teilfragen ausdifferenziert und somit konkretisiert wurden. Sie stellen gleichzeitig das Arbeitsfeld und die Aufgaben des QMB-Teams dar und waren somit kritischer Maßstab für die Arbeit im Modellversuch.

1. Hauptfrage

Der Kerngedanke der „Schlanken Produktion" ist es, die Trennung zwischen planenden und auszuführenden Bereichen, wie sie der Taylorismus geprägt hat, aufzubrechen und den Mitarbeiter in der Fertigung verstärkt an Planungen zu beteiligen. Damit der Mitarbeiter in der Lage ist, neue Verantwortung zu übernehmen, muss eine modifizierte, sachgerechte Ausbildung in Richtung „ganzheitliches Denken" angeboten werden.

Welche inhaltlichen und methodischen Lösungsmöglichkeiten sind geeignet, die neuen Entwicklungen aus den zukünftigen Unternehmensumstrukturierungen ausreichend in der beruflichen Erstaus- und Weiterbildung zu berücksichtigen?

- Wie können wir das Denken in Wertschöpfung und Verschwendung vermitteln, wenn der zukünftige Mitarbeiter in der Fertigung seine Verantwortung für Produktivitätssteigerung erkennt und selbst zu einer treibenden Kraft in diesem Prozess werden will?
- Mit welchen Mitteln und Methoden kann ganzheitliches Denken gefördert werden, wenn beispielsweise der Zerspanungsfacharbeiter gleichzeitig auch Disponent und Prüfer sein soll?
- Wie vermitteln wir einfaches Kostendenken? D. h. den Sinn und Unsinn einer jeden Maßnahme mit der „einfachen Frage" nach geändertem Energieverbrauch, Lohnkosten, Raumkosten, Werkzeug- oder Rohmaterialkosten oder Investitionskosten zu beantworten.
- Wie vermitteln wir ganzheitliches Denken in Richtung kaufmännischem Grundwissen, wie z. B. Liefertreue, Durchlaufzeiten und Bestände? Wie können die Schnittstellen der Prozessabläufe optimiert werden? Wie legen wir das Denken in Prozessen an?

Ziele und Intentionen einer Integration des Qualitätsmanagements 59

2. Hauptfrage

Die 1987 verabschiedete Normenreihe DIN EN ISO 9000 ff. wird in der Bundesrepublik Deutschland zunehmend angenommen. Hier muss auf allen Ebenen eine konzertierte Aktion zur Umsetzung gefunden werden. Die Berufsschulen haben die Thematik bisher noch nicht in ihren Lehrplänen aufgenommen. Das duale Ausbildungssystem hat den Schülerinnen und Schülern bisher nur wenig Möglichkeit gegeben, sich mit der Thematik Qualität im neuen Verständnis auseinander zusetzen.

Welche neuen Inhalte des Qualitätsmanagements ergeben sich für die Ausbildung in der Berufsschule, und welche methodischen Lösungsmöglichkeiten sind geeignet?

- Welche Lösungsansätze bestehen bereits in Deutschland und in der EU?
- Welche Inhalte des Qualitätskreises sollen im handlungsorientierten Unterricht der Erstausbildung umgesetzt werden?
- Wie können die Inhalte der QM-Norm DIN EN ISO 9000 ff. unterrichtlich in Aus- und Weiterbildung umgesetzt werden?
- Wie können wir die Intentionen des Öko-Auditings unterrichtlich integrieren?
- Was bedeutet das Verfahren der Produkt- und System-Zertifizierung für einen Betrieb, was für den Unterricht?
- Wie kann die Bedeutung von Qualität in Bezug auf Europa und den Weltmarkt verdeutlicht werden?

3. Hauptfrage

Mit welchen Maßnahmen oder Instrumenten kann erreicht werden, dass das im Privatleben vorhandene Qualitätsbewusstsein nicht morgens am Werkstor oder Schultor „abgegeben" und erst zum Feierabend wieder aktiviert wird?

- Welche Probleme haben Betriebe mit der Qualifizierung ihrer Mitarbeiter und welche Lösungsansätze werden in der Erwachsenenweiterbildung für die in der Produktion befindlichen Mitarbeiterinnen und Mitarbeiter verfolgt?
- Wie erreichen wir ein Qualitätsbewusstsein bei Schülerinnen und Schülern der Handwerks- und Industrieklassen?
- Wie wecken wir Begeisterung für Qualitätsdenken im Unterricht?
- Welche Lösungsansätze werden in der betrieblichen Erstausbildung verfolgt?

4. Hauptfrage

Welche projekt- oder lernträgerorientierte Unterrichtsgestaltungsformen sind für die ganzheitliche und adressatengerechte Bearbeitung in Handwerks- und Industrieklassen insbesondere unter dem Gesichtspunkt „Qualitätsdenken" geeignet?

- Die Wirtschaft denkt: Wer sind unsere Kunden? Was erwarten die Kunden von uns? Sind das auch die Kunden von morgen? Welche Erwartungen haben die Kunden von morgen? Was muss die Schule denken?
- Wie müssen die Unterrichtslabore verändert und vernetzt werden, damit Eigeninitiative und Leistungsbereitschaft durch mehr Selbstständigkeit beim Lernen gefördert werden?
- Wie können mitmenschliches und kooperatives Verhalten der Mitarbeiterinnen und Mitarbeiter, als Voraussetzung für die Transparenz betrieblicher Prozesse, gefördert werden?
- Welche Möglichkeiten der Kooperation mit Betrieben sind notwendig?

5. Hauptfrage

Parallel, aber etwas zeitversetzt, sollten die Teilergebnisse schon während der Realisierungsphase durch Lehrerfortbildung in die Breite umgesetzt werden. Dazu müsste das Lehrerbildungsinstitut, das IPTS, ein Multiplikatorensystem o. ä. zur Verfügung stellen. Dies auszuprobieren wäre sicherlich sinnvoll, damit Modellversuchsergebnisse auch in angemessener Zeit in die Breite gehen können. Zur Stärkung des dualen Systems spielt die Zeitachse eine nicht unerhebliche Rolle.

Welche Maßnahmen der Lehrerfortbildung und welche Formen der Kontakte zum Dualpartner Wirtschaft ermöglichen eine simultane Anpassung von Berufsschulunterricht und betrieblicher Ausbildung im Handlungsfeld des Qualitätsmanagements?

- Wie können Teilergebnisse möglichst effizient und zügig in die Lehrerfortbildung des Landes umgesetzt werden?
- In welcher Weise kann die Berufsschule die Erkenntnisse in die berufliche Weiterbildung tragen, z. B. Technikerausbildung?
- In welcher Weise müssen die geltenden Lehrpläne überarbeitet werden?

Teil II:
Didaktisch-methodische Umsetzungen des Qualitätsmanagements in der Berufs- und Fachschule

AXEL BRAND, CHRISTOPH SLADEK, HANS-ULRICH ZIGGERT

4 Vom Taylorismus zu qualitätsmanagement-orientierten Lernsituationen

Didaktisch-methodische Umsetzung des Qualitätsmanagements an der Beruflichen Schule des Kreises Steinburg in Itzehoe

4.1 Ziele

Bei der Umsetzung der Ziele des BLK-Modellversuchs „Qualitätsmanagement und berufliche Bildung – QMB" (vgl. hierzu *Kap. 3*) in unseren konkreten Unterrichtssituationen haben wir zielgerichtet darauf geachtet, dass die Schüler kognitiv und affektiv verinnerlichen, dass Qualität die Summe der von einem Kunden formulierten Anforderungen darstellt und sie alle Anforderungen im Laufe eines Prozesses vollständig zur Zufriedenheit des Kunden zu erfüllen haben.

Als Eckpfeiler dieser Qualitätsmanagement-Philosophie haben wir Unterrichtsziele formuliert, die bei unseren Schülern einen Kompetenzzuwachs erzielen sollten, insbesondere in Bezug auf
– das Wahrnehmen von Kundenwünschen und -reaktionen,
– das Denken und Handeln nach dem Wertmaßstab „Wertschöpfung",
– das Erkennen und Vermeiden von „Verschwendung",
– das Planen und Handeln nach dem „Null-Fehler-Prinzip",
– das Denken und Handeln in Prozessen und Regelkreisen,
– das Wahrnehmen der Wirkungen und Folgen der eigenen Arbeit,

- das Spüren von Verantwortung gegenüber Kunden, Kollegen, dem Unternehmen und der Umwelt,
- die Entwicklung und den Einsatz beruflicher Kreativität,
- die Mitarbeit in wechselnden Arbeitsgruppen sowie
- die Flexibilität im Denken und Handeln.

4.2 Rahmenbedingungen

4.2.1 Region

Das Einzugsgebiet unserer Auszubildenden, der Kreis Steinburg, ist überwiegend ländlich geprägt. Fünf Städte und 109 Gemeinden mit etwa 135.000 Einwohnern gehören zum Kreisgebiet. Die wirtschaftliche Entwicklung in Schleswig-Holstein und auch im Kreis Steinburg ist von Export- und Konjunkturschwankungen weniger stark beeinflusst als die deutsche Wirtschaft insgesamt. Dennoch wirken sich Exportrückgänge und eine nachlassende Inlandskonjunktur nachteilig auf den Arbeitsmarkt aus. Die Arbeitslosenquote liegt im Bereich von 10 bis 12%. Die Einbindung des Kreises in die Metropolregion Hamburg wird die Situation dieses Gebietes zukünftig verbessern. Diese Region zählt zu den großen europäischen Wachstumsregionen und wird zunehmend durch eine intensivere Kooperation mit wirtschaftlich relevanten Institutionen und Organisationen gekennzeichnet sein. Diese Situation wird auch unmittelbare Auswirkungen auf das Anforderungsprofil der zukünftigen Facharbeiter und Gesellen haben, worauf auch die Erstausbildung reagieren muss.

4.2.2 Schule

Das Ausbildungsspektrum unserer Kreisberufsschule ist durch das Einzugsgebiet geprägt. Etwa 3.500 Schüler werden im gewerblich-technischen, kaufmännischen und landwirtschaftlichen Bereich, einschließlich Fachgymnasium, Fachoberschule und Berufsfachschule ausgebildet. Die gewerbliche Abteilung verfügt über eine begrenzte, veraltete und konventionelle Maschinentechnik, die komplizierte fertigungstechnische Vorgänge nicht zulässt. Der Automatisierungs- bzw. CNC-Bereich beschränkt sich auf die Drehtechnik, die durch eine einzige numerisch gesteuerte Werkzeugmaschine für Futter- und Stangenbearbeitung verkörpert wird. Gute Laborbedingungen finden wir vor, wenn es sich um steuerungs-, informations- oder mess- und prüftechnische Fragestellungen handelt. Die momentan vorhandene Raumknappheit und eine angespannte Lehrersituation lässt durchschnittlich nur selten differenzierten Unterricht in traditionell eingerichteten Klassenräumen zu. Für die Durchführung des Modellversuches haben wir im Rahmen der Möglichkeiten die Unterstützung durch die Schulleitung erhalten. Diese äußerte sich u. a. in der Stundenplanung für die beteiligten Lehrer, so dass eine gemeinsame Unterrichtsvorbereitung sowie eine teilweise parallele Unterrichtsbegleitung in der Modellversuchsklasse ermöglicht wurde.

Wir als Lehrer (ein Lehrer aus dem kaufmännischen und zwei Lehrer aus dem metalltechnischen Bereich) unterrichteten bereits einige Jahre an unserer Berufsschule. Erfahrungen und Vorkenntnisse bezüglich der Thematik des Qualitätsmanagements waren vor dem Beginn des Modellversuches nur bedingt vorhanden. Die Teilnahme an Veranstaltungen wie

z. B. zur Information und Schulungen über das Qualitätsmanagement in der Wirtschaft, Schulung der Deutschen Gesellschaft für Qualität e. V. (DGQ), Betriebserkundungen im industriellen und handwerklichen Bereich, Workshops mit der Industrie- und Handelskammer, die Einrichtung eines Beirates und unzählige Arbeitssitzungen sollten dieses Defizit beseitigen. Die Deduktion dieser komplexen und gewaltigen Erfahrungen auf die Erstausbildung in unserer Modellversuchsklasse, sollte ein wesentlicher innovativer Bestandteil unserer Arbeit darstellen. Innerhalb unserer Lehrerschaft gab es überwiegend skeptische, aber auch aufgeschlossene Haltungen zum Anliegen des Modellversuches. Auch wir waren von der Vielschichtigkeit dieser Thematik überrascht, ahnten aber die Unumgänglichkeit der Einführung in die Erstausbildung, um nicht an den veränderten Bedingungen in der Wirtschaft „vorbei zu unterrichten". Dies sollte ein Motor unseres Antriebes sein.

4.2.3 Auszubildende

Unsere Klasse war äußerst heterogen zusammengesetzt: 25 männliche Schüler wollten sieben verschiedene Berufe wie Teilezurichter, Metallbearbeiter, Schmelzschweißer, Metallbauer, Maschinenbaumechaniker, Industriemechaniker, sowie Zerspanungsmechaniker, erlernen. Ein Jugendlicher aus der Klasse hatte kein Ausbildungsverhältnis. Die Schüler kamen aus 13 verschiedenen Ausbildungsbetrieben, von denen drei industriell und zehn handwerklich strukturiert waren. Unsere Schüler brachten ganz unterschiedliche schulische und soziale Voraussetzungen mit. Das Spektrum reichte von Sonderschülern über Haupt- und Realschüler bis hin zum Gymnasiasten. Sie unterschieden sich auch hinsichtlich ihrer körperlichen und geistigen Leistungsfähigkeit sowie ihrer Leistungsbereitschaft. Einige Schüler hatten bereits Ausbildungserfahrung in anderen Berufen, so dass auch das Alter und die Lebenserfahrung unterschiedlich waren. Der bisherige Unterrichtsstil war überwiegend durch eine Konsumhaltung der Lernenden geprägt. Dieser Sachverhalt prägte bei den Schülern eine fest fundamentierte Erwartungshaltung *„was Unterricht ausmachen würde"* – eine vorprogrammierte Schwierigkeit, die sich im weiteren Verlauf des Modellversuches als hemmend und energieaufwendig erweisen sollte. Die Motivationslage der Schüler war zu diesem Zeitpunkt ausschließlich von der Abschlussprüfung geprägt. Die Bereitschaft etwas Neues zu wagen, paarte sich stets mit Skepsis.

Vor Beginn der Ausbildung hatte kein Schüler Berührungspunkte zur Thematik des Qualitätsmanagements. Die industriellen Ausbildungsbetriebe und ein Handwerksbetrieb unterlagen bereits der Umstrukturierung, die sich aus den Forderungen der Zertifizierung und Anwendung der Elemente der DIN EN ISO 9000 ff. ergab. Die Offenheit und Bereitschaft bei der Unterstützung dieses Modellversuches seitens der Unternehmen war häufig mit Bedenken über eine nicht vollständige Bearbeitung von fachlichen Lehrplaninhalten während des theoretischen Unterrichts verbunden. Traditionelle tayloristische Forderungen zur unterrichtlichen Gestaltung wurden laut. Mehr Offenheit und weniger Widerstände spürten wir aus dem Bereich des Handwerks, das noch nicht unter dem Druck der Umstrukturierung stand wie es bei Industriebetrieben z. Z. der Fall ist. Für uns zunächst unverständlich. Die betriebliche Ausbildung der Betriebe wurde überwiegend tayloristisch gestaltet, wenngleich es auch ein Unternehmen gab, das mit seinen Schülern an einem überbetrieblichen Wettbewerbsprojekt (Azubi Energy 2000) teilnahm. Insgesamt spiegelt diese heterogene Ausbildungssituation auch das Einzugspotential wieder. Eine Situation die sicher so extrem nicht üblich ist und keine idealen Bedingungen für den Modellversuch darstellte.

4.3 Die unterrichtliche Umsetzung in Itzehoe

4.3.1 Vorbemerkungen

Der folgende Abschnitt beschreibt, wie versucht wurde, die Intentionen des Modellversuches in Itzehoe umzusetzen. Der dargestellte Ablauf (vgl. *Abbildung 4.1*) umfasst insgesamt etwa 16 Monate mit jeweils acht bzw. 16 Wochenstunden Berufsschulunterricht.

Die Unterrichtsbeschreibung gliedert sich in drei unterschiedliche Projektphasen:
1. Aufbauen einer Handlungsgrundlage nach arbeitsteiligen (tayloristischen) Prinzipien.
2. Verbesserung der Produktion mit Hilfe des Qualitätsmanagements.
3. Qualitätsmanagement in berufstypischen Lernsituationen.

Während die ersten beiden Phasen durch einen gemeinsamen Lernträger miteinander in Verbindung stehen und den größten Zeitanteil beanspruchen, kann die dritte Phase als eine selbstständige und abgeschlossene Unterrichtshandlung angesehen werden.

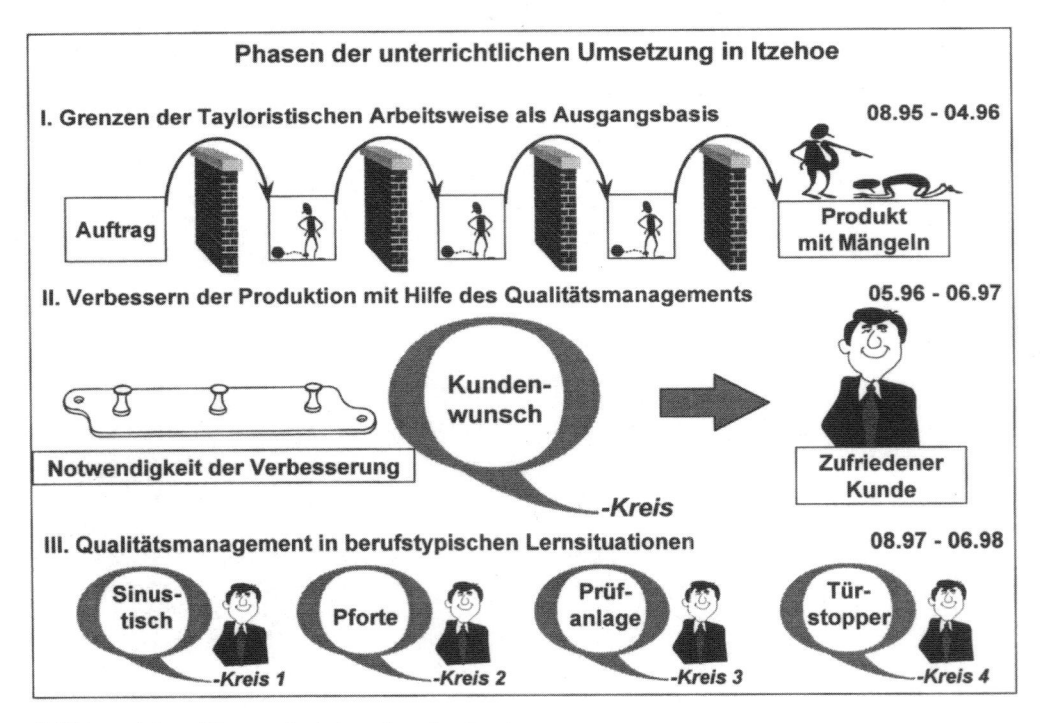

Abbildung 4.1:   Phasen der Integration des Qualitätsmanagements in den Berufsschulunterricht

Die Ausführungen zu den einzelnen Phasen unterteilen sich jeweils in die drei Abschnitte:
- Vorüberlegungen,
- Unterrichtsbeschreibung und
- Erkenntnisse.

4.3.2 Aufbauen einer Handlungsgrundlage nach arbeitsteiligen (tayloristischen) Prinzipien

Dauer: ca. fünf Monate

Vorüberlegungen

Das Erstellen einer Ausgangslage bzw. einer Handlungsgrundlage war das Resultat von Überlegungen, die versuchten vier Bedingungen einzubeziehen:

- Erstens galt es, die unterschiedlichen Berufsgruppierungen in unserer Klasse zu berücksichtigen. Es waren sowohl handwerkliche als auch industrielle Berufe vertreten. Jeder dieser Berufe hat ein unterschiedliches Ausbildungsprofil und es bestand kaum eine Möglichkeit, einen gemeinsamen Anknüpfungspunkt an bekannte Lernerfahrungen zu finden.

- Zweitens waren uns der Begriff „Qualitätsmanagement" und die dazugehörenden Theorien zwar bekannt, jedoch wussten wir nicht, wie die „Praxis" auszusehen hat, wie die Schüler von der Notwendigkeit und der Richtigkeit einer „besonderen" Denk- und Verhaltensweise überzeugt werden konnten. Wie lässt sich das Handeln in einem Qualitätsmanagementsystem beschreiben? Welche Verhaltensweisen sind förderlich? Wie bearbeitet man Aufgaben oder Aufträge „richtig"? In welchem Kontext können unsere Zielvorstellungen verwirklicht werden? Uns fehlten die anschaulichen, verdeutlichenden und exemplarischen Beispiele, die die Möglichkeiten und die Notwendigkeit aufzeigen würden, etwas anders – besser – machen zu müssen.

- Drittens waren (und sind) wir der Ansicht, dass die Notwendigkeit eines Qualitätsmanagements mit der Komplexität einer Aufgabe (sowohl in der Tiefe, als auch in der Breite) zunimmt, und dass die Notwendigkeit um so deutlicher wird, je realer und praxisbezogener die Lernsituation ausfällt. Außerdem war es wichtig, eine Wiederholbarkeit in den Fertigungsprozessen zu ermöglichen, da erst ab einer gewissen Losgröße Unterschiede im Bereich der Qualitätsmerkmale verdeutlicht werden können.

- Viertens war es notwendig, ein verbesserungsfähiges System auszuarbeiten. Die Erkenntnis und die Einsicht, dass neue Arbeits- und neue Verhaltensweisen effektiv und sinnvoll sind, lässt sich besonders gut nachvollziehen, wenn die Vorteile dieser „neuen" Strategie sichtbar werden. Es sollte daher zunächst eine Produktionsweise erlebt werden, die störungsanfällig und etwas träge arbeiten musste.

Unsere Vorüberlegungen führten bezogen auf die beschriebene Handlungsgrundlage zu folgendem Resultat:

- Der Unterricht sollte projektorientiert durchgeführt werden, wobei die Schule sowohl eine theoretische als auch eine praktische Erfahrungsstätte darstellen musste.
- Das Aufgabengebiet des Managements sollte möglichst umfangreich und verbesserungsfähig sein.
- Die verfahrenstechnische Komplexität des Lernträger sollte dem Kenntnisstand der Schüler und den technischen Möglichkeiten der Schule angemessen sein.
- Die Serienfertigung sollte den Vorzug vor der Einzelfertigung erhalten.
- Das „Firmenmanagement" sollte arbeitsteilig organisiert sein.

Unterrichtsbeschreibung

Ausgearbeitet wurde die Produktion eines Garderobensystems (vgl. *Abbildung 4.2* und *Abbildung 4.3*), das von unserer Lernfirma „Störmetall GmbH" auf dem Markt gebracht werden sollte.

Die Lehrer leiteten die Firma und erstellten den Fertigungsplan für das Garderobensystem. Sie waren außerdem für das Produktdesign, die Materialdisposition, die fertigungstechnischen Rahmenbedingungen, die Arbeitsplatzgestaltung, den Materialfluss und die Losgröße verantwortlich. Die Schüler wurden entsprechend ihrer Bewerbung für eine Aufgabe eingestellt. Es gab einerseits Schüler, die eine Meisterfunktion übernahmen und Ihren Fertigungsbereich organisieren mussten und andererseits Schüler, die einen einfachen Fertigungsprozess zu gestalten hatten. Eine Qualitätsabteilung stellte sicher, dass nur für „gut" befundene Teile den Betrieb verlassen sollten. Die ganze betriebliche Organisation arbeitete hierarchisch und streng arbeitsteilig.

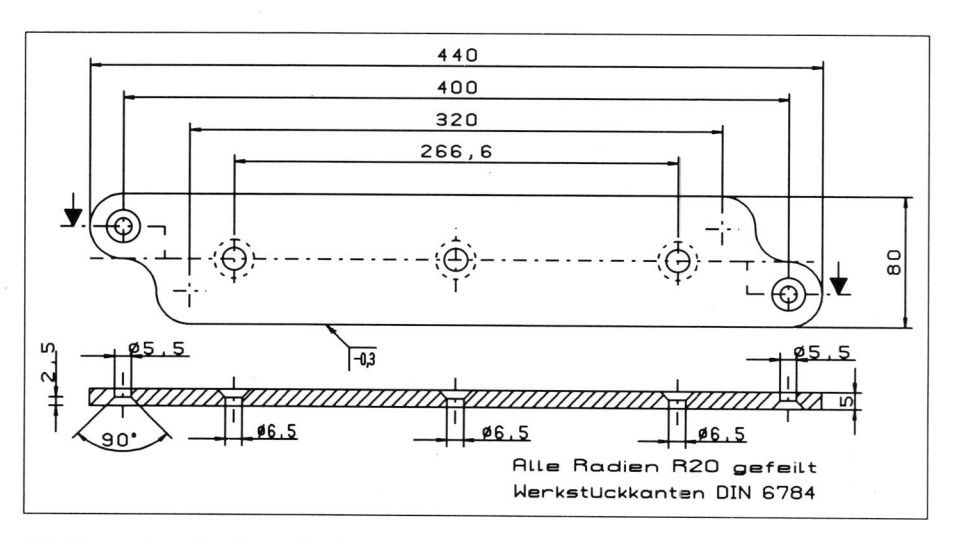

Abbildung 4.2:   *Lernträger Garderobensystem – Grundplatte*

Der Lernträger selbst bestand aus Aluminium und konnte durch die konventionellen Fertigungsverfahren Sägen, Plasmaschneiden, Feilen, Schleifen, Anreißen, Bohren, Senken, Drehen, Kleben und Lackieren gefertigt werden. Alle Schüler wurden am Produktionstag beschäftigt und sollten in acht Zeitstunden 50 Garderobensysteme fertigen. Der Produktionstermin wurde durch eine kleine Probefertigung vorbereitet.

Nach der eigentlichen Fertigung bewerteten die Schüler die geleistete Arbeit anhand einer aufgestellten Kriterienliste. Die Kriterien leiteten sich aus den Anforderungen ab, die in den technischen Unterlagen standen. In einer weiteren Reflexionsphase wurden die Ergebnisse der Beurteilung mit der Produktion in Verbindung gebracht. Ein Teil der gemachten Fehler wurde angesprochen und bewertet. Durch Überlegungen, wie diese Fehler hätten vermieden werden können, entstand in einzelnen Fertigungsbereichen ein korrigierter Arbeitsplan. Außerdem wurden die Kosten der Produktion und der Verkaufspreis ermittelt.

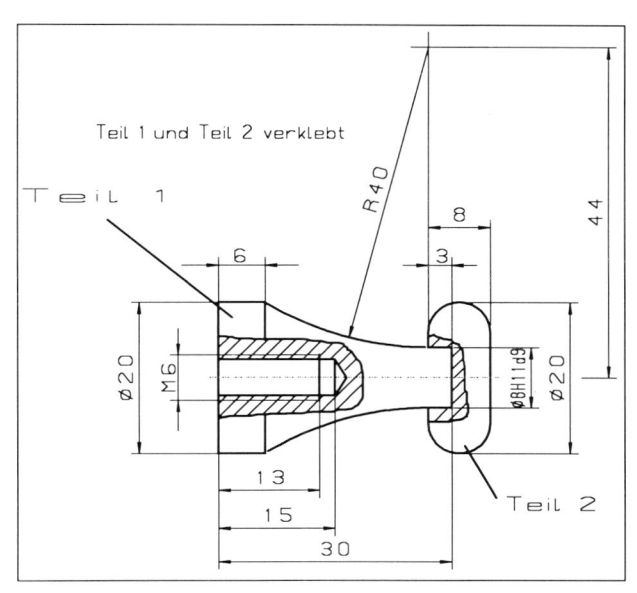

Abbildung 4.3: Lernträger Garderobensystem - Garderobenhaken

Erkenntnisse

- Zunächst drängt sich die Tatsache auf, dass unser Unternehmen ein „teures" Produkt mit geringen Absatzchancen hergestellt hatte. Der Verkaufspreis lag bei ca. 120,00 DM, die Ausschussrate war hoch und die optische Qualität verdiente sich höchstens die Note ausreichend.

- Die große Anzahl der Fehler fiel ebenfalls auf. Die gemachten Fehler ziehen sich durch das gesamte Unternehmen. Die Arbeitsplanung hatte nichts oder nicht viel mit den tatsächlichen Anforderungen der Produktion gemeinsam. Es wurde oft nur der technologische Aspekt betrachtet. Über mögliche Schwierigkeiten oder Wechselwirkungen mit betroffenen Nachbarbereichen wurde nicht nachgedacht. Die Schüler arbeiteten die Prozesse nach den Vorgaben ab. Die Produktion selbst stockte sehr oft, ohne dass Konzepte vorhanden waren, um die Probleme zu lösen.

- Die Schüler mit Meisterfunktion waren ständig damit beschäftigt, Informationen einzuholen bzw. zu übertragen. Eine selbstständige (produktionsorientierte) Kommunikation der „Mitarbeiter" fand nicht statt und wurde auch nicht gewünscht.

- Die reinen Arbeitszeiten in den verschiedenen Fertigungsbereichen waren unterschiedlich groß, so dass es zu ganz unterschiedlichen Arbeitsbelastungen kam.

- Insgesamt registrierten wir einen sehr großen Anteil an Leerlaufzeiten.

- Während der Planungs- und der Produktionsphase sammelten wir unwillkürlich auch viele Eindrücke von Verhaltensweisen. Es fiel auf, dass das Bewusstsein für das Aufstellen und Einhalten von Qualitätsstandards bei unseren Schülern recht unterschiedlich ausgeprägt war. Das Spektrum reichte vom positiven zielgerichtetem Engagement bis zur offensichtlichen Untätigkeit.

4.3.3 Verbesserung der Produktion mit Hilfe des Qualitätsmanagements

Dauer: ca. acht Monate

Vorüberlegungen

Die Erkenntnisse der ersten Produktion prägten im starken Maße die unterrichtliche Konzeption der anknüpfenden Phase. Sie dienten als Bezugsquelle für Vergleichsmöglichkeiten sowie als Grundlage zur Beurteilung der Marktchancen unseres Produktes. Wir hatten ebenfalls einen Eindruck von der Leistungsfähigkeit und der Leistungsbereitschaft unserer Klasse gewonnen, der nicht unberücksichtigt bleiben konnte. Zudem galt es, die allgemeinen Intentionen, die als Eckpfeiler unserer „Qualitätsmanagement-Philosophie" aufgestellt wurden, in die Unterrichtsplanung einzuarbeiten.

Daraus ergaben sich folgende erweiterte Zielvorstellungen:

- Intentionen, Inhalte und Vorgehensweisen aus dem Bereich des Qualitätsmanagements sollten in den Unterricht einfließen und sich dabei als sinnvoll erweisen. Wir orientierten uns daran
  - den gesamten Herstellungsprozess einer Überprüfung zu unterziehen und
  - die Managementstruktur der ersten Produktion zu hinterfragen sowie im Sinne einer „modernen", geschäftsprozessorientierten Vorgehensweise zu verändern.
- Die Kundenwünsche und -anregungen sollten zum zentralen Ausgangspunkt der Handlungen in unserem Lernunternehmen werden.
- Die fachlichen Ebenen des Unterrichtes mussten sich – bezogen auf den Lehrplan – mit anderen, weiterführenden Themen beschäftigen.

Während die drei ersten Zielvorstellungen durch den Ansatz des Modellversuches oder das Ziel der Förderung von Fachkompetenz begründet sind, unterstützen die nächsten Ziele mehr das Verständnis für betriebliche Vorgänge sowie die Ausformung einer „persönlichen" Qualität, die sicherlich mit der Diskussion um ein Wertesystem verbunden ist.

- Die Schüler sollten mit allen Vorgängen, die zur Gesamtqualität eines Produktes beitragen, konfrontiert werden und diese selbst gestalten.
- Für alle Vorgänge sollten möglichst evaluierbare Qualitätsstandards formuliert werden, damit der Erfolg von Handlungen erfassbar wird.
- Die Übernahme von Verantwortung für Vorgänge und Aufträge sollte stärker betont und auch beachtet werden.
- Die Partizipation der Schüler an Entscheidungsprozessen sollte ermöglicht werden.

Unterrichtsbeschreibung

Ausgangspunkt für die Veränderungen war eine Kundenbefragung auf dem Itzehoer Wochenmarkt, die von den Schülern vorbereitet und durchgeführt wurde. Es ging darum, die Ansprüche, Vorstellungen, Anregungen und Wünsche der möglichen Kunden aufzunehmen und als Grundlage für den Veränderungsprozess zu begreifen (vgl. auch *Abs. 4.4.1*).

Aus den Ergebnissen dieser „Marktforschung" ergaben sich sowohl Fragen und Anregungen zur Produktgestaltung (Material, Form, Normung, Fertigungsqualität, Produktstabilität, Produktvielfalt, toxikologische Eigenschaften ...) als auch Fragen zur Produkthaftung und zur Preisgestaltung. In vielen Beurteilungsebenen gab es erhebliche Abweichungen zwischen den „erfüllten" und den „gewünschten" Qualitäten. Am deutlichsten unterschied sich unser Produkt in der Kategorie „Kosten" von den Vorstellungen der potentiellen Käufer. Während mit unseren Produktionsmethoden und unserer Unternehmensführung ein kalkulatorischer Preis von 120,00 DM entstand, wollten die Kunden für ein Garderobensystem nach ihren Vorstellungen nur 20,00 DM bezahlen (vgl. hierzu auch *Abbildung 4.11*).

An den Anfang der weiteren Unterrichtsphasen stellten wir ein Spiel um eine PKW-Fertigung. Ein Spiel, bei dem es darum geht, eine vorgegebene Produktionsabfolge (symbolisiert durch einen Papiervordruck auf dem ein abgewickeltes PKW-Modell abgebildet ist) so zu verändern, dass eine möglichst große Produktivität und eine Steigerung der Wirtschaftlichkeit erzielt werden.

Das dabei praktizierte System der Veränderungen versuchten wir auf unsere Produktion zu übertragen:
- Die maschinelle Ausstattung und die räumlichen Verhältnisse unserer Schule mussten erkundet, überprüft und bewertet werden.
- Die Fertigungsverfahren mussten bewertet, überdacht, verändert, ausgetauscht und/oder optimiert werden.
- Die Fertigungsorganisation musste sowohl im Ablauf als auch in der Kombination der Fertigungsverfahren überdacht und reorganisiert werden.
- Transportvorgänge und Arbeitspositionen mussten auf ihre ergonomischen und gefährdenden Gesichtspunkte untersucht und restrukturiert werden.
- Qualitätsansprüche und Quantitätsvorstellungen mussten in Schnittstellenbereichen formuliert und abgesprochen werden.
- Die kritischen Fertigungsverfahren mussten auf ihre Durchführbarkeit sowie ihre Rentabilität überprüft und gegebenenfalls ausgelagert werden.
- Arbeitsvorgänge mussten auf ihre Sinnhaftigkeit und auf ihre Zumutbarkeit überprüft werden. Der beanspruchte zeitlichen Rahmen musste überdacht, geändert und zusammengefasst werden.
- Qualitäts-Prüfungen mussten dort stattfinden, wo ihr regelnder Einfluss schnellstmöglich umgesetzt werden konnte.
- Arbeitsschritte mussten transparent und nachvollziehbar gestaltet sowie dokumentiert werden.
- Die Materialien mussten kostengünstiger bezogen werden.

Diese Kette von fertigungstechnischen Entscheidungs- und Gestaltungsmöglichkeiten wurde mehr oder weniger intensiv bearbeitet. Der erste Schwerpunkt unserer Bemühungen lag eindeutig im verfahrenstechnischen Bereich.

Es galt Fertigungsverfahren zu erdenken und einzuführen, die verfügbar, wirtschaftlich, präzise und prozesssicher waren. Gemeinsam erarbeiteten wir eine sinnvolle und exemplarische Vorgehensweise, um Fertigungsverfahren hinsichtlich ihrer Prozessqualität beurteilen zu können. Diese von uns gemeinsam entwickelte Verfahrensweise der Analyse von Rahmenbedingungen, der kreativen Suche von Fertigungsmöglichkeiten, der Bewertung anhand von aufgestellten Kriterien, des prozesssicheren Adaptierens aller Variablen, des Optimierens von Vorgängen und des Dokumentierens des aufgabenbezogenen Fertigungsverfahrens übertrugen die Schüler auf die gesamte Produktion: Die Aufgabe des Plasmaschneidens übernahm ein Fräsverfahren. Das Drehen mit zwei konventionellen Drehmaschinen und das Kleben wurde durch das CNC-Drehen ersetzt. Aus dem Anreißen, Bohren und Senken einzelner Bleche entstand das gebündelte Bohren mit speziellen Bohrern. Das Blechsägen wurde durch das Blechscheren ersetzt.

Die meisten Verfahren arbeiteten mit speziell konstruierten und gebauten Vorrichtungen und Schablonen, die ebenfalls den Gegebenheiten und Erfordernissen angepasst wurden. Während es bei den prozesssicheren Verfahren galt, den Grenzbereich anzutasten, wurde bei unsicheren Konzepten zunächst die prinzipielle Machbarkeit untersucht und anschließend die *kontinuierliche Verbesserung* angestrebt (vgl. auch *Abs. 4.4.2*).

Es wurde auch ein Prozess ausgelagert – das Lackieren. Das von uns bei der ersten Produktion eingesetzte Nasslackierverfahren mit einfachen Lackierpistolen war kompliziert in der Ausführung und von geringer Qualität. Die Kosten, die eine qualitätsgerechte Lösung verursacht hätte, wären in den Preis mit eingeflossen und hätten ihn deutlich angehoben. Anstatt Lackierkabinen, Kompressoren, Absauganlagen, Lackierpistolen oder Pulverbeschichtungsanlagen zu kaufen, erkundigten sich die Schüler in unserem Landkreis nach Angeboten, stellten vergleichbare Lackierkriterien auf, formulierten Anfragen, vereinbarten Gesprächstermine, erfragten Transportbedingungen und -kosten, verglichen die Angebote, führten Verhandlungen mit Firmen, vereinbarten Liefertermine und erteilten letztendlich den Zuschlag.

Bislang kümmerten sich die Schüler um die allgemeine Prozesssicherheit der einzelnen Fertigungsverfahren. Diese Prozesse miteinander zu verbinden, war eine Aufgabe, die nur unter Mitwirkung aller am Produkt beteiligten Mitarbeiter sinnvoll gelöst werden konnte. Der gesamte Fertigungsablauf musste so arrangiert und optimiert werden, dass es möglich sein würde, die Forderung des Kunden – 20,00 DM pro Garderobe – zu erfüllen. Wir beschäftigten unsere Schüler mit folgenden Fragen:

- Welche technischen Qualitätskriterien sind für das Endprodukt von Bedeutung? Wie lassen sie sich auf die einzelnen Fertigungsprozesse deduzieren und übertragen?
- Welche besonderen Forderungen stellt der folgende Arbeitsschritt und durch welche Maßnahmen wird sichergestellt, dass diese Spezifikationen eingehalten werden?
- Welche Maschinenkonstellation ist für die Produktionsaufgabe am besten geeignet?
- Welcher Materialfluss (Behälter, Losgröße, Begleitpapiere, Pufferposition) ermöglicht in Kombination mit den Fertigungsprozessen die geringsten Durchlaufzeiten?
- Welche Aufgaben kann ein Mitarbeiter übernehmen, ohne in zeitliche Bedrängnis mit dem Produktionsgeschehen zu kommen? Welche Verantwortung übernimmt er dabei?
- Wie müssen arbeitsplatzbezogene Vorgänge (Rüsten und Einrichten der Maschine, exakte, reproduzierbare Arbeitsplanung mit sinnvoller Prozessregelung, Unfallverhütungsmaßnahmen, Störgrößenerfassung sowie deren Behandlung) beschrieben sein, damit möglichst keine Fehler entstehen bzw., falls sie entstehen, möglichst schnell korrigiert und die Folgen abgefangen werden können.

Fragen, die durch rechnerische Überlegungen, systematische und logische Vorgehensweise und minuziöse Planung beantwortet werden müssen.

Am Ende des Unterrichtsprozesses entstand eine veränderte Produktion, die sich sowohl in fertigungstechnischer als auch in fertigungs- und arbeitsorganisatorischer Hinsicht an den bis dahin machbaren Vorstellungen von Qualitätsmanagement orientierte (vgl. *Abs. 4.4.3).*

Auf dem Papier war es jetzt möglich, das Garderobensystem zum Preis von deutlich unter 20,00 DM zu produzieren – 150 Garderoben mit 4 Mitarbeitern in 4 Stunden.

Die gesamte Produktion fand an einem Tag statt und scheiterte an der Tatsache, dass nur zwei Walzenfräser zur Verfügung standen, von denen der erste durch Vorversuche verschlissen und der zweite beim Einrichten beschädigt wurde. Eine vermeidbare Störung, deren Wahrscheinlichkeit im Vorfeld diskutiert wurde und die nicht entstanden wäre, wenn nach der ersten Beschädigung eine sofortige Rückmeldung erfolgt wäre.

In einem zweiten Versuch wurden die Grundplatten dann problemlos hergestellt, wobei das Verfahren insgesamt zwei Stunden länger dauerte als geplant. Dennoch lag der Herstellungspreis unter 20,00 DM.

Nach der Produktion wurden die Teile zum Lackieren geschickt und der Verkauf auf dem Itzehoer Wochenmarkt vorbereitet. Fragen der Vermarktung, der Präsentationsmöglichkeiten, der Produktinformation, der Befestigungsmittel, der Verpackung beschäftigten genauso wie die Gestaltung von Quittungen, das Auftreten, die Einteilung der Verkaufsgruppen, Checklisten, Transportmittel, Zuständigkeiten, Wechselgeld und Wetteranalysen.

Verkauft wurde Ende März 1997.

Erkenntnisse

Sicherlich steht die Tatsache im Vordergrund, dass das angestrebte Ziel mit den gewählten Methoden erreicht wurde. Das gesamte Firmenleben hatte sich dabei verändert – zunächst im „großen Stil" durch die Umgestaltung der Fertigung und der Firmenorganisation sowie der Arbeitskultur, dann in kleinen Schritten durch das ausdauernde Verändern und Anpassen von Arbeitsprozessen. Bis zu einem gewissen Maß war der Erfolg vorhersehbar, zumal die erste Produktion unter recht ungünstigen technischen Verhältnissen durchgeführt wurde. Das Durchlaufen der Produktion auf einem höheren technischen Niveau musste zwangsläufig zu diversen Einsparungsmöglichkeiten und Qualitätssteigerungen führen. Darüber hinaus schreiben wir allerdings das Gelingen vor allem der *veränderten Arbeitsorganisation*, dem *veränderten Aufgabengebiet* und dem *veränderten Arbeitsverhalten* zu.

Beim Bearbeiten von Aufgaben und Aufträgen fiel auf, dass die *Elemente des Qualitätskreises* eine gute Orientierung gaben. Insbesondere dann, wenn passende Inhalte und Methoden des Qualitätsmanagements einbezogen wurden.

Aus dem unmittelbaren Themengebiet des Qualitätsmanagements konnten wir vor allem Inhalte umsetzen, die vorausschauendes, fehlervermeidendes Planen und Handeln unterstützen. Dabei machte es keinen Unterschied, ob es sich um das Einkaufen, das Konstruieren, das Produktionsplanen, die eigentliche Produktion oder um das Prüfen handelt – Fehlererkennung, Fehleranalyse, Fehlerbeurteilung und Fehlervermeidung waren universell einsetzbare Strategien, um Qualität zu erzeugen.

Ebenfalls von großer Bedeutung war der konsequente Nachweis der Machbarkeit. Jedes Verfahren, jeder Arbeitsschritt, jede Vorrichtung und jedes Wirkpaar musste den Nachweis erbringen, dass die damit erzielten Resultate im Einklang mit den geforderten Leistungen (Qualitätskriterien) standen. Konnte der Nachweis nicht erbracht werden, musste nach Alternativen gesucht oder der Auftrag abgelehnt werden.

Die durchgehende Umorganisation der Produktionsabläufe erforderte auch das Aufstellen neuer Qualitätsstandards. Dies wurde besonders deutlich in der Veränderung der Arbeitsbereiche und dem Niveau der Arbeitsaufgaben. Arbeitsbereiche dehnten sich aus und der Schwierigkeitsgrad der Aufgaben stieg. Das umfassende und fehlerfreie Informieren, die themenzentrierte Kommunikation und das kreative Erdenken von geeigneten Problemlösungsmethoden gewannen einen hohen Stellenwert.

Das gesamte Projekt hatte mit teilweise erheblichen Widerständen zu kämpfen. Die Schüler erkannten nicht mehr ihre *gewohnte Schule mit festgelegten Abläufen, "Ritualen" und Fächern*. Die Ausbildungsbetriebe bemängelten die ihrer Meinung nach fehlende Vermittlung fachlicher Lerninhalte. Die Auswirkungen dieser Einschätzungen beschäftigten den Unterricht oft mehr, als die im Unterricht problematisierten Fertigungsprozesse, die fachlich begründet zu optimieren waren.

Eine derart umfangreiche und lange Beschäftigungsphase bietet sicherlich die Möglichkeit viele Entscheidungsfelder eines Geschäftsprozesses aufzudecken und zu bearbeiten. Dem entgegen standen unsere Beobachtungen, dass manche Tätigkeiten eine geringe Motivation auslösten. Das war dann der Fall, wenn der unmittelbare Bezug zur eigenen praktischen Ausbildung fehlte und vor allem dann, wenn die Tätigkeiten außerdem eine gewisse Verweildauer benötigten.

4.3.4 Qualitätsmanagement in berufstypischen Lernsituationen

Dauer: ca. drei Monate für vier parallellaufende Projekte

Vorüberlegungen

Diese dritte Phase diente der Übertragung der erlernten Inhalte und Methoden, der Vorgehensweisen und Verhaltensformen in berufstypische Lernsituationen. Auch hier beeinflussten uns wieder die Erkenntnisse aus den vorangegangenen Phasen.

Bisher wurden alle Erfahrungen mit einer sich zielgerichtet verändernden Produktionsweise am Beispiel einer Lernfirma durchgeführt. Die Themen und die Erkenntnisse in der Lernfirma hatten während der beiden ersten Phasen kaum Berührungspunkte mit der Ausbildungspraxis der Ausbildungsbetriebe. Diese Situation wollten wir ändern, indem die Ausbildungsbetriebe ihrerseits am Unterrichtsgeschehen beteiligt werden sollten. Für unser Anliegen war es außerdem wichtig, dass berufsbezogene Problemstellungen mit überschaubarem Umfang die Unterrichtsgrundlage bildeten. Sie sollten neben einer berufstypischen Ausrichtung auch eine deutliche fachlich-thematische Veränderung und Vertiefung erkennen lassen.

Diese Problemstellungen sollten nun von den jeweiligen Ausbildungsbetrieben ausgearbeitet und den Schülern als Auftrag zugestellt werden. Die Ausbildungsbetriebe übernahmen praktisch die Rolle des *„Kunden"*, formulierten Wünsche und stellten Forderungen. Die Schule übernahm die Rolle des *„Herstellers"* und bearbeitete den Auftrag zielgerichtet im Hinblick auf die gemeinsam aufgestellten Qualitätskriterien.

Eine weitere Veränderung im Unterricht lag in der Überlegung begründet, dass nicht nur wie bisher die Serienfertigung berücksichtigt werden durfte. Qualitätsbewusstes Handeln sollte genau wie in der Einzelfertigung (Vorrichtungen, Geländer, Treppen etc.) oder bei allgemeinen Dienstleistungen (Instandsetzung, Wartung, Inspektion, Installation etc.) erkennbar und umsetzbar sein. Es wurden daher solche Aufträge zusammengestellt, die gerade diese Vorgaben berücksichtigten.

Sowohl als inhaltliche aber auch als methodische Orientierung sollte dabei der Qualitätskreis dienen (vgl. hierzu auch *Kap. 2* und *Kap. 9*). Er bietet mit seinen neun Aufgabenbereichen eine gute Möglichkeit, Aufträge im Sinne ganzheitlicher Qualität zu bearbeiten.

Unterrichtsbeschreibung

In Zusammenarbeit mit den verschiedenen Ausbildungsbetrieben entstanden Aufträge aus dem Bereich der zerspanenden Fertigungstechnik und dem Metallbau. Die Aufträge lagen entweder als „Idee", als fertiges Bauteil oder in Form einer Handskizze vor. Einen Auftrag aus dem Bereich der Instandhaltung erteilte die Schule. Folgende Projekte wurden entwickelt:

1. Die Zerspanungsmechaniker sollten eine Kleinserie „Türstopper" herstellen. Der Türstopper besteht aus hochlegiertem Stahl, hat einen Außendurchmesser von 100 mm und eine Höhe von 40 mm (vgl. dazu *Abbildung 4.4*). An der unteren Stirnseite befindet sich eine Axialnut, an der Mantelfläche eine Radialnut. In beide Nuten soll ein O-Ring eingelegt werden. Die Außenmaße durften nicht verändert werden, wohl aber das Design (Bicolor, Inlays etc.).

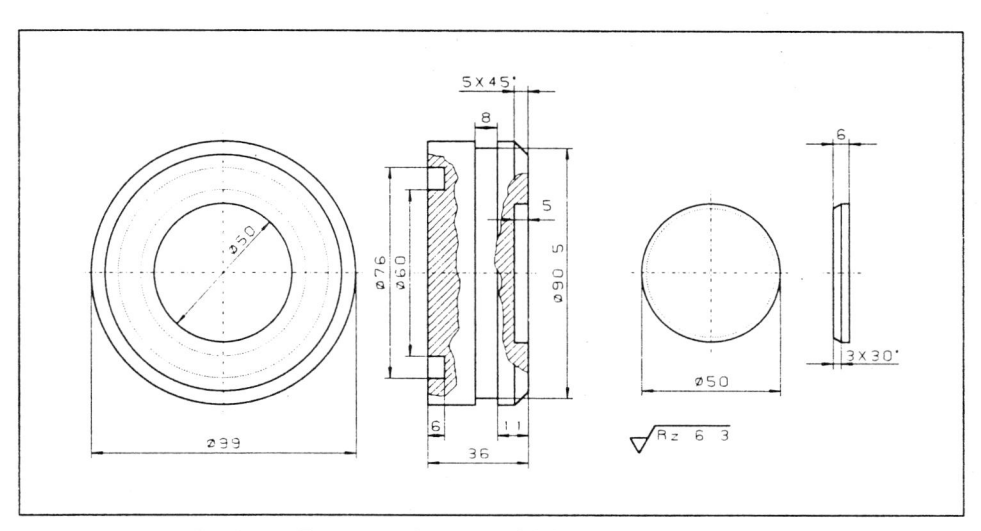

Abbildung 4.4:   Zeichnung Türstopper, Variante mit Inlay

2. Die Maschinen- und Systemtechniker sollten eine schwenkbare Aufspannvorrichtung für Fräsmaschinen herstellen. Der Auftrag lag als Entwurf vor. Die Aufspannvorrichtung besteht aus einer Grundplatte mit diversen Aufnahmebohrungen, zwei seitlichen Stütz- und Spannböcken und einer schwenkbaren Werkstückaufnahme. Es sind hohe Anforderungen an Maß-, Form und Lagetoleranzen gestellt.

3. Die Industriemechaniker (Betriebstechnik) sollten einen Instandhaltungsauftrag übernehmen. Die Universalprüfmaschine unserer Schule arbeitete unzureichend: Die Längenänderung wurde nicht registriert, der Kraftaufbau war unregelmäßig, eine Justierung gelang nicht. Außerdem fehlte eine Bedienungsanleitung für den Unterricht sowie ein Wartungsplan.
4. Die Metallbauer bekamen den Auftrag, ein Hoftor zu entwerfen, zu bauen und zu montieren. Das Metalltor (vgl. *Abbildung 4.5* und *Abbildung 4.6*) besteht aus Vierkantrohrhohlprofilen unterschiedlicher Stärke. Es sollte ein 2 Meter breites Haupttor und ein 1m breites Nebentor gefertigt werden. Die Toroberkanten sind gewölbt auszuführen. Die fertige Anlage dient als Ausstellungsstück und wird im verzinkten Zustand fest montiert.

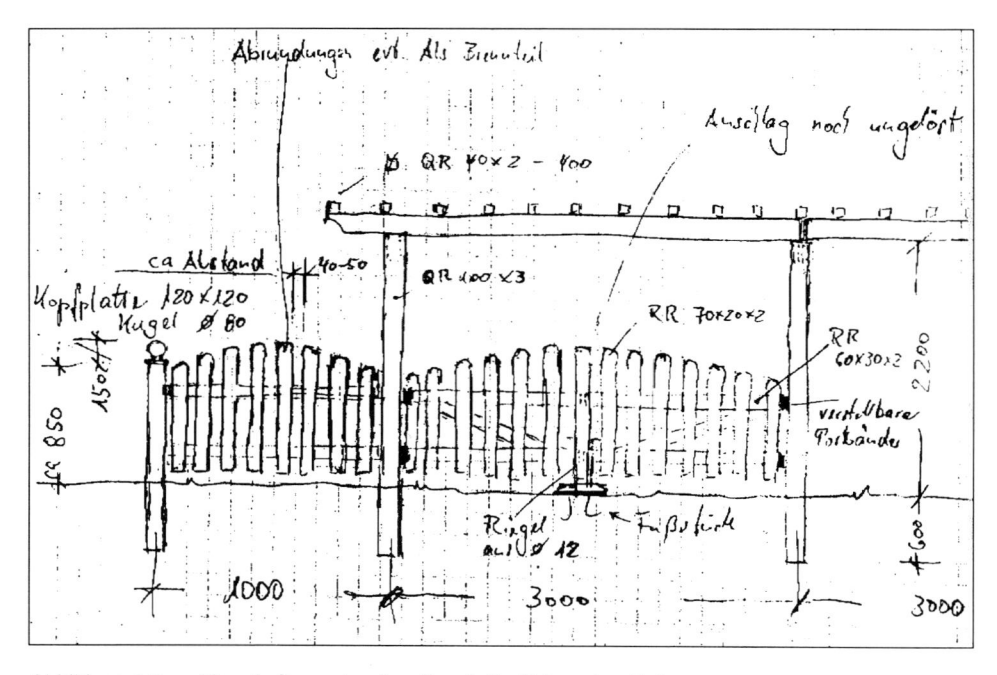

Abbildung 4.5: Vom Auftraggeber bereitgestellte Skizze des Hoftores

Die Umsetzung der Aufträge erfolgte – orientiert am Qualitätskreis – stets nach dem gleichen Prinzip:

Der „Auftrag" wurde als Gesprächsnotiz in die einzelnen Arbeitsgruppen gegeben. Während einer Sammelphase mussten die Schüler mögliche Fragen, die im Zusammenhang mit der Kundenwunscherfassung stehen, notieren. Nachdem ein Gesprächstermin vereinbart wurde, besuchten die Arbeitsgruppen die Kunden und klärten mit ihnen die Rahmenbedingungen, unter denen die Dienstleistung stattfinden oder das Produkt entstehen sollte. Es wurde von unserer Seite Wert darauf gelegt, dass nur dieser eine Gesprächstermin zur Verfügung stehen sollte, um die Bedeutung und die Intensität der Vorbereitung auf den Kundenkontakt zu betonen.

In einer ausgiebigen Planungsphase erarbeiteten die Schüler den Umfang und die Inhalte eines Lastenheftes, wobei wiederum die Machbarkeitsanalyse im Vordergrund stand:

- Welche Qualitätskriterien müssen erfüllt werden?
- Mit welchen technologischen und organisatorischen Rahmenbedingungen müssen die Anforderungen umgesetzt werden?
- Wie sieht das Ergebnis dieser Soll-Ist-Wert-Vergleiche aus?
- Welche Normen sind zu beachten?
- Welche technologischen und organisatorischen Schwierigkeiten sind zu erwarten?
- Welche Eckdaten können von uns bestätigt werden?
- Gibt es kritische Prozesse?
- Können wir den Auftrag annehmen?

Wenn es vereinbart war, überarbeiteten die Gruppen die Skizzen und entwickelten alternative Produktkonzeptionen (vgl. exemplarisch für den Auftrag „Hoftor" die *Abbildung 4.6*).

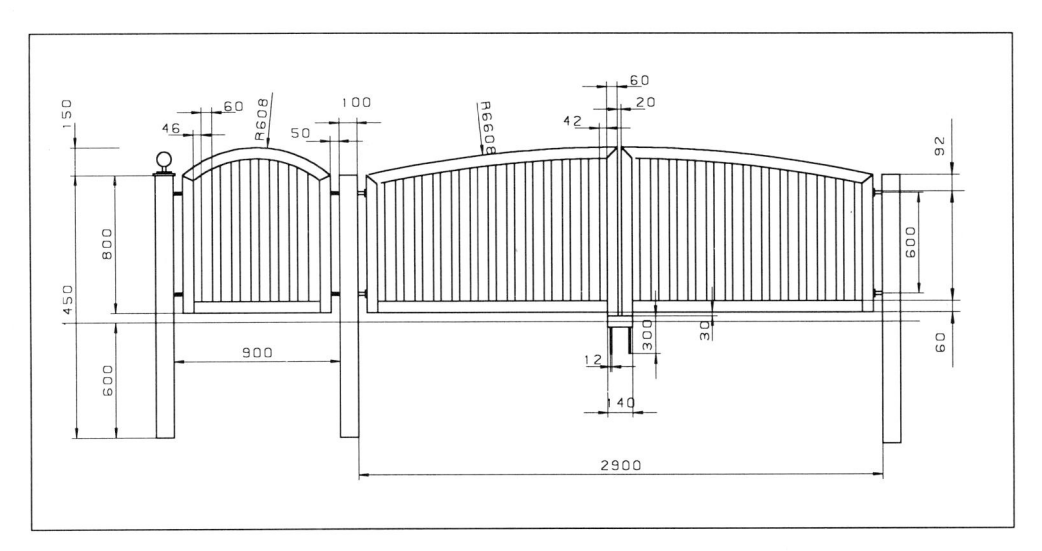

Abbildung 4.6: Von den Schülern erarbeitete Zeichnung des Hoftores

Den Abschluss der ersten Projektplanung bildete eine detaillierte Auftrags- und Leistungsbeschreibung sowie ein Kostenvoranschlag. Beide Unterlagen wurden dem Kunden vorgelegt, mit ihm besprochen (eventuell ergänzt oder korrigiert) und schließlich bestätigt.

Die anschließende Projektphase gliederte sich in die konkreten Planungsabschnitte
- Konstruktion (falls erforderlich),
- Produktions- und Prüfplanung,
- Einkaufsplanung,
- Planung der Auslieferung,
- Service- und Montageplanung und
- Planung des Recyclings.

Am Ende dieser gemeinsam durchgeführten Unterrichtsphase standen immer Entscheidungen, Ablaufpläne, Zuordnungen und Aufträge. Meistens mussten Informationen eingeholt, Hilfsmittel besorgt, Nachweise erbracht, Gespräche geführt, Maschinen reserviert und Werkzeuge bestellt werden. Die einzelnen Vorgänge wurden dokumentiert, die Aufgaben und Aufträge aufgeteilt. Bekannte Situationen (wie z. B. Bestellungen schreiben, technische Zeichnung erstellen, Programmablaufpläne aufstellen, Arbeitsschritte ausarbeiten etc.) mussten in festgelegten Zeiten erledigt werden. Für unbekannte Vorgänge (Maschinenerprobung, Einarbeiten in Bedienungsanleitungen und technische Unterlagen, Erprobung verschiedener Umformverfahren) bekamen die Schüler Gelegenheit, sich ausführlich und ohne Zeitdruck mit der Thematik auseinanderzusetzen.

In allen Planungsfeldern galt es wiederum, vorausschauend und umsichtig zu planen, möglichst frühzeitig Fehlerpotentiale zu erkennen und zu vermeiden bzw. Regelsysteme zu installieren, die in der Lage sind, den Fehlerfall zu kompensieren. Es galt, *sich in Prozesse hineinzudenken* und Prozesssicherheit zu gewinnen.

Die Zerspanungsmechaniker arbeiteten – ähnlich wie bei dem Garderobensystem – auf einen Produktionstag hin, an dem alle produktbestimmenden Prozesse ohne Fehler laufen mussten. Die Industriemechaniker (Maschinen- und Systemtechnik) und die Maschinenbaumechaniker hatten erhebliche Probleme bei der Umsetzung der geforderten Toleranzen und arbeiteten fast ausschließlich an Machbarkeitsüberlegungen. Für die Industriemechaniker (Betriebstechnik) bestand die Planungsphase darin, die steuerungstechnischen Unterlagen zu sichten und zu verstehen, Fehlereingrenzungen vorzunehmen, den Hersteller zu befragen, Demontage- und Montagepläne zu schreiben sowie Hilfs- und Betriebsmittel zu besorgen. Die Metallbauer planten *alle Elemente des Qualitätskreises* – von der Produktkonzeption bis hin zur Montage – und zu Fragen des Recyclings bzw. der Entsorgung.

Die eigentlichen Produktionsphasen verliefen wenig spektakulär. Die einzelnen Produkte konnten bis auf die Schwenkvorrichtung hergestellt werden. Die Schüler protokollierten, wenn dies abgesprochen war, die Ergebnisse von festgelegten und geprüften Qualitätsmerkmalen und legten die unterschriebenen Dokumente den Werkstücken oder den Unterlagen bei.

In den einzelnen Projekten endete die Kunden-Lieferanten-Beziehung an verschiedenen Stellen:

- Bei den Zerspanungsmechanikern erfolgte nach der beschädigungssicheren Verpackung die Auslieferung der Türstopper an den Kunden (vgl. *Abbildung 4.7*), so wie es im Lastenheft formuliert war.
- Die Betriebstechniker übergaben die gewartete und instandgesetzte Universalprüfmaschine, indem Sie die zuständigen Lehrer in den Bedienungsablauf einwiesen und einen Wartungs- und Bedienungsplan sowie ein Prüfprotokoll den Unterlagen beifügten.
- Die Metallbauer veranlassten nach der Produktion das Verzinken und montierten das fertige Ausstellungstor auf dem Firmengelände des Auftraggebers.
- Die Maschinen- und Systemtechniker und die Maschinenbaumechaniker mussten nach vielen ideenreichen Versuchen den Auftrag zurückgeben. Mit den technologischen Mitteln der Berufsschule konnte die Schwenkvorrichtung nicht hergestellt werden. Auf eine andere Lösung, obwohl denkbar und sinnvoll, konnten sich die Schüler nicht einigen.

Vom Taylorismus zu qualitätsmanagement-orientierten Lernsituationen 77

Abbildung 4.7: Auslieferung der Türstopper beim „Kunden"

Den Abschluss der dritten Phase bildete eine Gruppenpräsentation der einzelnen Projekte vor mehreren Klassen in unserer Schule – für unsere Schüler ebenfalls eine neue Situation.

Erkenntnisse

Die Ergebnisse der Projekte waren insgesamt zufriedenstellend. Die Türstopper und die Toranlage wurden ohne Beanstandungen ausgeliefert. Die Instandsetzung und Wartung der Universalprüfmaschine verlief sehr gut. Lediglich das Ergebnis bei der Herstellung der Schwenkvorrichtung überzeugte nicht vollständig. Nach der Erkenntnis, dass unsere Maschinen die gewünschten Anforderungen nicht umsetzen konnten, war die Motivation der Schüler im negativen Bereich – trotz der positiven Erfahrungen, die während der Experimentierphase gesammelt wurden und trotz der Gewissheit, richtig, nämlich den Auftrag ablehnend, entschieden zu haben.

Qualität wird in erster Linie *durch umfassende und genaue Planung* erzielt, das haben auch diese Projekte gezeigt. Überall dort, wo Vorgänge in vollem Umfang exakt durchdacht und dokumentiert waren, wo die beteiligten Schüler umfassend informiert waren und diese Information auch bestätigt hatten, gelang die Umsetzung reibungslos. Störungen und Hindernisse traten insbesondere dann vermehrt auf, wenn zwischen den Handelnden kein Informationsaustausch zustande kam oder, wenn die Planung spontan während der praktischen Umsetzung vorgenommen wurde. Kam noch hinzu, dass Einteilungen oder Entscheidungen nicht dokumentiert wurden und zeitliche Differenzen auftraten, stand die ganze Produktion.

Auch in den berufsspezifischen Projekten sind Fehler gemacht worden. Fehler, die zum großen Teil auf Planungsunsicherheiten und mangelnden Überblick – auch das ist eine Unsicherheit – sowie auf fehlende Vereinbarung der Zuständigkeiten zurückzuführen sind. Wir registrierten aber auch, dass die Qualität des externen Zulieferbereichs mit deutlichen Mängeln (falsche Lieferzeiten, fehlerhafte Lieferung, falsche Lieferung) belastet war und, dass diese Störungen auch in den Prozessen der Schüler ihre Eindrücke hinterließen. Mit Fehlern umzugehen und aus Fehlern zu lernen ist sicherlich nicht nur eine Frage des Verständnisses. *Verstehen heißt nicht unbedingt auch anwenden können.* Dazwischen liegen auch Erfahrungen mit ähnlichen Problemen und vor allem die positive Rückmeldung, dass diese Vorgehensweisen und die erworbenen Fähigkeiten geschätzt werden.

Drei Projekte waren so angelegt, dass die Betriebe in die Problematik einbezogen wurden. Sie formulierten die Kundenwünsche und beobachteten, welchen Weg die Schüler bei der Umsetzung des Auftrages gingen. Die erhofften positiven Auswirkungen (verstärktes Engagement der Schüler, gemeinsame Begriffsbildung zwischen Schule und Betrieb und damit verbunden ein gemeinsamer Diskurs) hielten sich trotz aller Bemühungen in Grenzen.

Bei der Umsetzung der Projekte stießen die Schüler immer wieder an Wissensgrenzen. Es ist wohl ein allgemeines Problem von Projektunterricht, dass auftretende Hindernisse durch eine im Vorfeld stattfindende systematische Wissensvermittlung nur zum Teil umgangen werden können. Da vier Projekte parallel liefen und dazu noch verschiedenartig arrangiert waren, konnte das nur in Ansätzen gelingen. Andererseits forderte dieser Umstand von unseren Schülern ein hohes Maß an Selbstständigkeit im Hinblick auf die Entwicklung von Problemlösungsstrategien, bei der Suche nach Informationsquellen und beim Umsetzen der benötigten Erkenntnisse in der Realisierungsphase. Eine Fähigkeit, die in allen Projekten sehr oft geübt wurde und unsere Schüler auszeichnet.

4.4 Ausgewählte Lernsituationen hinsichtlich des Qualitätsmanagements

Wir stellen an dieser Stelle einige wenige unterrichtliche Umsetzungsschritte dar, die dem Leser exemplarisch verdeutlichen sollen, wie Lernsituationen, denen Qualitätsmanagement-Zielsetzungen zugrunde liegen, konzipiert werden können. Es sind dies Elemente aus der von uns im zweiten Zwischenbericht zum Modellversuch QMB (vgl. SCHULZ, BADER, RICHTER 1997, S. 119) bereits angekündigten dritten Strukturphase: „Leistungserstellung nach den Prinzipien des Qualitätsmanagements".[7]

Wie auch in der dieser Beschreibung vorangestellten Zieldarstellung betont, ist die Wahrnehmung von Kundenwünschen und -reaktionen das zentrale Element, um Überprüfungen und Veränderungen betrieblicher Prozesse sowie der Verhaltensweisen von Mitarbeitern auszulösen. Es wurden folglich solche Lernsituationen gewählt, in denen die Schüler direkte Kundenkontakte vorbereiteten, erlebten und auswerteten können.

---

[7] vgl. den Punkt 1 auf dem Blatt „Reflexion"

4.4.1 Lernsituation: „Marktbeobachtung, Marktanalyse und Erfassung des fiktiven Kundenwunsches unter besonderer Berücksichtigung der Kundenorientierung"

Wie bereits dargestellt (vgl. *Abs. 4.3.3*), sollte die zweite Phase die mit Mängeln behaftete „tayloristische Produktion" mit Hilfe der Methoden des Qualitätsmanagements verbessern.

Innerhalb dieses Abschnittes, wird der Einstieg in das Qualitätsmanagement beschrieben, der eine völlig neue Unterrichtssituation für die Schüler darstellte. Wie auch in den Vorbemerkungen beschrieben, kommt der *Kundenorientierung*, die sich wie ein Leitfaden durch die weitere Betrachtung zieht, höchste Priorität zu. In einer von Schülern durchgeführten Marktbefragung auf dem Itzehoer Wochenmarkt wird dargestellt, wie Sie die Ansichten, Vorstellungen und Ansprüche der Kunden feststellten. Diese Lernsituationen sollten dabei bestimmte Ziele verfolgen.

Affektive Lernziele

▶ Die Schüler sollen
– Bereitschaft bei der Übernahme von Verantwortung bezüglich der arbeitsteiligen Vorbereitung der Marktbefragung entwickeln,
– die Teamfähigkeit innerhalb und zwischen den Arbeitsgruppen weiter ausbauen,
– sich mit der eigenen Arbeit und dem Unternehmen identifizieren,
– über Preisvorstellungen der Kunden ihr Kostenbewusstsein schärfen sowie
– die Kunden-Lieferanten-Beziehung (hier: Schüler als Lieferant) erleben und als Antrieb für nötige Verbesserungen empfinden.

Kognitive Lernziele

▶ Die Schüler sollen
– auswertbare Kundenwünsche eines möglichst breiten Bevölkerungsspektrums erfassen,
– ihre Planungskompetenz in einer komplexen Problemstellung weiter ausbauen,
– ihre Gesprächsführung mit Kunden entwickeln und die daraus gewonnenen Erkenntnisse als wertvolle Informationen für das Unternehmen verstehen,
– Präsentationsmöglichkeiten gestalten und einsetzen,
– kreative Gedanken zur Gestaltung der Marktbefragung entfalten und umsetzen,
– mit Kundenkritik und Kundenanregungen konstruktiv umgehen sowie
– die Zusammenhänge und Abhängigkeiten zwischen einzelnen Abteilungen (hier: Verkaufsabteilung) eines Unternehmens erkennen.

Umsetzung

Wie bereits beschrieben, erbrachten die arbeitsplatzbezogenen Verbesserungen der alten „tayloristischen Produktion" kaum Steigerungen der Qualität und der Arbeitsproduktivität. Jedem war klar, dass ein Verkauf der Garderobensysteme mit diesen Qualitätsmängeln und zu einem Preis von 120,00 DM schwierig sein dürfte, zumal kein Schüler so ein Garderobensystem selbst kaufen wollte. Ein Unternehmen, wie auch unsere junge „Störmetall GmbH", kann nur überleben, wenn Produkte oder Dienstleistungen tatsächlich verkauft werden können – eine Tatsache, die besonders an dieser Stelle deutlich wurde. Über die Absatzchancen, die nur gegeben waren, wenn man den Kundenvorstellungen entsprach, hatten sich die Schüler keine Gedanken gemacht. Aber worin bestanden die Kundenvorstellungen? Keiner hatte sich eigentlich die Frage gestellt, *ob der Kunde auch bereit ist, das Produkt zu kaufen*, und, wenn ja, zu welchen Konditionen. Bislang wurde nur die technologische Seite betrachtet, die zudem noch unbefriedigend ausgefallen war. Mit diesem Widerspruch gelangten die Schüler selbst zum ersten Element des Qualitätskreises: Der *Erfassung des Kundenwunsches*. Ein Schüler äußerte die Idee, auf dem Itzehoer Wochenmarkt eine Kunden-Befragung durchzuführen – ein Gedanke, der zunächst belächelt wurde, aber nach und nach an Gestalt und Ernsthaftigkeit gewann.

So wurde von Schülern der Auftrag formuliert, eine Befragung mit dem Ziel der Erfassung des Kundenwunsches und der Absatzchancen durchzuführen. Rahmenbedingungen wie finanzieller Spielraum, Gesamtzeitaufwand, versicherungsrelevante Belange, Räumlichkeiten und Genehmigung der Schulleitung haben wir mit den Schülern gemeinsam festgelegt.

Ideen wurden mittels Tafelnotizen, Flipchart, Kartenabfrage- sowie Metaplantechnik gesammelt, sortiert und hinsichtlich ihrer Realisierungsmöglichkeit bewertet. Den Umgang mit diesen Ideenfindungsmöglichkeiten haben wir mit den Schülern gemeinsam erarbeitet. Die daraus entstandenen Schwerpunkte stellten die weitere Arbeitsgrundlage für die nächste Zeit dar. Zu diesem Zweck teilten die Schüler die nötige Arbeit entsprechenden Arbeitsgruppen zu, planten die weitere Vorgehensweise, setzten sich Termine und versammelten sich wieder, so dass dadurch jeder wusste, was die andere Gruppe tat.

Die einzelnen Aufgaben gliederte sich in folgende Arbeitsschwerpunkte:

1. Abklären der Rahmenbedingungen:
   Eine Schülergruppe beschäftigte sich mit möglichen Terminen für einen Wochenmarkt, mit der Anmeldung eines Standes und Klärung der Kostenfrage, mit der Auswahl eines Standortes für die Marktbefragung, mit dem Versicherungsschutz für diese Aktion und mit der Genehmigung durch die Schulleitung.
2. Standgestaltung:
   - Was soll ausgestellt werden? (reale Teile, Fotos, Dokumentationen)
   - Wie soll ausgestellt werden? (Gestaltung hinsichtlich der Kundenaufmerksamkeit, Präsentationstisch einschließlich Tischdecke und ansprechender Anordnung)
   - Welche Informationsmöglichkeiten können wir für den Kunden nutzen? (Schautafeln, Diagramme, Bilder, textliche Darstellungen, Kundengespräche, Megaphon)
3. Entwicklung gut auswertbarer Kundenfragebögen, einschließlich der Erfassung der Kundenanregungen:
   - Welche Informationen wollen wir vom Kunden erhalten? (Gestalt, Farbkombination, Material, Einsatzmöglichkeiten, Serviceleistungen, Zubehör, preisliche Vorstellungen)
   - Wie soll der Fragebogen hinsichtlich der Erfassung und Auswertbarkeit gestaltet werden? (Soll der Kunde den Bogen ausfüllen, oder die Schüler? Textform oder Ankreuzbogen? Bewertungsskala oder verbale Einschätzung?)
4. Planung des Befragungstages:
   - Planung für eine Schlechtwettervariante
   - Logistik (Transport, Aufbau, Abbau einschließlich der Klärung der Rahmenbedingungen und sachlicher Ausstattung)
   - Einsatzplanung (Personifizierung für Aufgaben wie Logistik, nötige Ausstattung, Standbesetzung und Gestaltung der Befragung in der Fußgängerzone)
5. Vorbereitung der Kundenbefragung durch Rollenspiel: „Der Kunde kommt"

6. Information der Öffentlichkeit:
- Presseartikel
- Information der Ausbildungsbetriebe
- Information der Schule einschließlich der Schülerschaft

Für die vorbereitenden Tätigkeiten erhielten unsere Schüler folgende Freiheiten und Möglichkeiten:
- Freie Gestaltung ihres Arbeitstages.
- Berechtigung, das Schulgelände während der Unterrichtszeit zu verlassen.
- Eigenverantwortliche Verfügbarkeit über ein gewisses Budget.
- Nutzung der Kommunikationsmöglichkeiten der Schule.
- Nutzung der sachlichen Ausstattung der Schule wie Rechnernutzung, Nutzung der Metallwerkstatt, Nutzung der Erfahrungen anderer Abteilungen der Schule.

Am 25.04.1996 fand die Kundenbefragung auf dem Itzehoer Wochenmarkt statt. Drei Wochen (drei Unterrichtstage) haben sich die Schüler mit der Vorbereitung befasst. Aus unserer Sicht hatten sie selbstständig alle organisatorischen Hürden – von der Stecknadel über einen Tapeziertisch und einen PKW mit Anhänger bis einschließlich der Verpflegung – überwunden (vgl. *Abbildung 4.8*).

Abbildung 4.8: Präsentation des Garderobensystems und Kundenbefragung auf dem Itzehoer Wochenmarkt

Der Aufbau des Befragungsstandes verlief reibungslos. Es wurde ein Präsentationstisch aufgebaut, auf dem mehrere Garderobensysteme ausgestellt waren sowie weiterhin mehrere Stelltafeln auf denen sich Informationen über die Klasse, das Projekt, technische Details und Verwendungsmöglichkeiten des Produktes befanden. Vereinbarungen und Absprachen wurden eingehalten. Die Organisation des Aufbaus wies keine Lücken auf.

Die sich anschließende Marktbefragung stellte für die Schüler eine völlig neue Unterrichtssituation dar. Sie waren jetzt nicht mehr dem Lehrer oder Meister rechenschaftspflichtig, sondern mussten dem Kunden Rede und Antwort stehen. Anlaufschwierigkeiten waren also vorprogrammiert zumal dieser Ernstfall vorher nicht geprobt werden konnte. Die Kundenbefragung wurde entsprechend der Planung von zwei Gruppen, von denen eine sich auf dem Itzehoer Wochenmarkt und die andere sich in der Fußgängerzone befand, parallel durchgeführt. Dabei wurde ein breites Bevölkerungsspektrum, vom Vorschulkind bis hin zum Rentner, erfasst. Nach der Kundenbefragung, die etwa fünf Stunden lang durchgeführt wurde, bauten die Schüler den Befragungsstand ab und transportierten alle Materialien in die Berufsschule. Mit dieser Tätigkeit endete für die Schüler ein anstrengender Arbeitstag, der auch viele tiefe Eindrücke hinterlassen hatte.

Am folgenden Unterrichtstag wurden die Ergebnisse der Kundenbefragung (vgl. exemplarisch *Abbildung 4.9*, *Abbildung 4.10* und *Abbildung 4.11*) analysiert und zusammengefasst.

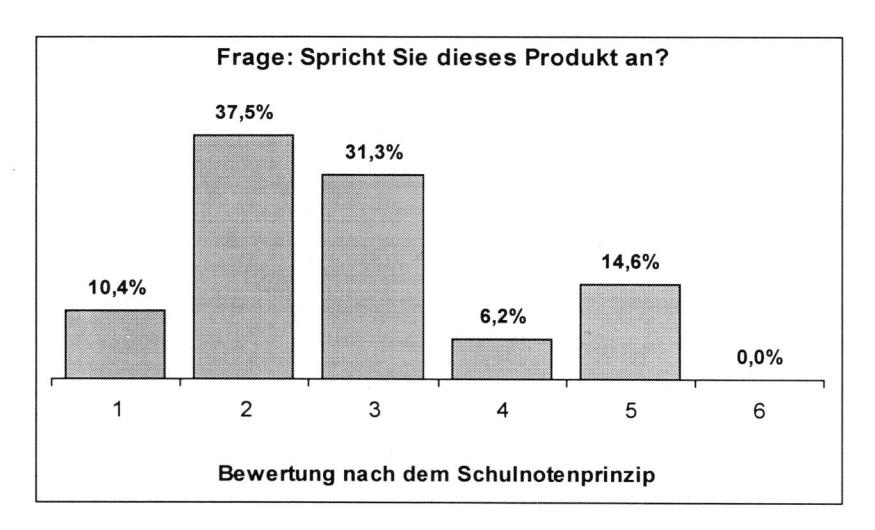

Abbildung 4.9: *Prozentuale Verteilung der Kundenantworten auf die Frage:* „Spricht Sie dieses Produkt an?" *(Bewertung nach dem Schulnotenprinzip)*

Folgende Ergebnisse ließen sich insgesamt festhalten:
- Reduzierung des Preises auf unter 20,00 DM,
- Verbesserung der Lackierung,
- Produktidee akzeptabel, Farbpalette ausreichend,
- Erweiterung als Schlüsselaufhängsystem,
- Verbesserung technischer Details (Radien, Senkungen) in Bezug auf deren Qualität,
- Lieferung von Zubehör (Dübel, Schrauben, Verpackung, Bedienungsanleitung),

- Unbedenklichkeitsbescheinigung der verwendeten Materialien,
- Formulierung der Garantiebedingungen,
- Überprüfung der Produkthaftung,
- Produktbeschreibung, Montageanleitung,
- Lieferung auf Bestellung und
- Serviceverbesserung: z. B. farbliche Zusammenstellung nach Wünschen der Kunden.

Frage: Wie gefallen Ihnen die Farbkombinationen?

Bewertung	1	2	3	4	5	6
Prozent	12,5%	35,0%	42,5%	5,0%	5,0%	0,0%

Bewertung nach dem Schulnotenprinzip

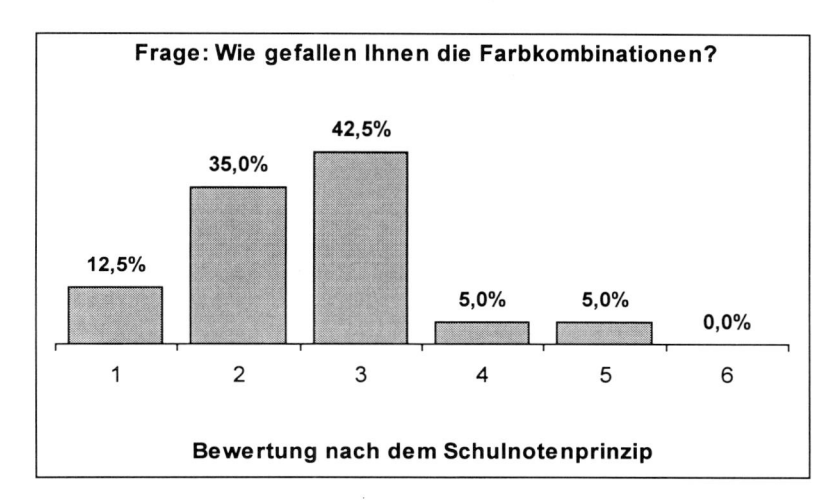

Abbildung 4.10: Prozentuale Verteilung der Kundenantworten auf die Frage: „Wie gefallen Ihnen die Farbkombinationen?" (Bewertung nach dem Schulnotenprinzip)

Fazit

Ausgehend von der Aufgabenstellung konnte festgestellt werden, dass die Zielstellung, die in der Erfassung des Kundenwunsches bestand, erreicht wurde. Die große Kluft zwischen Kundenvorstellungen und dem momentanen Qualitätsstand wurde sehr deutlich, sollte aber Basis und Begründung weiterer Anstrengungen im Bereich des Qualitätsmanagements sein.

Während der Phase der Vorbereitung der Marktbefragung entwickelten die Schüler ein großes Engagement, deren motivierende Wirkung wir im Anreiz der „anderen" Unterrichtssituation begründet sahen. Verantwortlichkeiten formulierten die Schüler selbst – auch uns Lehrern wurden Aufgaben und Termine zugeteilt. Um diese Termine einzuhalten, erledigten einige Schüler bestimmte Aufträge freiwillig als Hausaufgabe – eine Beobachtung, die auf Verantwortungsbewusstsein schließen lässt. Ferner konnten wir beobachten, dass die Schüler sich in der Vorbereitungsphase mit den Gebrauchseigenschaften des Garderobensystems befassten. Sie betrachteten das Produkt bei der Entwicklung des Fragebogens als Einheit aus technischen, ästhetischen und preislichen Qualitätsansprüchen. Sie versetzten sich dabei gedanklich in die Rolle des Kunden, der eine Vorstellung von Eigenschaften und Werten eines Garderobensystems hat – diese zu erfahren war das Ziel.

Die gesamte Vorbereitungsphase war durch Kreativität, Engagement und gute Zusammenarbeit geprägt. Teils hatten wir aber auch den Eindruck, dass einige Schüler mit den neuen „Freiheiten" nicht verantwortungsvoll umgehen konnten oder umgehen wollten. Ihre Unterrichtserfahrung wurde bislang hauptsächlich durch Konsumverhalten geprägt – der Lehrer bietet an, die Schüler nehmen auf. Dies führte bei einigen Schülern zur Erwartungshaltung eines Angebotes von Aufträgen – ein Verhalten, das es in Zukunft zu überwinden galt.

Frage: Welchen Preis würden Sie bezahlen?

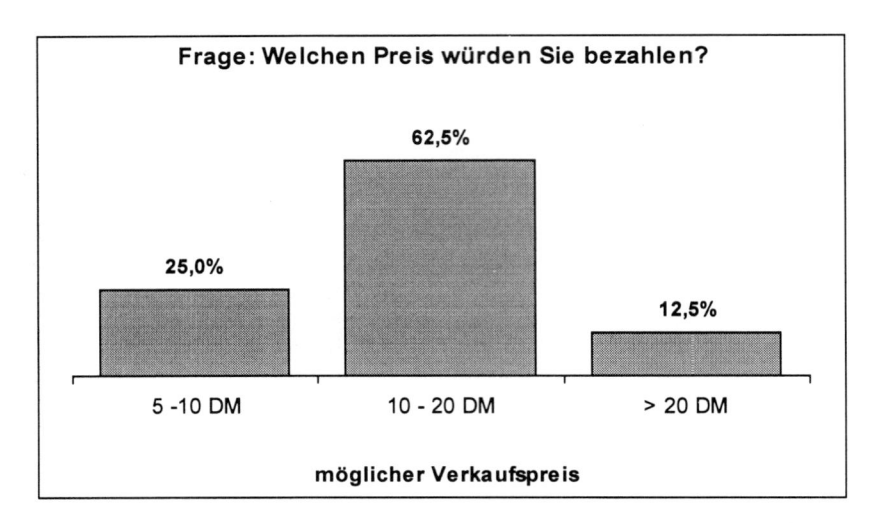

möglicher Verkaufspreis	Anteil
5 -10 DM	25,0%
10 - 20 DM	62,5%
> 20 DM	12,5%

Abbildung 4.11: Prozentuale Verteilung der Kundenantworten auf die Frage: „Welchen Preis würden Sie bezahlen?"

Die Kundenbefragung bereitete vielen Schülern in der Anfangsphase Schwierigkeiten, auch, wenn im Rollenspiel eine mögliche Situation vorab geprobt wurde. Diese Situation war kein Spiel mehr unter Schülern sondern die Realität mit einem unbekannten Kunden. Anfangs beobachteten wir Hemmungen, auf einen interessierten Kunden zuzugehen, ihn möglichst unaufdringlich zu befragen und nicht abzuschrecken. An dieser Stelle haben wir als Lehrer die Schüler etwas unterstützt, indem wir gemeinsam einige Kunden befragt haben. Zusehens bemerkten wir steigendes Selbstbewusstsein und Perfektionierung des Auftretens während der Befragung. Es wurden die unterschiedlichsten Kundenreaktionen wahrgenommen, die von Ablehnung und Desinteresse einerseits aber auch von Lob, Würdigung der Arbeit und konstruktiven Beiträgen andererseits geprägt waren. Sie wurden bei der Präsentation Ihres Produktes ernst genommen. Eine Erfahrung, die man in üblichen Unterrichtssituationen kaum gewinnen kann. Ferner mussten die Schüler als Lieferanten agieren – auch ein Rollentausch zum herkömmlichen Unterricht, der gewöhnlich den Lehrer als Lieferanten und den Schüler als Kunden betrachtet. Selbst in ihrer Freizeit belegen sie häufig die Kundenrolle.

Insgesamt haben wir eine Situation geschaffen, in der die Schüler die Verantwortung und Schwierigkeit anderer Abteilungen eines Unternehmens – bezüglich des Absatzes – erkennen. Es wurde deutlich, dass der Erfolg vom guten Zusammenspiel aller Abteilungen eines Unternehmens abhängig ist. Die Schüler schlüpften an dieser Stelle in die Rolle des Verkäufers und konnten auch ihre Verantwortung für das gesamte Unternehmen nachvollziehen. *Denn das Geld kommt vom Kunden.* Anmerkend sei erwähnt, dass die Schüler die

Garderobensysteme zu diesem Zeitpunkt nicht verkauft haben. Die Befragung auf dem Wochenmarkt stellte allerdings eine verkaufsähnliche Atmosphäre her.

Der Befragungstag endete mit einem zufriedenen Gefühl der Schüler: ihre Aufgabe war erfüllt. Die Auswertung, die am nächsten Schultag durchgeführt wurde, sollte diesen Eindruck bald aufheben. Wie bereits oben beschrieben, fassten Sie die Ergebnisse zusammen und stellten sie auch graphisch dar. Die Auswertung ergab erhebliche Mängel in der technologischen Ausführung und große Differenzen bei der Preisgestaltung. Schuldzuweisungen wurden geäußert – ein stark emotional geprägter Zustand, der keine konstruktive Arbeit zuließ. Aus dieser Situation würden sich die Schüler nicht selbst befreien können, so unsere Einschätzung. An einem Qualitätsmangel, der fehlerhaften Lackierung, konnten wir den Schülern anhand der Problemlösungsmethode nach ISHIKAWA (vgl. *Abbildung 4.12*) verdeutlichen, dass Fehler mehrdimensionale Ursachen haben, die nicht alleine auf den Mitarbeiter zurückzuführen sind. Sie erkannten, dass sich die vorher geäußerten Schuldzuweisungen als unzutreffend herausstellten. Damit hatten wir die Voraussetzung und die Bereitschaft geschaffen, an den eigentlichen Problemen mit den Methoden des Qualitätsmanagements zu arbeiten.

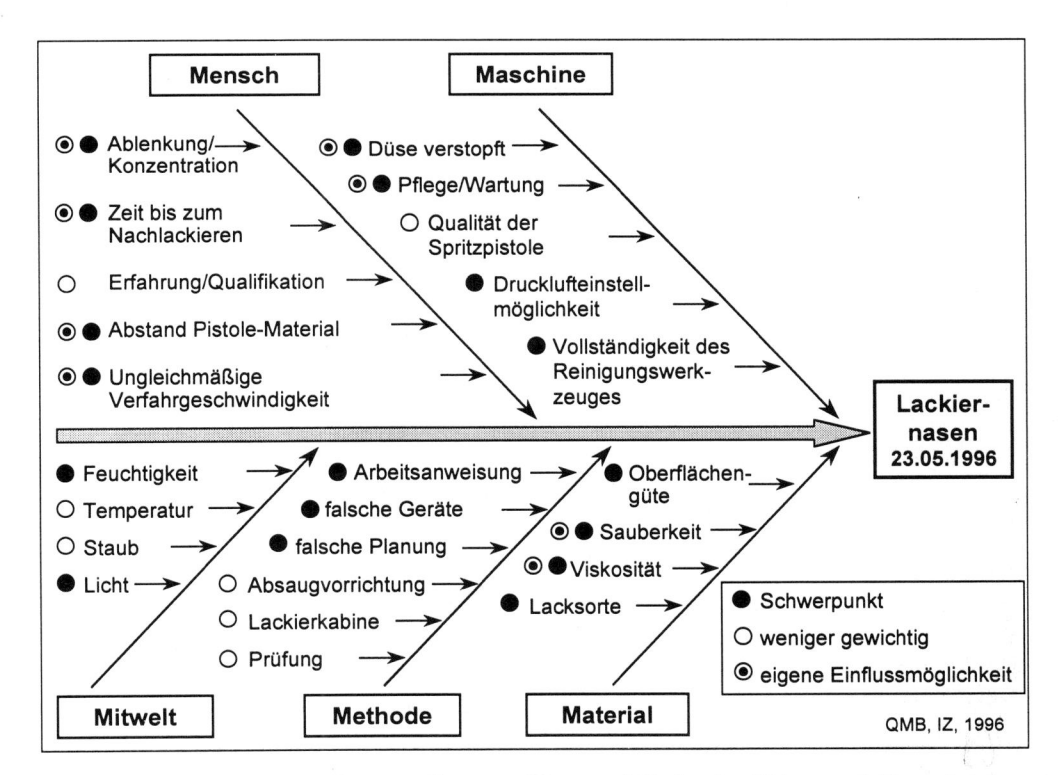

Abbildung 4.12: Fischgrätendiagramm (ISHIKAWA-Diagramm) für den Qualitätsmangel „Nasen bei der Lackierung"

4.4.2 Lernsituation: „Analyse der Machbarkeit und Anpassung der Prozesskomponenten am Beispiel einer Fräsvorrichtung"

Einordnung der Lernsituation in den Gesamtzusammenhang:

Das größte technologische Problem der zweiten Phase unseres unterrichtlichen Ansatzes (vgl. auch *Abs. 4.4.3*) lag in der Bearbeitung der Grundplatte. An den beiden Stirnseiten befanden sich übergangslose konvex-konkave Radien (vgl. *Abbildung 4.2*). Die während der ersten Phase eingesetzte Fertigungskombination Plasmaschneiden und Feilen kann höchstens im Rahmen einer Einzelfertigung als Lösungsmöglichkeit angesehen werden. Für eine Serienfertigung ist die damit erzielbare Wiederholgenauigkeit und die Produktivität nicht ausreichend. Die Schüler hatten nun die Aufgabe, ein Fertigungsverfahren zu erarbeiten, das sowohl im Hinblick auf die Form- und Maßgenauigkeit als auch hinsichtlich der Produktivitätswerte die gewünschten Ansprüche erfüllen konnte.

Nach dem Sammeln und Einordnen von denkbaren Fertigungsverfahren grenzte die Frage nach der schulischen Realisierungschance die Auswahl deutlich ein. In Frage kam eigentlich nur das Fräsen auf einer konventionellen Maschine. Die prinzipiell beste fertigungstechnische Lösung – das CNC-Fräsen – war nicht verfügbar. Eine Entscheidung für dieses Verfahren hätte die Auslagerung des Produktionsabschnitts nach sich gezogen.

In einer ungewöhnlich langen Gruppenarbeit erdachten die Schüler Lösungsansätze zu dem kinematischen Problem, übergangslose Rundungen an die Stirnseite der Grundplatte zu fräsen. Um die Aufgabe lösen zu können, wurde ein Dispositionsbetrag von 2.000,00 DM zur Verfügung gestellt. Am Ende dieser Arbeitsphase standen drei Vorschläge auf dem Papier. Eine echte Realisierungschance hatte allerdings nur eine Variante. Diese Idee arbeitete mit einem Rundtisch, einem Dreibackenfutter, einer Werkstückaufnahme und einem Walzenfräser (vgl. *Abbildung 4.13*).

Abbildung 4.13: Von den Schülern erdachte Fräsvorrichtung im Einsatz

An der Unterseite der Werkstückaufnahme befanden sich zwei Zapfen, die so positioniert wurden, dass sie als Mittelpunkte der konvexen Radien dienen konnten. Diese Zapfen wurden wechselweise in das Dreibackenfutter eingespannt und über den Rundtisch angetrieben. Durch die genaue Abstimmung mit dem Fräserdurchmesser konnten alle Radien theoretisch übergangslos gefräst werden.

Aus der Idee heraus entstanden genauere Zielvorstellungen und ein Anforderungsprofil für die Fräsvorrichtung. Im Anforderungsprofil wurden neben den maßlichen Rahmenbedingungen auch wünschenswerte Eigenschaften aufgenommen. So sollte zum Beispiel der Spannmechanismus folgende Anforderungen erfüllen:
- einfach im Aufbau und der Bedienung,
- effektiv in der Kraftentfaltung,
- stabil in der Ausführung,
- variabel in der Werkstückaufnahme,
- schnell und sicher in der Befestigung,
- leicht in der Umsetzung und
- günstig im Preis.

Die beste Gesamtkonstruktion ging als Fertigungsauftrag an die Abteilung „Metallbau" (interne Kunden-Lieferanten-Beziehung). Auf der einen Seite waren die Konstrukteure als „Kunden" aufgefordert, exakt, unmissverständlich und umfassend zu formulieren, welche Spezifikationen die Vorrichtung erfüllen sollte. Auf der anderen Seite wurde von den Metallbauern als „Lieferanten" eine genaue Vorstellung darüber verlangt, was der „Kunde" wünscht, wie er es wünscht und zu welchem Zeitpunkt er das Produkt benötigt, damit sie die Vorrichtung im Sinne der Konstrukteure anfertigen konnten.

Eigentliche Lernsituation

Die fertige Vorrichtung war ein Produkt von mehr oder weniger fiktiven Vorstellungen wie der Arbeitsprozess ablaufen und welche Belastungen dabei auftreten könnten. Die Industriemechaniker hatten nun die Aufgabe, herauszufinden, ob und unter welchen Bedingungen der Fräsprozess beherrschbar sein würde. Dabei mussten die Schüler mehrere Ziele erreichen:

Affektive Lernziele

▶ Die Schüler sollen
- den Ehrgeiz entwickeln, die beste Lösung zu finden,
- sich konstruktiv und themenzentriert in einer Gruppenarbeit verhalten und
- vor auftretenden Problemen nicht resignieren, sondern ausdauernd nach Lösungsansätzen suchen.

Kognitive Lernziele

▶ Die Schüler sollen
- die Zeit für einen Bearbeitungsprozess ermitteln, protokollieren und reduzieren,
- mögliche Störgrößen während des Bearbeitungsprozesses erfassen, einengen und vermeiden,
- die Schnittbedingungen am Wirkpaar optimieren,

- den Bewegungsablauf der Vorrichtung an die maschinen- und aufgabenspezifischen Gegebenheiten anpassen,
- den erprobten und bestätigten Arbeitsvorgang sowie die benötigten Mittel protokollieren,
- die Anlieferungskriterien für die Grundplatte erfassen und protokollieren sowie
- die erreichbare Güte des (Prozess-)Produktes bewerten, festlegen und protokollieren.

Umsetzung

Die Aufgabe wurde als Gruppenarbeit durchgeführt und unterteilte sich in mehrere Abschnitte. Die eigentliche Machbarkeitsuntersuchung verlief nach folgendem Ablaufplan:

- Aufstellen von erfass- und beobachtbaren Qualitätskriterien (z. B. Schnittoberfläche, Radienübergänge, Bearbeitungsgenauigkeit usw.).
- Festlegen von begründeten Arbeitsschritten und Zerspanungsbedingungen.
- Erproben und Beobachten des bestehenden Grundkonzeptes mit der angelieferten Vorrichtung und unter vorgegebenen Zerspanungsbedingungen.
- Begutachten der Ergebnisse hinsichtlich der aufgestellten Qualitätskriterien, Festhalten von besonderen Auffälligkeiten und Störungen (Schwingungen, Bewegungshindernisse, Spanfluss usw.).
- Analyse der Ergebnisse und der Störungen, Diskussion um Primärstörungen und deren Ursache.
- Ausschalten von primären Störungen (z. B. Schwingungen) durch kontinuierliche Veränderung der beteiligten Prozesskomponenten.
- Erproben und Beobachten des Konzeptes unter veränderten Bedingungen.
- Begutachten der Ergebnisse.
- Erneuter Beginn des Prozesses.
- Ausschalten von Sekundärstörungen (z. B. Späneflug, Beeinträchtigung der Maschinenbedienung).
- Ende des Prozesses.
- Bestätigen oder Ablehnen der Machbarkeit.

Dieser gesamte Versuchskomplex wurde oft durchgespielt. Die meisten Sorgen bereiteten dabei die auftretenden Schwingungen, die nicht vollständig in den Griff zu bekommen waren. Anhand der Prozesskomponenten (Maschine, Wirkpaar, Aufspannung, Material, Mensch, Methode) sind die möglichen Einflussgrößen beurteilt und machbare Verbesserungen abgewogen worden.

Eine Auswahl an durchgeführten Veränderungen verdeutlicht, welche Lösungen die Schüler zum Problem Schwingungen entwickelt haben:

- Die Aufspannung der Grundplatten wurde vollständig umkonstruiert. Aus einer Einpunktspannung entstand eine Dreipunktspannung, die in der Lage war, die gebündelten Bleche sehr nahe an der Wirkstelle zu fixieren.
- Die Spannzapfen für das Dreibackenfutter wurden stoffschlüssig mit der Vorrichtung verbunden. Die Positionsgenauigkeit der beiden Spannzapfen wurde dadurch deutlich erhöht.
- Die freischwingenden Massen wurden zusammengespannt und unterstützt.
- Alle Führungen wurden geklemmt bzw. mit geringem Spiel eingestellt.
- Der eigentliche Materialabtrag der angelieferten Grundplatten wurde durch die Veränderung des Vorprozesses minimiert.

- Die Verknüpfung der Bahnbewegungen wurde so kombiniert, dass der Fräser möglichst lange in der Gegenlaufphase arbeiten konnte.
- Die Schüler sprachen mit verschiedenen Werkzeugherstellern, um die Chance einschätzen zu können, über die Veränderung der Schneidengeometrie die Schwingungen zu reduzieren. Der Fräser und der Kühlschmierstoff wurden den Zerspanungsbedingungen angepasst.

Meistens bewirkte jede Veränderung auch eine Reduzierung der Schwingungen und eine Verbesserung der Zerspanung. Die Reduktion der Schwingungen ermöglichte gleichzeitig eine Erhöhung des Spanungsquerschnittes, wodurch der Vorschub und die Spanungsdicke (mehrere Grundplatten konnten gleichzeitig bearbeitet werden) gesteigert werden konnten. Am Ende der Bemühungen stand ein Prozess, der unter den gegebenen Bedingungen und anhand der formulierten Qualitätskriterien als beherrscht und optimiert eingeschätzt wurde. Der veränderte Arbeitsablauf und die Arbeitsplatzgestaltung wurden protokolliert, die Fertigungszeiten ermittelt und für die Kostenbestimmung schriftlich notiert. Die vorgeschaltete Fertigungsabteilung erhielt die Information über den korrigierten Zuschnitt.

Parallel dazu nahmen die Schüler Kontakt mit zwei ortsansässigen Firmen auf und ließen sich zu dem Bearbeitungsprozess Preisangebote zuschicken. So bestand die Möglichkeit, die Wirtschaftlichkeit der eigenen Produktion zu vergleichen und eine Aussage zu treffen, ob der Arbeitsprozess in eigener Regie durchgeführt werden konnte.

Der Vergleich der eigenen Produktionskosten mit den eingeholten Preisangeboten ergab einen Vorteil für unsere konventionelle Methode. Das bedeutete, dass der Fräsprozess nicht ausgelagert werden musste, sondern in der eigenen Firma verbleiben konnte.

Fazit

Es soll hier nicht der Eindruck entstehen, dass Qualitätsmanagement die Summe aus konventioneller und dazu noch alter Technik, gepaart mit ein paar guten Ideen ist. Uns ist durchaus bekannt, dass die CNC-Technik Leistungsreserven bietet, an die wir mit unserer Produktionsweise nicht heranreich(t)en. Weiterhin muss angemerkt werden, dass unsere Vorrichtung prinzipiell den EG-Arbeitsmittelbenutzerrichtlinien unterliegt beziehungsweise in unserem Fall eine Gefährdungsanalyse nach dem Arbeitsschutzgesetz benötigt. Eine Gefährdungsanalyse – obwohl sinnvoll – haben wir nicht durchgeführt.

Eine Machbarkeitsuntersuchung ist immer dann angezeigt, wenn unsichere Prozessabläufe zu erwarten sind – beziehungsweise, wenn der Nachweis zu erbringen ist, dass die Maschine oder das Verfahren geeignet ist, den gestellten Anforderungen zu genügen. Diese Entscheidungsfindung ist eine wichtige Prozedur in einem Unternehmen – und nicht nur dort. Zumal mit dem Untersuchungsergebnis die Aussage verknüpft ist, ob ein Auftrag angenommen werden kann oder, ob er abgelehnt werden muss. Unsere Schüler durften exemplarisch diese Aufgabe gestalten. Dabei standen weniger die in der Literatur aufgeführten statistischen Berechnungen im Vordergrund als vielmehr die prinzipielle methodische Vorgehensweise bei der Umsetzung der Aufgabe.

Die Handlung beginnt beim Aufstellen von zu erwartenden und operationalisierbaren Qualitätskriterien, die sich zunächst am Anforderungsprofil des Produktes orientieren. Diese Kriterien müssen im Laufe des Verfahrens bestätigt werden. Neben diesen produktspezifischen Merkmalen treten während der Erprobung verfahrensspezifische Kriterien wie zum Beispiel die Standzeit, die Vibrationen, der Bedienungskomfort, die ergonomische Arbeitsplatzgestaltung, das Gefährdungspotential usw. auf, die vom Bediener erkannt und in

Zusammenhang mit der Erhöhung des allgemeinen Qualitätsstandards verstanden werden sollen. Die Verbesserung der verfahrensspezifischen Qualitätskriterien gehört dabei ebenso zum Qualitätsmanagement am Arbeitsplatz wie die Umsetzung der geforderten produktspezifischen Qualitätskriterien.

Die Schüler wiederholten den Zerspanungsprozess solange, bis ein insgesamt zufriedenstellendes Ergebnis vorlag. Sie erprobten dabei die besprochenen und ausgearbeiteten Veränderungen, die sie als Lösungen zu den wahrgenommenen Problemen formuliert hatten. Jeder Versuch, Verbesserungen zu realisieren, war sowohl durch den intensiven Umgang mit der Technik als auch durch die themenzentrierte Kommunikation in der Gruppe geprägt. Für sich betrachtet ist ein einzelner Versuch ein Fallbeispiel dafür, wie Probleme gelöst werden können. Im Kontext mit der Produktionsaufgabe ist die Summe der einzelnen Versuche der Beitrag zur kontinuierlichen Verbesserung der Qualität – eine zugegebenermaßen zeitintensive aber wichtige Zielsetzung.

Die Schüler meisterten eine Situation, die durch die Forderungen nach Produktivität, Wirtschaftlichkeit und kompromissloses Umsetzen der Kundenwünsche geprägt war. Wäre ihnen das nicht gelungen, hätte der Prozess ausgelagert werden müssen – Angebote lagen vor. Eine solche Verfahrensweise wird praktiziert und hat eigentlich immer den Verlust von Arbeit zur Folge. Diesen Zusammenhang haben die Schüler gesehen. Wie auch immer der technologische Prozess und die Umstände der Realisierung bewertet werden mögen, die Schüler haben auch gesehen, dass es möglich ist, Arbeit zu erhalten und, dass sie an diesem Verfahren beteiligt sind.

4.4.3 Lernsituation: „Planung des Produktionstages"

Wie in der Unterrichtsbeschreibung (vgl. auch *Abs. 4.3.3*) aufgeführt, hatten die Schüler an den dieser Lernsituation vorangegangenen Unterrichtstagen alle Einzelschritte in fertigungstechnischer und arbeitsorganisatorischer Hinsicht gemäß den Anforderungen einer qualitätsorientierten Produktion analysiert und ihre Entscheidungen getroffen. Jetzt galt es, die Elemente so zusammenzuführen, dass für den Produktionstag ein genau einzuhaltender Plan erstellt werden konnte. „Auf dem Papier" musste eine fehlerfreie Produktion zu Herstellungskosten von deutlich unter 20,00 DM nachgewiesen werden.

Ziele

Bei der Konzeption dieser Lernsituation haben wir folgende, die Qualitätsmanagement-Orientierung fördernde Zielsetzungen verfolgt:

Affektive Lernziele

▶ Die Schüler sollen
- in einer Wettbewerbssituation Ehrgeiz entwickeln,
- den Erfolg als Motiv zu weiteren Anstrengungen erfahren,
- aufgedeckte Mängel und Fehler ihrer Arbeit als Impuls und Chance zur Verbesserung spüren und akzeptieren sowie
- die Bereitschaft entwickeln, folgenreiche Entscheidungen zu treffen und entsprechende Tätigkeiten zu übernehmen.

Kognitive Lernziele

▶ Die Schüler sollen
- Präsentationstechniken einsetzen und verbessern,
- die ganzheitliche Betrachtung und Gestaltung von Verfahrensabläufen einüben und verbessern,
- die Schnittstellen von Prozessen überprüfen und die Teilprozesse effizient zusammenführen,
- berufliche Kreativität bei der Planung und Gestaltung von Verfahrensabläufen entwickeln und ausprobieren,
- Fehlervermeidung als Zielgröße definieren und als Steuerungsgröße einsetzen,
- Entscheidungen daraufhin analysieren, ob deren Umsetzung auch sichergestellt werden kann,
- Verantwortung erkennen und übernehmen,
- Kosten als Handlungsrahmen und als Steuerungsgröße beachten und
- eine Vorkalkulation durchführen können.

Umsetzung

Die in den vorangegangenen Unterrichtseinheiten thematisierten Einzelschritte waren jetzt Grundlage des weiteren Vorgehens. Nun galt es, den Produktionstag entsprechend unserer Qualitätsmanagement-Ziele: „Null-Fehler-Produktion" und „Minimierung der Kosten" zu planen und festzulegen.

Wir haben vier Arbeitsgruppen gebildet, die arbeitsgleich ein Konzept entwickeln (Zeitrahmen hierfür vier Stunden) und dieses anschließend präsentieren mussten. Dabei hatten die Schüler zusätzlich nachzuweisen, dass man sichergestellt hatte, dass die vorgestellte Strategie auch umsetzbar sein wird.

Als Eckpunkte der Festlegungen mussten bei der Präsentation herausgestellt werden:
- die Raumplanung und -belegung,
- den Beginn des Arbeitstages,
- die Reihenfolge der Arbeitsschritte,
- die Anzahl der benötigten Arbeitskräfte,
- die Verteilung der Aufgaben einschließlich der Prüfschritte auf die Mitarbeiter,
- der Zeitbedarf für die einzelnen Arbeitsschritte,
- die Losgröße,
- die Maschinenbelegung,
- die Logistik,
- die Anzahl und die Verteilung der Pausen,
- das Ende des Arbeitstages sowie
- die Kosten der Produktion.

An die Präsentation durch die vier Planungsgruppen schloss sich eine Machbarkeits-Diskussion und eine Bewertung durch alle Schüler an, die zur Auswahl eines Produktionsplanes (vgl. *Tabelle 4.1*) führten.

Tabelle 4.1: Produktionsplanung der Schüler zum 24.01.1997

Zeit / Mitarbeiter	08.00 - 08.30	08.30 - 09.30	09.30 - 10.30	10.30 - 11.30	11.30 - 12.30
Dreher	Einrichten der Maschine	Drehen, Entgraten	Drehen, Entgraten	Drehen, Entgraten	Drehen, Entgraten
Fräser	Einrichten der Maschine	Fräsen	Fräsen	Fräsen	Fräsen
Säger und Bohrer	Sägen, Transport	Bohren, Transport	Bohren, Transport	Bohren, Transport	Bohren, Transport
Scherer und Senker	Scheren, Transport	Scheren, Transport	Senken, Entgraten, Transport	Senken, Entgraten, Transport	Senken, Entgraten, Transport

Jede Abteilung ist für die Prüfung selbst verantwortlich!

Fazit

Nach der langen Vorlaufphase war zu spüren, dass die Schüler sofort die Produktion durchführen wollten. Als Hemmung ihrer Arbeitsfreude war an diesem Tag zu erkennen, dass sie sich erneut gezwungen fühlten, Papiere zu erstellen. Außerdem hatten einige Schüler offenbar die Sorge, dass sie am Produktionstag einen ungewünschten Einsatzauftrag zu erfüllen hatten. Die Losung lautete für sie offenbar: „Schnelle Planung – schnelle Entscheidung und Umsetzung".

Nach diesen Anlaufschwierigkeiten war die Arbeitsweise in jeder Arbeitsgruppe aber geprägt durch das Bemühen, den Produktionstag zielgenauer als die anderen Gruppen zu planen. Die Schüler nutzten wie gewohnt Rechner, Stellwände, Flipcharts und andere Erarbeitungs- und Präsentationsmedien. Erfreulich dabei war, dass sie bereits eigenständig Teilschritte des Planungsprozesses dokumentierten und diese dann sofort einer Überprüfung anhand der Qualitätskriterien (*Null-Fehler-Produktion* und *Kostenminimierung*) unterzogen. Probleme mit der „Ist mir doch egal"-Einstellung, die sicher auch betriebliche Praxis widerspiegeln, lähmten bei wenigen Schülern die Aktivitäten, konnten aber durch andere Gruppenmitglieder und durch uns begrenzt werden.

Alle vier Gruppen waren nach den vorgesehenen vier Stunden zu realistischen Ergebnissen gekommen und trugen diese mit entsprechendem Selbstbewusstsein vor. Augenfällig war, dass gegenüber früheren Präsentationsaufgaben deutliche Verbesserungen erkennbar waren. Vielen in der Klasse wurde außerdem deutlich, dass man bei der Gestaltung dieses Produktionstages – gerade unter Beachtung der Qualitätsmanagement-Ziele – viele eigene Ideen einbringen und so zu einer verbesserten Arbeitsweise beitragen kann. Mit Spannung verfolgten dann alle Beteiligten die Auswahlentscheidungen der Schüler durch eine Bepunktung der Konzepte. Die Entscheidungsmotive vieler Schüler waren von uns rational nachvollziehbar: Allerdings waren bei einigen Auszubildenden auch Egoismen und das Beziehungsgefüge innerhalb der Klasse wahrnehmbar.

Insgesamt hatten wir den Eindruck, dass uns die hier vorgestellte Unterrichtssituation in dem Bemühen, die Schüler zu kompetenten Mitarbeitern in qualitätsorientierten Unternehmensorganisationen zu befähigen, einen Schritt weitergebracht hatte.

4.5 Allgemeines Fazit

4.5.1 Lerninhalte Qualitätsmanagement

Die aufgeführten Lerninhalte (vgl. *Tabelle 4.2*) stellten die thematische Grundlage unserer Arbeit während des Modellversuches dar. Einige Themen beschäftigten uns häufig (z. B. Machbarkeitsprüfungen, Prozessplanung ... aber auch Gespräche um die „persönliche Qualität"). Andere Themen wurden zwar angesprochen und diskutiert, hatten aber zeitlich gesehen keinen exponierten Stellenwert (z. B. genaue Kenntnis der DIN EN ISO 9000 ff.).

Tabelle 4.2:   Inhalte zum Qualitätsmanagement

Bereich	Inhalt
Maschinenfähigkeitsuntersuchungen, Machbarkeitsprüfungen	z. B. Serienproduktion, Einzelanfertigung, Instandsetzung, Qualitätskriterien, Bedienungsanleitungen, Schaltpläne, Diagramme, Montagepläne, Kenndaten der Versuchsdurchführung, Verfahrensbeschreibung (evaluierbar, objektiv und reproduzierbar), Dokumentation (z. B. Histogramm), Ergebnisbewertung, Verbesserungspotentiale
Messmittelfähigkeitsuntersuchung und -überwachung	Justier- und Kalibriervorschriften, Dokumentation
Prozesswissen	industrielle Prozesse, handwerkliche Prozesse, Lastenheft, Prozessplanung, Leitprozess, Nebenprozesse, Materialfluss, Ablaufpläne, Prüfpläne, Arbeits- und Verfahrensanweisungen, Prozessregelsystem, Prozessoptimierung, Qualitätsverbesserungswesen, Kontinuierlicher Verbesserungsprozess
Prozessfähigkeitsuntersuchung	Qualitätskriterien, Steuergrößen, Anforderungen an Prozesse (prüfbar, steuerbar, robust, beherrschbar), Prozessfähigkeit, Berechnung der Prozessfähigkeit, Dokumentation
Prozessregelung	Prozessregelgrößen, Statistische Prozessregelung, Regelkarten, Einsatzgebiete, Analyse und Interpretation der Linienzüge
Fehlervermeidungsmethoden	Prozess-Fehlermöglichkeit und Einflussanalyse (Konstruktions-FMEA), Lasten- bzw. Pflichtenheft
Fehleranalysemethoden	Exakte Problemdefinition, Problembeschreibung, Pareto-Prinzip, Ishikawa-Methode (Ursache-Wirkungs-Prinzip)
Grundlagen der DIN EN ISO 9000 ff.	Aufbau, Zweck, Anwendung, grundsätzliche Begriffe, Elemente, Qualitätsmanagement-Handbuch, Stellenbeschreibung, Verfahrens- und Arbeitsanweisungen, Auditierung, Zertifizierung, CE-Kennzeichnung
Qualitätskreis	Komponenten, Anwendung
Kaufmännisches Grundwissen	Vor- und Verkaufskalkulation, Kostenträgerrechnung, Hauptnutzungszeiten, Durchlaufzeiten, Produktivität, Wirtschaftlichkeit, Disposition von Werkzeugen, Werkstoffen und Hilfsstoffen (Datenerfassung, Anschreiben, Abnahme, Lagerung, Protokollierung), Vertrag, Vertragsrecht, Reklamation, Garantiebestimmungen, Produktinformationen, Produkthaftung
Gruppenorientierte Problemlösungen	z. B. Brainstorming, Moderationsmethode (Kartenabfrage, Einpunkt-, Mehrpunktabfrage, Cluster), Galeriemethode, Präsentation
Wissen zum Qualitätsbewusstsein	Persönliche Qualität, Produktqualität, Qualitätskriterien, Qualitätsstandards, Qualitätsziele, Information, Arbeitsklima, Arbeitsbedingungen

Manche Inhalte (z. B. die Fehlermöglichkeit und Einflussanalyse – FMEA) sind als Hilfe für ein strukturiertes Vorgehen zu begreifen und sind im Rahmen des Modellversuches eher als logische und sinnvolle Handlungsgrundlage, denn als systematisch erworbenes und abprüfbares Wissen verstanden worden. Ganz allgemein sei darauf hingewiesen, dass die Beschäftigung mit den aufgeführten Inhalten durch Handlungen bestimmt wurde – sie unterlagen keinem Selbstzweck. Je konkreter und dringlicher dabei die Problemlage, desto umfassender und intensiver die Beschäftigung. Außerdem wollen wir erwähnen, dass die Einstiegstiefe in die Themen natürlich begrenzt war. Es soll hier nicht der Eindruck entstehen, als hätten unsere Schüler den Einstieg ins „mittlere" Management vollziehen müssen.

Der zuletzt aufgeführte Inhalt „Wissen zum Qualitätsbewusstsein" wurde bewusst kognitiv formuliert. Tatsächlich verbindet der Anspruch, eigene und gemeinsame Qualitätsstandards (persönliche oder abteilungsorientierte) aufzubauen, nicht nur kognitive sondern insbesondere auch emotionale Zielsetzungen.

4.5.2 Lernprozessbeobachtung

Am nachhaltigsten prägte uns die Erfahrung, dass die Einstellungen unserer Schüler im wesentlichen den Erfolg einer zu bearbeitenden Tätigkeit bestimmten. Und unsere Schüler wollten anfangs keinen Unterricht, der konsequent auf ihre Selbstständigkeit und ihre Eigenverantwortung Wert legt. Sie wollten lieber den traditionellen Unterrichtsstil erleben, der fächergeteilt, lehrerzentriert, aufgaben- und ergebnisorientiert ausgerichtet ist und bei dem sie doch eher eine Erwartungshaltung einnehmen durften. Dieses rezeptive Übernehmen und das Abwarten, dass etwas passiert oder dass gesagt wird, was zu geschehen hat, ist aber eine Verhaltensweise, die dem Anspruch eines mitdenkenden Mitarbeiters entgegensteht. Dass sie die Rolle des mitgestaltenden Kollegen gerade in der Berufsschule erproben sollten und nicht im Betrieb, der doch für die praktische Ausbildung und für das betriebliche Verhalten zuständig zeichnet, stellte sich als zusätzliche Hürde heraus, zumal das Garderobensystem eine konkrete praktische Umsetzung erforderlich machte. Die reservierten, wenn nicht gar ablehnenden Sichtweisen dem Modellversuch, seinen Intentionen und seinen Methoden gegenüber wurden zudem von manchen Ausbildungsbetrieben unterstützt, wodurch wir in den vielen Diskussionen mit den Schülern und den Ausbildern eine recht defensive, immer wieder rechtfertigende Grundhaltung einnehmen mussten.

Wir haben daraus die Erkenntnis gezogen, dass die Umsetzung von Qualitätsmanagement-Strukturen durchaus kein Selbstläufer ist. Es erfordert ein hohes Maß an kontinuierlicher und ausdauernder Beschäftigung, wenn die vorangestellten Zielsetzungen wirklich umgesetzt werden wollen. Wir meinen, dass die Institutionalisierung eines Modellversuches (in erster Linie) auf der schulischen Seite und das Festhalten an bekannten (als kompetenter eingeschätzten) Ausbildungsformen auf der betrieblichen Seite, die Situation überlagerte.

Während der schulischen Ausbildungszeit konnten unsere Schüler viele Freiräume nutzen. Sie wurden allerdings gedrängt, diese Freiräume mit zielgerichteter Aktivität zu füllen. Einige Schüler konnten damit nicht umgehen. Ihre Ergebnisse lagen im unteren Leistungsbereich, ihre Einstellung ließ oft jedes Engagement vermissen. Die kleinste Aufgabe benötigte die meiste Zeit, jeder Schritt erforderte eine lange „Ansprache". Daran hat sich bis zur Abschlussprüfung kaum etwas geändert. Einige Schüler entwickelten ganz andere Energien: Sie arbeiteten zum großen Teil selbstständig, planten die Prozesse umfassend und konnten ohne Schwierigkeiten die entwickelte Systematik umsetzen. Zwischen diesen beiden Verhaltensdispositionen lag der Rest der Klasse. In dieser Gruppe wurde der Handlungserfolg durch die Tagesform, den Abstraktionsgrad, die Gruppenzusammensetzung und den Aufgabenumfang bestimmt. Passten alle Elemente zusammen, durften wir die besten Ergebnisse bewundern (z. B. die Idee mit dem Rundtisch), befand sich ein Fehler in dem Unterrichtsaufbau, geschah wenig und das noch dazu auf sehr mühsame Art und Weise.

Um die Schüler von der Notwendigkeit eigenen Engagements zu überzeugen, sind meistens konkrete Situationen ausgearbeitet worden, die von ihrer Problemlage her reibungslos in den Projektzusammenhang passten, gleichzeitig aber auch eine exemplarische Verknüpfung mit betrieblichen Realvorgängen aufzeigten (Machbarkeitsuntersuchung, Fehlerbetrachtungen, Gespräch mit Kunden, Werkzeugbestellung, Angebote einholen oder erstellen etc.). Es fiel auf, dass manche Schüler mit den erweiterten Aufgaben und, eng damit verbunden, zugesprochenen Kompetenzen wenig oder nichts anzufangen wussten. Die Anbindung an die betriebliche Praxis, auch im Handwerksbereich, konnte nicht nachvollzogen werden. Zu dem eigentlichen Erwerb der aufgabenspezifischen Handlungskompetenz gesellte sich demzufolge auch immer ein gewisser Bedarf an Informations- und Überzeugungsanteil: Warum gerade diese Arbeit wichtig ist, um die Anforderungen an das Produkt zu erfüllen und natürlich auch, um gut und richtig ausgebildet zu sein. Uns wurde nicht selten gesagt: „Diese Aufgaben werden bei uns vom Meister erledigt! Damit habe ich im Betrieb nichts zu tun! Das machen wir ganz anders! Ich will doch keinen Betrieb leiten!" Meinungen, die sowohl positiv als auch negativ bewertet werden können, die ganz bestimmt aber auf einen gewissen Spannungszustand und auf eine unterschiedliche Auffassung von schulischer und betrieblicher Erstausbildung aufmerksam machten.

Im Laufe der Ausbildungszeit nahmen die Diskussionen um die unterschiedlichen Ausbildungsintentionen sowohl mit den Schülern als auch mit den Ausbildungsbetrieben ab. Das mag – neben der Tatsache, dass wir diese Diskussionen ausdauernd geführt haben – darin begründet liegen, dass sich zum Teil das Umfeld der Schüler beziehungsweise die Rolle der Schüler in ihrem Umfeld verändert hatte: Ein Betrieb arbeitete an der Zertifizierung und der ausgebildete Schüler konnte sehr wohl etwas mit Vorgängen in einem Qualitätsmanagement-System anfangen. Im dritten Ausbildungsjahr nehmen die Auszubildenden zudem einen höheren Stellenwert ein, wobei der betriebliche Aufgabenumfang zunimmt und in der Regel auch das persönliche Ansehen eine Aufwertung erfährt. Von einer gewissen Bedeutung mag ebenfalls gewesen sein, dass unsere Schüler an der Vorbereitung und Durchführung von Veranstaltungen beteiligt wurden, die sich mit der Präsentation unserer Modellversuchserfahrungen und -ergebnisse beschäftigten, auf denen aber auch Vertreter der Industrie und des Handwerkes zu Worte kamen, die dabei die zukünftigen Anforderungen an die Beschäftigten klar definierten. Und schließlich konnten alle Beteiligten feststellen, dass sowohl die theoretischen als auch die praktischen Leistungen der Auszubildenden größtenteils über dem Durchschnitt lagen.

Wenn wir es richtig beobachtet haben, hat sich zum Ende der Ausbildung hin die allgemeine Motivationslage und der Leistungsstandard verändert. Das war sicher in Anbetracht der bevorstehenden Prüfung und der damit verbundenen Konsequenz für eine Bewerbung auf dem Arbeitsmarkt nichts ungewöhnliches. Dennoch meinen wir, dass die deutlich wahrnehmbare Verbesserung der Fähigkeit, zielgerichtet und möglichst ohne Fehler auf ein Ereignis hin zu planen und die Planung auch auszuführen, nicht zuletzt von den Abläufen (Ausgestalten der Elemente des Qualitätskreises, Aufstellen von Lastenheft und Qualitätskriterien, Arbeiten im Team etc.) ausgeht, die wir im Rahmen des Unterrichts geübt hatten.

Wenn der Eindruck, den wir von der Prüfungsvorbereitungsphase gewonnen haben, repräsentativ ist, dann haben viele unserer Schüler sehr wohl den Nutzen einer Ausbildung erkannt, die besonders die Selbstständigkeit und die Eigenverantwortung fordert und herausstellt. Selbstständigkeit, Engagement und Verantwortungsbewusstsein sollten nun aber auch von der Arbeitgeberseite abgefordert werden, denn der Weg zu dieser Selbstständigkeit ist sowohl für die Schüler als auch für die Ausbildungsparteien mit Mehraufwand verbunden. Und es wäre im Sinne des Qualitätsmanagements Verschwendung, wenn dieser Mehraufwand nicht genutzt und honoriert werden würde.

4.5.3 Abschlussprüfung

Wenn der Unterricht innerhalb der Ausbildungszeit nach qualitätsfördernden Gesichtspunkten gestaltet wird, so ist es nur konsequent auch die Abschlussprüfung entsprechend der Zielstellung anzupassen. Zu diesem Zweck haben wir 1½ Jahre vor der Abschlussprüfung mit den zuständigen Stellen Kontakt aufgenommen, um über die Rahmenbedingungen einer veränderten Prüfung zu befinden. Unser Bestreben war es, eine völlig neue Prüfung im Bereich der Industrie und des Handwerks zu gestalten, die den Ansprüchen des Modellversuchs Rechnung tragen würde. Nach unserer Vorstellung sollte die Prüfung einen problemorientierten Charakter aufweisen, bei dem die Fächertrennung keinen Bestand hätte. Formale und rechtliche Bedenken ließen dies nicht zu.

Für fünf Ausbildungsberufe aus dem industriellen und handwerklichen Bereich erhielten wir 20 – 30% Gestaltungsspielraum zur Änderung der theoretischen Abschlussprüfung. Der Gesamtumfang, der Zeitrahmen und der Bewertungsmodus durften nicht geändert werden, um den Vergleich zu anderen Prüflingen zu ermöglichen. Die konkrete Umsetzung gestaltete sich schwierig, zumal wir die aktuelle Prüfung erst kurz vor dem Prüfungstermin einsehen konnten. In den Prüfungsunterlagen der industriellen Berufe ersetzten wir Fragen des ungebundenen Bereiches. Bei den Handwerksberufen hatten wir mehr Gestaltungsfreiräume – zumal dort nur ungebundene Fragen bezüglich eines Auftrages gestellt wurden.

Folgende ausgewählte Beispiele von Fragestellungen sollen die veränderten Anforderungen der Prüfung exemplarisch verdeutlichen. Die Beispiele sind nicht Berufen zugeordnet, sondern orientieren sich an Schwerpunkten des Qualitätsmanagements.

- Welche Bedeutung hat die genaue und präzise Erfassung des Kundenwunsches für die Bearbeitung eines Auftrages?
  Erläutern Sie an einem Beispiel!
- Erläutern Sie die Bedeutung einer präzisen und detaillierten Produktionsplanung hinsichtlich des wirtschaftlichen Erfolgs eines Unternehmens und in Bezug auf die Kundenzufriedenheit!
- Welche Qualitätskriterien stellen Sie neben den aus den technischen Unterlagen ersichtlichen Anforderungen zusätzlich auf, um ein einwandfreies Produkt zu gewährleisten?
- Aus welchen Gründen ist es erforderlich, aufgetretene Fehler so schnell wie möglich zu entdecken und zu beheben?
- Nennen Sie Gründe, warum Unternehmen Verbesserungsvorschläge ihrer Mitarbeiter fördern und mit Geld belohnen sollten!

Vom Taylorismus zu qualitätsmanagement-orientierten Lernsituationen 97

- Sie stellen fest, dass es bei der Bearbeitung des Bauteils *x* zu einem Fehler *y* kommt. Analysieren Sie das Problem mit Hilfe der Methode nach ISIKAWA und bewerten Sie nach ● Schwerpunkt, ○ weniger gewichtig und ⊙ eigene Einflussmöglichkeit!
- Sie haben die Aufgabe, einen Kundenauftrag selbstständig zu bearbeiten.
- Beschreiben Sie Ihre Vorgehensweise bei der Bearbeitung des Auftrages unter Berücksichtigung der Elemente des Qualitätskreises, um ein Höchstmaß an Kundenzufriedenheit zu erlangen.
- In einem Betrieb wird Gruppenarbeit eingeführt. Welche Vorteile kann dies für die Beschäftigten haben?

Alle Auszubildenden unserer Modellversuchsklasse haben die Abschlussprüfung bestanden. Sechs Schülern konnten zusätzlich einen Realschulabschluss erwerben. Aus dem Handwerksbereich wurde ein Schüler „Innungsbester" und aus dem industriellen Bereich konnte ein Bezirksbester sowie ein „Landesbester" hervorgehen. Ein gutes Ergebnis, zumal die praktische Prüfung keiner Änderung unterlag.

4.5.4 Hauptfragen

Wenn wir an den Beginn des Modellversuchs zurückblicken und versuchen, die fünf Hauptfragen (vgl. *Kap. 3*) zu beantworten, lassen sich nach Abschluss des Modellversuchs folgende Antworten geben:

Zu Hauptfrage 1:

Wir haben bei der Umsetzung von Inhalten des Qualitätsmanagements Wert darauf gelegt, dass die Schüler Einblick in den gesamten Prozess der Leistungserstellung erhielten und ihn auch durchgängig begleiteten und „gestalteten". Dieses *Gestalten* bezog sich nicht nur auf die fertigungstechnische und organisatorische Ebene, sondern auch auf die wirtschaftlichen Einflussgrößen. Deshalb ist die ausbildungsbetriebsnahe Bearbeitung von Aufträgen durch alle Stationen des *Qualitätskreises* einschließlich einer Vermarktung der Produkte ein für Auszubildende wahrnehmungsintensiver Weg. Er scheint uns inhaltlich und methodisch sehr geeignet, diejenigen Qualifikationen zu fördern, die aufgrund neuerer Betriebsstrukturen zukünftige Facharbeiter aufweisen und ausbauen müssen.

Zu Hauptfrage 2:

Wie in der Antwort zu Hauptfrage 1 bereits betont, halten wir es für erforderlich, dass im Rahmen der Erstausbildung *alle Elemente des Qualitätskreises* durchlebt und bearbeitet werden. Das wird sich in Abhängigkeit von Ausbildungsberuf und Lernträger auf die Elemente des Qualitätskreises unterschiedlich verteilen. Dennoch: *Erst eine ganzheitliche Wahrnehmung führt zu qualitätsorientiertem Handeln in einem Teilprozess.* Die Inhalte der Normenreihe DIN EN ISO 9000 ff. liefern in ihrer Gesamtheit die Struktur für einen rationalen Arbeitsprozess. Es erschien uns sinnvoll, die Norm nur im Zusammenhang mit konkreten Handlungssituationen vorzustellen. Dabei wurde zum Teil deutlich, dass sich „gesunder Menschenverstand" und Normierung decken.

Zu Hauptfrage 3:

Die der Fragestellung innewohnende These, dass das Qualitätsbewusstsein im Privatbereich deutlich höher ist und somit abweicht vom Bewusstsein in Schule und Betrieb, kann aufgrund unserer Beobachtungen so nicht aufrecht erhalten werden. Unsere Erfahrungen mit der Modellversuchsklasse sind eher ein Beleg dafür, dass es einen personenabhängigen Qualitätsstandard gibt, der im Privat- wie im Ausbildungsbereich auf sehr ähnlichem Niveau angesiedelt ist. Konkret wurde deutlich, dass Zuverlässigkeit, Planungskompetenz, Verantwortungsbewusstsein oder wirtschaftliche Rationalität, z. B. im Umgang mit Geld, bei einigen Schülern gut ausgeprägt war. Bei anderen Auszubildenden, die zum Teil erhebliche private „Turbulenzen" durchleben mussten, wurde sehr deutlich, dass das Qualitätsbewusstsein weder in Bezug auf gestellte Ansprüche und erst recht nicht in Bezug auf eigenes Handeln, im Privatbereich höher war als in der Schule und im Ausbildungsbetrieb.

Die für zukünftige Facharbeiter notwendigen Qualitätsqualifikationen müssen unserer Meinung nach von Familie und anderen Erziehungseinrichtungen sehr früh gefördert und ausgebaut werden. Einen Beitrag dazu leisten kann aber auch eine Berufsausbildung, wenn sie dem Auszubildenden stets die Verantwortlichkeit für sein Handeln wahrnehmungsfähig macht. Wir glauben, auch aufgrund der erheblichen Prüfungsanstrengungen unserer Schüler, dass die von uns gewählte Unterrichtskonzeption ein Beleg dafür ist.

Zu Hauptfrage 4:

Große Teile unserer Lernsituationen waren geprägt durch das Bemühen, ganzheitliche Arbeitsprozesse in Zusammenarbeit mit Ausbildungsbetrieben erlebbar zu machen. Schule sollte diesen Weg gehen, um den Schülern „Qualitäts-Handeln" kundennah erfahren zu lassen. Gleichzeitig dient ein solches Vorgehen dazu, die Verzahnung mit einigen Kundengruppen der Berufsschule zu verbessern. Betrachtet man die „Kunden" der Schule wie zum Beispiel die Ausbildungsbetriebe, so können diese direkt ihre Interessen in Lernsituationen einfließen lassen, zusätzlich auch von schulischen Innovationen Anregungen erhalten und diese in ihr eigenes Handeln im Rahmen der betrieblichen Leistungserstellung reintegrieren können. Gleichzeitig ergibt sich ein Impuls in den Ausbildungsbetrieben auch in Richtung Weiterbildung. Hier kann die Berufsschule, den Aspekt des lebenslangen Lernens beachtend, neue „Kundenfelder" erschließen.

Für die Schulorganisation ergeben sich Herausforderungen, die sich zum Teil vergleichen lassen mit denen in Unternehmen, die ihre Leistungserstellung nach Qualitätsstandards umstrukturieren. So muss nach unserer Meinung auch die Verantwortlichkeit für die Wahl der Lernorte, für den Erwerb und den Einsatz von Lernmittel stärker an die Lehrkräfte delegiert werden. Die Arbeit der Lehrer im Team – ein Eckpfeiler, um effektiver Arbeitsergebnisse zu erzielen – muss auch organisatorisch einen höheren Stellenwert erlangen. Das gilt gleichermaßen für die Flexibilisierung der Unterrichtszeiten, denn auch eine starre zeitliche Festlegung verstärkt starres Denken und Handeln. Wir haben, wenn die Lernsituationen über die üblichen acht Unterrichtsstunden hinausgingen, eine deutliche Unruhe (Anspruch auf Freizeit?) gespürt, obwohl allen Beteiligten klar war, dass für Mehrlernzeiten auch ein entsprechender Zeitausgleich gewährt wurde.

4.5.5 Empfehlungen

Folgende Ausführungen richten sich an Lehrer, die mit ihren Schülern qualitätsmanagementfördernde Zielsetzungen verfolgen möchten. Die Ausgestaltung unterliegt der Phantasie der Unterrichtenden und der Schüler.

Nach Auswertung unseres Modellversuches können wir aus heutiger Sicht folgende kurze Empfehlungen geben:

1. Innerhalb der gesamten Ausbildungszeit ist es sinnvoll, etwa drei Projekte jeweils zusammenhängend im Zeitraum von zwei bis drei Monaten durchzuführen. Dabei ist völlig unerheblich, ob es sich um eine Produktion oder um eine Dienstleistung handelt.
2. Die Aufgabenstellung muss den Charakter eines Kundenauftrages (Preis – Qualität – Termin) besitzen. Aufträge sollten dabei möglichst aus dem Ausbildungsbetrieb stammen, können aber auch schulintern oder schulextern erteilt werden.
3. Die Aufgabenstellung sollte *nach der Struktur des Qualitätskreises* bearbeitet werden, auch und gerade, wenn die einzelnen Elemente dabei unterschiedliche Gewichtung erfahren.
4. Beim ersten Projekt sollten durch den Lehrer mehr Steuerungsmechanismen eingesetzt werden als beim letzten Projekt.
5. Die Aufgabenstellung muss hinsichtlich des Niveaus der Auszubildenden angepasst sein.
6. Mindestens zwei Lehrer sollten die Projekte betreuen, wobei die Fächertrennung aufgehoben wird.
7. Den zu betreuenden Lehrern müssen eine zusammenhängende Vorbereitung und eine partielle parallele Betreuung der Projekte und der Klassen ermöglicht werden.
8. Freiheiten, aber auch Pflichten (Termine) müssen für Schüler definiert werden.
9. Die Schüler müssen, entsprechend der Aufgabenstellung, über ein gewisses materielles oder finanzielles Budget verfügen dürfen.
10. Rechtliche Rahmenbedingungen müssen vorher erörtert werden.

Anmerkung: Über den Förderverein unserer Schule konnten wir Aufträge abwickeln. Von ihm erhielten wir finanzielle Unterstützung (Vorfinanzierung), konnten die geschäftlichen Prozesse abwickeln und schließlich auch die Einnahmen verbuchen.

Man könnte der Meinung sein, dass neue Zielstellungen nur wegen der einmaligen Unterrichtsbedingungen im Rahmen eines Modellversuchs verfolgt werden könnten. Unsere Zielstellung basierte jedoch auf der Übertragbarkeit der Erkenntnisse des Modellversuchs, um diesen nicht als „Eintagsfliege" zu degradieren. Wir sind der Überzeugung, dass bei Beachtung unserer Empfehlungen die Umsetzung innerhalb des Unterrichts möglich ist. Deshalb möchten wir andere Lehrkräfte ermutigen, mit Schülern Aufgabenstellungen kundenorientiert und unter Qualitätsmanagement-Gesichtspunkten zu bearbeiten, um sie auf die künftigen Anforderungen der Arbeitswelt besser vorzubereiten.

DIETMAR SCHEEL, BERND SIEFER

5 Qualitätsmanagement und DIN EN ISO 9000 ff. erlebt im Handlungsrahmen einer „Inselfertigung"

5.1 Rahmenbedingungen

5.1.1 Unterrichtsrelevante Rahmenbedingungen der handelnden Personen und Institutionen

Voraussetzungen der Lernenden

Am Anfang des Modellversuches setzte sich die Klasse aus 15 Schülern – 13 männlichen und zwei weiblichen – zusammen.

Folgende Schulabschlüsse waren vertreten:
- Abitur: ein Schüler
- Realschulabschluss: fünf Schüler, eine Schülerin
- Hauptschulabschluss: sieben Schüler, eine Schülerin

Am Ende des Modellversuches bestand die Klasse aus zehn männlichen Schülern. Sieben haben einen Realschulabschluss, drei einen Hauptschulabschluss. Mit dem Abschluss der Ausbildung konnte den drei Hauptschülern bescheinigt werden, dass der erworbene Abschluss in Schleswig-Holstein dem Realschulabschluss gleichwertig ist.

Voraussetzung der Lehrenden im Modellversuch

Die beteiligten Lehrer am Standort Neumünster, gleichzeitig die Autoren dieses Abschnitts, haben schon Erfahrung mit handlungsorientiertem Unterricht. Die Walther-Lehmkuhl-Schule bietet hierfür gute Voraussetzungen.

Herr Scheel arbeitete im BLK-Modellversuch „Werkstattlabor (WELA)" als Projektleiter am Standort Neumünster mit. Der Modellversuch beschäftigte sich über einen Zeitraum von vier Jahren mit der Vermittlung von Schlüsselqualifikationen im handlungsorientierten Unterricht. Anschließend führte Herr Scheel über zwei Jahre eine Lehrerfortbildung mit dem Titel „Lern- und Arbeitsprozesse im Schulteam (LAPiS)" durch, in der das Verständnis von handlungsorientiertem Unterricht reflektiert wurde.

Herr Siefer beschäftigte sich über einen Zeitraum von drei Jahren mit dem Thema der Qualitätssicherung. Zu diesem Inhalt führte Herr Siefer eine einjährige Lehrerfortbildung durch.

Die Vorkenntnisse der beteiligten Lehrer waren in Bezug auf Qualitätsmanagement zu Beginn des Modellversuches sehr unterschiedlich. Während des Modellversuchunterrichts wurde mit Doppelbesetzung gearbeitet.

Schulorganisatorische Rahmenbedingungen am Standort Neumünster

Die Schulleitung unterstützte den Modellversuch. Dieses äußerte sich z. B. in der Stundenplangestaltung. Der Stundenplan wurde so gestaltet, dass sowohl eine Doppelbesetzung im Unterricht als auch gemeinsame unterrichtsfreie Tage organisiert wurden.

Das Kollegium stand dem Modellversuch sowohl skeptisch als auch wohlwollend gegenüber. Die Kenntnisse der Kollegen über Qualitätsmanagement waren nicht sehr groß, da keine Lehrerfortbildung stattgefunden hatte. Bei der Organisation des Modellversuchunterrichts waren die Kollegen behilflich, wenn etwas umorganisiert werden musste.

5.1.2 Bedingungen des Bildungssystems

Ausbildungsbetrieb/Unternehmen

Die Ausbildungsbetriebe sind ausschließlich in Neumünster ansässig. Die Auszubildenden der Modellversuchsklasse kamen aus sechs Ausbildungsbetrieben (vgl. *Tabelle 5.1*).

Tabelle 5.1: Ausbildungsberufe, ausbildende Unternehmen, Schüleranzahl

Ausbildungsberuf	Ausbildungsbetrieb	Anzahl
Werkzeugmechaniker	AEG	2 Auszubildende
Zerspanungsmechaniker	Gisma	1 Auszubildender
Zerspanungsmechaniker	Hiller	1 Auszubildender
Zerspanungsmechaniker	Lucas	1 Auszubildender
Zerspanungsmechaniker	Sauer-Sundstrand	4 Auszubildende
Werkzeugmechaniker	Transcoject	2 Auszubildende

Die Firmen AEG, Gisma und Sauer-Sundstrand sind nach der Normenreihe DIN EN ISO 9000 ff. zertifiziert.

Aktiv wurde der Modellversuch unterstützt von den Firmen Gisma, Lucas, Sauer-Sundstrand und Transcoject. Diese Firmen stellten sich der Modellversuchsklasse als Kunden zur Verfügung. Sie unterstützten mit der Beschaffung von Materialien und Werkzeugen. Eine konzeptionelle Zusammenarbeit zwischen Berufsschule und Betrieb fand nicht statt, da sie im Modellversuchsantrag nicht berücksichtigt war.

Die Walther-Lehmkuhl-Schule

Die Walther-Lehmkuhl-Schule ist die Berufliche Schule für Gewerbe und Technik der Stadt Neumünster. Sie hat ca. 2.500 Schülerinnen und Schüler.

Räumliche und sachliche Ausstattung der Metallabteilung:
- CNC-Drehmaschine (Gildemeister NEF400 mit Steuerung EPM)
- Bearbeitungszentrum (MC34 mit Steuerung Fanuc 6mb)
- Werkzeugvoreinstellgerät (Microset)
- Messmaschine, handgeführt (Mitutoyo)
- PC-Programmierplätze mit
    - OPUS (CNC-Software),
    - CADdy (CAD-Programm),
    - SPC (**S**tatistical **P**rocess **C**ontrol) (Firma ddw) und
    - MS-Office97.

Organisation

Im Vordergrund unserer konzeptionellen Überlegungen stand das möglichst eigenverantwortliche Lernen und Handeln in Verbindung mit dem Erwerb von Fach-, Sozial- und Humankompetenz unter besonderer Berücksichtigung der Methodenkompetenz. Das Denken in den Kategorien des Qualitätsmanagements erforderte die Entwicklung eines hohen Verantwortungsniveaus (nicht nur beim Schüler) gegenüber dem Produktionsprozess und letztlich gegenüber dem Kunden. Der Kunde war auch der Mitschüler, der den Planungs- oder Produktionsprozess nur mit zuverlässigen und vollständigen Ergebnissen aus dem vorherigen Prozessschritt fortsetzen konnte.

Ein Projekt, das nur für den Unterricht konzipiert ist, schafft nicht alleine aus sich heraus den notwendigen Verantwortungsrahmen. Darum haben wir uns an der betrieblichen Realität orientiert, d. h., innerhalb des Modellversuchs erhielten die Schüler reale Fertigungsaufträge von den ausbildenden Unternehmen. Das Abarbeiten dieser Aufträge musste mit der gleichen Verantwortung erledigt werden, wie es im Betrieb gefordert wird. Darüber hinaus erlebte der Schüler sofort die Folgen seiner Handlung, da für ihn die Prozessstruktur innerhalb der Lerngruppe überschaubar war und er für Fehlleistungen von den Mitschülern eine Rückmeldung erhielt. Wir hatten bewusst auch extrinsisch wirkende Motivationsverstärker in Form einer materiellen Beteiligung am wirtschaftlichen Ergebnis ihres Handelns vorgesehen. Unser Bestreben war daher bei allen Projekten, konkrete Fertigungsaufträge von den beteiligten Ausbildungsfirmen zu erhalten. Zugleich hatten wir mit den auftragsgebenden Firmen vereinbart, dass die von den Schülern gefertigten Teile auch Eingang in die reguläre Produktion finden sollten. Um ein wirtschaftliches Ergebnis vorweisen zu können, wurden die gefertigten und vom Kunden akzeptierten Teile nach marktüblichen Preisen bezahlt. Damit mussten sich die Schüler dem Wettbewerb stellen. In diesem Zusammenhang sei auf die Hauptfragen eins und vier verwiesen (vgl. hierzu *Kap. 3*).

Dieser Ansatz erforderte die Organisation einer Lernfirma. Die Wahl der geeigneten Gesellschaftsform stellte das erste Problem für die Schüler dar. Für die am günstigsten erachtete Gesellschaftsform wurde in gemeinsamer Arbeit eine Firmenorganisation geschaffen. In unserem Fall erschien die Gesellschaft der „Eingetragenen Genossenschaft" (e. G.) den Schülern als geeignet. Als Kriterien sind dabei von den Schülern die Gleichrangigkeit der Genossenschaftsmitglieder und die Begrenzung eventuell auftretender Verluste auf die gezeichneten Genossenschaftsanteile angeführt worden. Sie gründeten die Lernfirma „WMZ Metalltechnik".

Das Qualitätsmanagement blieb in der Verantwortung der Unterrichtenden. Dies hatte seinen Grund in der strukturellen Übersicht und den Unterrichtszielen der Lehrer.

Wegen der erforderlichen gleichzeitigen Beratungspräsenz in mehreren Projektgruppen wurde im Unterricht mit Doppelbesetzung gearbeitet. Je nach Projektanforderungen konnten dies zwei Studienräte oder aber – z. B. in den Produktionsphasen – ein Studienrat und ein Fachlehrer an der Maschine sein.

Die Schüler ordneten sich mit zeitlich befristeten Verantwortungen bestimmten Aufgaben innerhalb des Firmen-Organigramms zu. Die Zuordnung währte jeweils für die Dauer eines Projekts. Auf Wunsch der Schüler wurde die Zeichnungsmöglichkeit von Genossenschaftsanteilen (freiwillig) mit der Aussicht auf Gewinnbeteiligung neben dem kalkulierten Lohn in die Konzeption aufgenommen. Einlagen kamen auf ein von den Schülern verwaltetes Sperrkonto. Die Anteile sollten am Ende der Ausbildung entweder einfach verzinst oder mit Gewinnanteilen ausgezahlt werden. Bei Verlusterwirtschaftung sollte der individuelle Verlustanteil von den Zinsen bzw. von den u. U. schon vorhandenen oder späteren Gewinnanteilen abgezogen werden.

5.2 Didaktisch-methodische Rahmenkonzeption des Unterrichts

5.2.1 Ziele

Reaktionen auf Veränderungen der Berufswirklichkeit

Ziel der konzeptionellen Überlegungen muss es sein, ein ganzheitliches System zu schaffen. Die Verbindung von handlungsorientiertem ganzheitlichem Lernen und Qualitätsmanagement lässt sich mit Hilfe eines realitätsnahen Handlungskonzepts herstellen. Dabei wirkt das *Qualitätsmanagement als übergreifendes Prinzip*. Ein nahezu vollständig erlebter Produktionsprozess *nach der Struktur des Qualitätskreises* (vgl. auch *Abs. 5.3* und *Kap. 2*) stellt für die unterrichtliche Umsetzung der beschriebenen Leitvorstellungen ein geeignetes System dar. Je nach den Berufsanforderungen lassen sich *durch unterschiedliche Gewichtungen der einzelnen Elemente des Qualitätskreises* die fachlichen und methodischen Lernbereiche zusammensetzen.

5.2.2 Inhalte

Lehrplanbezug, Bezug zu den Ausbildungsordnungen

Die aktuellen Lehrpläne für die neugeordneten Metallberufe sind gegenwärtig über zehn Jahre alt. Somit sind die Inhalte nicht handlungsorientiert nach Lernfeldern strukturiert – wie es die neuen Lehrpläne nach der Kultusministerkonferenz der Länder (KMK) vorsehen – sondern nach einem fachsystematischen Ansatz. Wir sind der Meinung, dass ein Unterricht, der nach Lernfeldern strukturiert wird, dem heutigen Bildungsauftrag der Berufsschule eher entgegenkommt. Es ist also unserer Meinung nach nur noch eine Frage der Zeit, bis die aktuellen Lehrpläne der industriellen Metallberufe entsprechend des Lernfeldkonzeptes strukturiert sind (vgl. hierzu auch *Kap. 9*).

Tabelle 5.2: Inhalte des Qualitätsmanagements, deren Zuordnung zu Ausbildungsabschnitten und der veranschlagte Zeitrahmen

NR	Begriffe	Inhalte	Ausbildungsjahr	Zeitrahmen a 45 min.
1	Qualitätsbegriff	Definition des Begriffs „Qualität", Qualitätsanforderungen, Qualitätskreis, Qualitätsmerkmale: quantitative (messbare) Merkmale, qualitative (zählbare) Merkmale	1,2,3	10
2	Qualitäts- und Kostenbewusstsein	Strategie: Fehlervermeidung statt Fehlerbeseitigung, Gebrauchstauglichkeit entsprechend den Kundenwünschen, Zuverlässigkeit des Produktes, Preis-/Leistungsverhältnis, Liefertermine, Service	1,2,3	10
3	Festlegung der Qualitätsmerkmale	Werkstoffe, Längen, Winkel, Allgemeintoleranzen, ISO-Passungen, Form- und Lagetoleranzen (DIN 1302 und 7184), Oberflächenbeschaffenheit, qualitätsgerechte Darstellung in Zeichnungen und Produktunterlagen	1,2,3	14
4	DIN EN ISO 9000 ff.	Qualitätsmanagement-Systeme auf der Basis der Normenreihe DIN EN ISO 9000 bis 9004, Ablauf einer Zertifizierung nach DIN EN ISO 9000 ff.	1,2,3	20
5	Qualitätshandbuch	Externes Qualitätsmanagement-Handbuch, Internes Qualitätsmanagement-Handbuch, Richtlinien-Hierarchie der Beschreibung des Qualitätsmanagement-Systems	1,2	10
6	Auditierung	Qualitätsaudit, Systemaudit, Verfahrensaudit, Produktaudit, Ökoaudit, Voraudit, Ablauf eines Audits, Rolle des Auditors, Auditierungsinstitute	2,3	20
7	Prüfmittelauswahl und Prüfmittelverwendung	Prüfmittelfähigkeit, Einzelplatzmesswerteaufnahme, Messwertverarbeitung mit Hilfe elektronischer Auswertegeräte und Messmaschine sowie computerunterstützte Messwertverarbeitung, Werkstoffprüfeinrichtungen	1,2,3	10
8	Prozesssteuerung auf der Basis von SPC:	Von der Prozessbeobachtung zur Prozessüberwachung, Kooperation von Qualitätsplanung und SPC-Stichproben, Häufigkeit und Wahrscheinlichkeit Normalverteilung, Mittelwert und Standardabweichung	2,3	5
9	SPC-Elemente 1	Zufällige und systematische Einflüsse Grafisches Auswerten (annähernd normalverteilter Werte), Auswerteblatt mit Wahrscheinlichkeitsnetz, Vertrauensgrenzen für Mittelwert und Standardabweichung der Grundgesamtheit	2,3	10
10	SPC-Elemente 2	Unterschiedliche Arten von Regelkarten Urwert- und Shewhartkarte, Berechnen von Warn- und Eingriffsgrenzen, Trends in Messwertverläufen, Maschinenfähigkeit, Prozessfähigkeit	2,3	20
11	Warenein- und -ausgangskontrolle	System der Warenein- und -ausgangskontrolle, Stichprobenauswahl, Prüfmerkmale feststellen, Prüfbefunde erstellen	1,2,3	5
12	Unternehmensziel: „Qualität"	Qualitätspolitik und Qualitätsmanagement, Wettbewerbskriterien, Produkthaftung, Total Quality Management (TQM) als Philosophie, Ziele des TQM	1,2,3	6
13	TQM-Elemente	Lean Production, Fertigungsinsel, Fraktale Fabrik, Spannungsfeld: Kosten/Produktion, Qualität und Termin, Just-in-Time, Fertigungsgruppenkonzept, KAIZEN/KVP	1,2,3	30
14	Quality Engineering	QFD (Quality Function Deployment), Qualitätskritischer Pfad, Prozessdenken, beherrschte und stabile Prozesse, FMEA, Fehlerbaumstruktur, Fischgräten-Diagramm (ISHIKAWA-Diagramm),7M-Methode	3	30
		Summe		**245**

Teilweise enthalten die gegenwärtigen Lehrpläne für die am Standort Neumünster in den Modellversuch integrierten Berufe (Industriemechaniker, Werkzeugmechaniker und Zerspanungsmechaniker) lediglich Elemente der Qualitätssicherung. Im Rahmen der Technologie finden sich Inhalte aus dem Bereich der Mess- und Prüftechnik. In der Technischen Kommunikation sind beispielsweise die wesentlichen Darstellungsmöglichkeiten von qualitätsbeschreibenden Elementen in Zeichnungen und Dokumentationen enthalten (Form- und Lagetoleranzen, Toleranz- und Passungsangaben, Oberflächensymbole usw.).

Um die Ziele und Inhalte des Modellversuchs zu realisieren, haben wir die Inhalte und den Zeitrahmen der bestehenden Lehrplane verändert.

Die Inhaltsübersicht (vgl. *Tabelle 5.2*) stellt einen Katalog der Inhalte des Qualitätsmanagements dar, mit denen der Facharbeiter aufgrund unserer Analyse in industriellen Fertigungsprozessen in Berührung kommt. Zugleich haben wir vor dem Hintergrund einer 3½-jährigen Ausbildungsdauer eine Zuordnung der Inhalte nach Ausbildungsjahren vorgenommen. Teilweise werden den Inhalten mehrere Ausbildungsjahre zugeordnet. Der Grund ist in einer wiederholten und zunehmend komplexeren Vermittlung des Stoffs nach dem Modell des Spiralcurriculums zu suchen. Der jeweils zugeordnete Zeitrahmen dient als Hilfe, um die Inhalte aus dem Bereich Qualitätsmanagement in die bestehenden Lehrpläne der in der Modellversuchsklasse vertretenen Berufe einordnen zu können.

Da für die Modellversuchsklasse kein „erweiterter" Unterricht vorgesehen war, mussten die Zeitkontingente und die Gewichtung der Lehrplaninhalte (vgl. *Abbildung 5.1*) verändert werden.

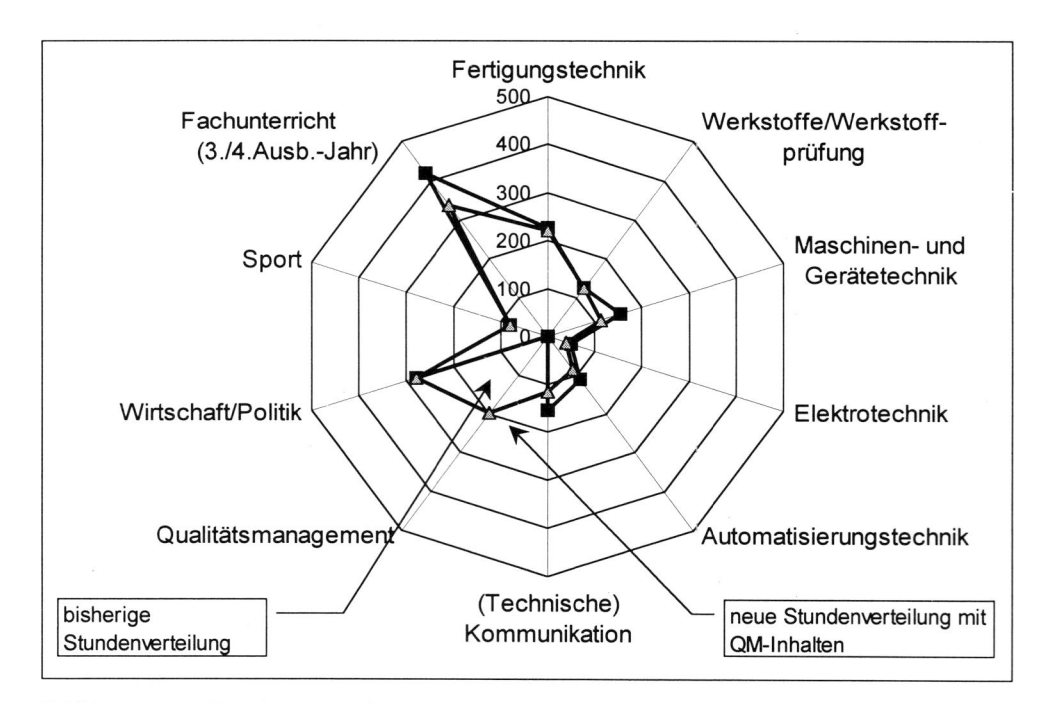

Abbildung 5.1: Zuordnung von Zeitrichtwerten zu den Lehrplaninhalten

Spezielles kognitives Wissen in Bezug auf Qualitätsmanagement

Die Analyse der notwendigen Inhalte aus dem Bereich des Qualitätsmanagements für die Aufgaben und Rolle des zukünftigen Facharbeiters erfolgte durch zahlreiche Firmenbesuche innerhalb der Bundesrepublik und der Slowakei, sowie durch Gespräche mit Personen aus dem Bereich des Qualitätsmanagements und Auswertung zahlreicher Publikationen .... . Das veränderte Anforderungsprofil an die Inhalte einer modernen Berufsausbildung beschränkt sich nicht auf das Qualitätsmanagement, sondern schließt die Kommunikation in starkem Maße ein. In diesem Zusammenhang sei auf den seit dem Schuljahr 1997/98 im Land Schleswig-Holstein geltenden Lehrplan *Kommunikation* hingewiesen. Leitend bei der Auswahl der aufgeführten Inhalte (vgl. *Tabelle 5.2*) ist die veränderte Berufswirklichkeit der zukünftigen Facharbeiter. Unsere Beobachtungen ergaben eine Verlagerung der gegenwärtigen und zukünftigen Facharbeitertätigkeit: weg von einer manuellen Fertigung hin zu einer als ganzheitlichen Prozess verstandenen planenden, überwachenden und regelnden Tätigkeit. Als ganzheitlicher Prozess wird in diesem Zusammenhang das *kundenorientierte Denken* verstanden. Es reicht für eine effektive Fertigung bzw. Dienstleistungserbringung nicht mehr aus, nur den eigenen Tätigkeitsbereich zu sehen, vielmehr muss auch der weitere Verfahrensgang in das Bewusstsein des Handelnden treten und die Güte seiner Arbeit bestimmen. Qualitätsmanagement hat für diesen erweiterten Verantwortungsbereich den Begriff des *Kunden-Lieferanten-Verhältnisses* geprägt. Jeder in einem Fertigungs- bzw. Dienstleistungsprozess ist sowohl interner Kunde als auch Lieferant und mit seiner Arbeit letztendlich gegenüber dem auftraggebenden Kunden mitverantwortlich.

*Kriterium für die Auswahl der aufgelisteten Inhalte (vgl. Tabelle 5.2) ist die Einbindung des Facharbeiters in den **Qualitätskreis***. Er sollte bei seiner Tätigkeit ständig Berührung mit diesem Strukturierungselement haben. Deshalb ist es unserer Meinung nach notwendig, dass er die für ihn wesentlichen Elemente im Rahmen seiner Ausbildung vertieft behandelt und die nicht unmittelbar auf seinen Arbeitsbereich und seine Berufstätigkeit zutreffenden Elemente zumindest kennen lernt. Auswahl und Gewichtung sind durch seine beruflichen Handlungsfelder und Aufgaben bestimmt. In Verbindung mit einer neuorientierten Betriebsstruktur in wirtschaftlich selbstständigen Einheiten (Fraktale Fabrik)[8] ergeben sich zudem neue Tätigkeitsmerkmale im Bereich betriebswirtschaftlicher Aufgaben. Die Verantwortung für Kalkulationen im unmittelbaren Umfeld seines Tätigkeitsbereiches – wie z. B. bei der Material- und Werkzeugbeschaffung – zählt ebenso dazu. Die Nähe zum Produkt und zum Fertigungsprozess befähigen den Facharbeiter aufgrund seiner Detailkenntnisse in hervorragender Weise, Zahlen, Daten und Fakten für die Produktionsplanung und -steuerung zu liefern.

Zugleich erlebt er unmittelbar Störungen des Fertigungsprozesses. An dieser Stelle ist er im Rahmen eines funktionierenden Qualitätsmanagements aufgerufen, kreative Fähigkeiten einzusetzen. *Der Kontinuierliche Verbesserungsprozess* (KVP) ist zentrales Instrument für die ständige Verbesserung des Produkts und des Fertigungsprozesses. Das Ziel sollte für alle Mitarbeiter der zufriedene Kunde sein. Der Facharbeiter gewinnt damit einen z. T. erheblichen Einfluss auf das wirtschaftliche Ergebnis und die Konkurrenzfähigkeit seines Unternehmens und damit auch auf die Sicherung seines Arbeitsplatzes.

---

[8] Fraktale Fabrik meint hier: Eine Fabrik in der Fabrik. Also eine interne Kunden-Lieferanten-Beziehung der einzelnen Fertigungsinseln.

In der Modellversuchsklasse waren drei Berufe zusammengefasst, deren unterschiedliche Lehrpläne bis zum Ende des zweiten Ausbildungsjahres ein weitgehend gemeinsames Unterrichten zuließen. Danach waren Differenzierungsmaßnahmen erforderlich, um die berufsspezifischen Inhalte vermitteln zu können. Für alle Berufe blieb aber das Qualitätsmanagement strukturierendes Merkmal des Unterrichts.

Die bisherige Gruppe wurde in drei Bereiche (Industrie-, Werkzeug- und Zerspanungsmechaniker) mit unterschiedlichen fachlichen Schwerpunkten in differenzierte Projektgruppen aufgeteilt. Die unterrichtliche Betreuung der einzelnen auszubildenden Gruppen verblieb bei den bisherigen Lehrern. Die Auswahl und konzeptionelle Gestaltung des Projektes sah für die Werkzeugmechaniker Aufgaben aus dem Bereich des Werkzeugbaus vor. Der Industriemechaniker (Feinwerktechnik) wurde in die Aufgaben der Werkzeugbauprojekte mit fachspezifischen Schwerpunkten integriert. Die Projekte waren so angelegt, dass gegenseitiges Zuarbeiten der Teilgruppen eine interne Kunden-Lieferanten-Beziehung schaffte. Teamarbeit war dabei die Grundlage für das Gelingen der Projekte.

Die Gruppe der Zerspaner bearbeitete das Projekt „Servozylinder" weiter. Als Auftraggeber fungierten wieder die beteiligten Ausbildungsfirmen. Im Gegensatz zu den vorherigen Projekten standen bei den neuen Vorhaben die Elemente der Planung und vorausschauenden Fehlervermeidung im Mittelpunkt.

Kompetenzentwicklung

Für die Entwicklung der anzustrebenden Handlungskompetenz lassen sich aus den vorangegangenen Überlegungen einige Kernpunkte begründen.

Fachkompetenz

In Ergänzung zu berufsbezogenen Fachkenntnissen erfordert das Handeln in Qualitätsmanagement-Systemen die folgenden erweiterten Fachkompetenzen vom Facharbeiter.

▶ Die Schüler sollen
- in der Lage sein, eine komplette Auftragsabwicklung mit allen notwendigen Fertigungsabläufen und Verfahrensschritten vorzunehmen,
- Fertigungsverfahren zielgerichtet auswählen können und dabei die Preiskalkulation berücksichtigen,
- ihre Entscheidungen an den zur Verfügung stehenden sachlichen und personellen Möglichkeiten ausrichten,
- einen Fertigungsauftrag in eine konkrete Prüfplanung umsetzen können,
- die Lagerung, die Konservierung und den Vertrieb der erstellten Produkte gemäß den mit dem Kunden vereinbarten Spezifikationen durchführen können sowie
- grundlegendes Methodenwissen über die Erforschung der Kundenzufriedenheit und des wirtschaftlichen Ergebnisses seiner Tätigkeiten anwenden können.

Humankompetenz

▶ Die Schüler sollen
- eine Auftragsfertigung stets im Sinne eines Prozessregelkreises mit Elementen der Selbstprüfung vollziehen und
- grundlegende Methoden der Personal-, Material- und Werkzeugdisposition beherrschen.

Sozialkompetenz

- Das Arbeiten im Team erfordert die Fähigkeit, mit anderen Mitarbeitern in der Weise zusammenzuarbeiten, dass die eigenen Arbeiten zuerst weitgehend selbstständig erledigt werden, aber auch die Kooperation mit anderen gesucht und praktiziert wird.
- Sorgfalt bei der Arbeit und persönliches Verantwortungsbewusstsein soll im Mittelpunkt eines zu entwickelnden persönlichen Qualitätsbewusstseins stehen.
- Kundengespräche sollen von Wertschätzung und dem Bemühen getragen sein, Auftragswünsche weitgehend zu erfüllen.
- Der Umgang mit modernen Kommunikationsmitteln soll beherrscht werden.

Praxisrelevanz

Unsere Beobachtungen in vielen Industriebetrieben zeigen gegenwärtig noch ein heterogenes Bild hinsichtlich praktizierter Qualitätsmanagement-Systeme. Die Tendenz zeigt aber, dass gerade die Facharbeiter in den nächsten Jahren verstärkt mit den Inhalten, Werkzeugen und Methoden des Qualitätsmanagements in Kontakt kommen werden. Die Zertifizierung der Industriebetriebe nach der DIN EN ISO 9000 ff. ist u. a. auch ein Instrument, um den Anforderungen des Marktes zu genügen und konkurrenzfähig zu bleiben. Auf der anderen Seite wird von den zukünftigen Facharbeitern eine gesteigerte Sozialkompetenz erwartet, um sich in aktuelle Formen der Arbeitsorganisation (Inselgruppen) hineinfinden zu können.

5.2.3 Methoden

Aktions- und Sozialformen

Am Anfang des Modellversuchs dominierte der Frontalunterricht, aufgelockert durch Gruppenunterricht. An das problemorientierte Lösen von Aufgaben ist die Klasse schon im ersten Halbjahr des Berufsschulunterrichts herangeführt worden. Durch die spezifischen Anforderungen des Modellversuchs, die veränderte Berufswirklichkeit mit ihren Formen der Zusammenarbeit abzubilden, wechselten die Sozialformen mit der Einführung des projektorientierten Unterrichts. Bis auf die Qualifikationsphasen wurde überwiegend das selbstgesteuerte Lernen im Team praktiziert. In einzelnen Abschnitten fanden auch Gruppensitzungen zur Ergebnissicherung und Aufarbeitung von Problemsituationen statt. Um den engen Rahmen der schulischen Informationsmöglichkeiten zu sprengen, konnten die Schüler – z. T. während der Unterrichtszeit – zielgerichtete Erkundungen in Betrieben und Einrichtungen vornehmen. Den Schülern standen neben dem Telefon moderne Kommunikationsmittel wie Fax und Internet-Anschluss zur Verfügung stehen.

Lehr-Lern-Arrangements

Der Unterricht verfolgt einen handlungsorientierten Ansatz. Jedes Projekt ist so angelegt, dass eine „vollständige Handlung" (Informieren, Planen, Entscheiden, Ausführen, Kontrollieren und Bewerten) in möglichst allen Phasen realisiert werden kann. Auf diese Struktur wird im Zusammenhang mit den einzelnen Projektbeschreibungen noch genauer hingewiesen. Der Unterricht teilt sich in Abschnitte reiner Wissensvermittlung und in Qualifizierungsphasen. Diese sind stark fachsystematisch strukturiert. In ihnen soll den Schülern das nötige fachliche Handwerkzeug für die Projektarbeit mitgegeben werden. Der Projektunterricht zeichnet sich dagegen durch weitgehend selbstbestimmte Schülerarbeit aus. Der Lehrer wirkt dann überwiegend als Moderator und Helfer bei Problemlösungen.

Neue Raumkonzeption

Die vorgefundenen räumlichen und organisatorischen Bedingungen an der Schule waren nur im geringen Maße geeignet, die Ansätze des Modellversuchs im vertretbaren Rahmen umzusetzen. Die dezentrale Lage der Unterrichts- und Fertigungsräume, ungenügende technische Ausstattung mit aktuellen Kommunikationseinrichtungen (Hard- u. Software) und die Platzierung der Fertigungsmaschinen erwiesen sich in vielerlei Hinsicht als störend.

In einem herkömmlichen Klassenraum ist eine arbeitsteilige Projektarbeit aufgrund der räumlichen Enge, der gegenseitigen akustischen Störungen und der fehlenden Kommunikationseinrichtungen schlecht möglich.

Selbstgesteuertes und multimediales Lernen sowie die Erfüllung des Fertigungsauftrages erforderten die Einrichtung einer QMB-Fertigungsinsel. Dazu wurden die vorhandenen Laborräume umgestaltet und die Maschinenpositionen verändert (vgl. *Abbildung 5.2*).

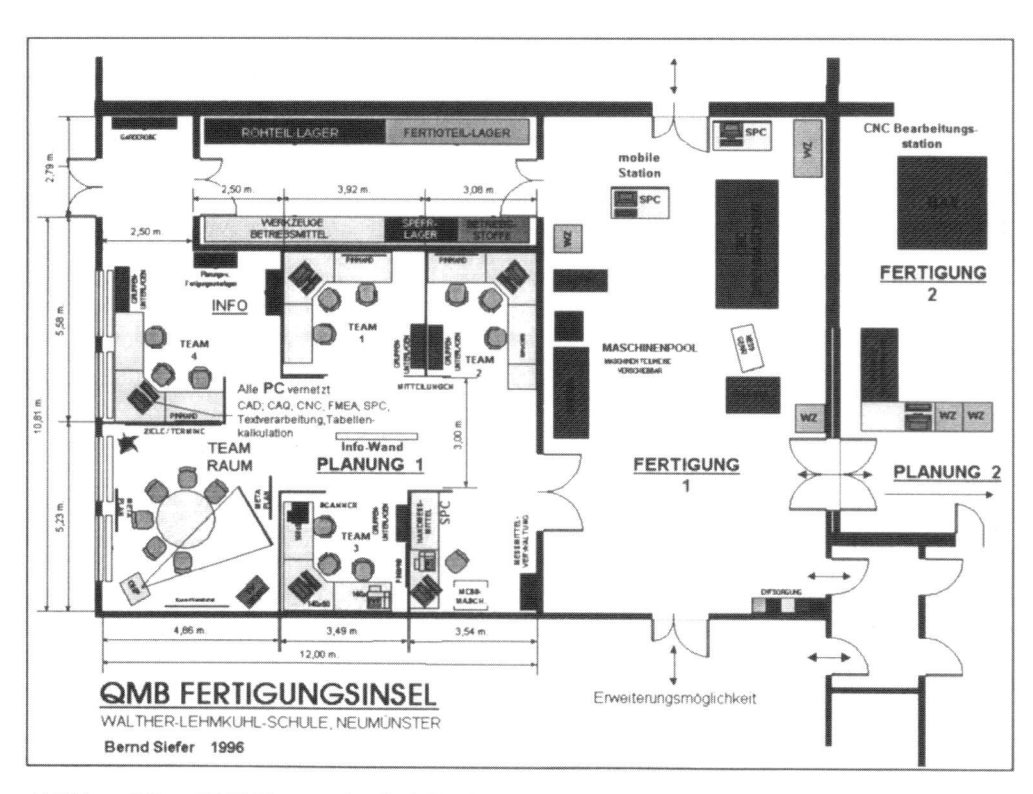

Abbildung 5.2: QMB-Planungsinsel mit Fertigungsraum

Nach dem QMB-Konzept liegen nun Planungs- und Fertigungsbereich nebeneinander. Die Schüler haben Zugriff auf zeitgemäße Kommunikations-, Informations- und Präsentationsmittel (Telefon, Fax, Internetzugang, Fachliteratur, Informationsprogramme auf CD-ROM, Textverarbeitungs-, Kalkulations- und Auftragsabwicklungssoftware, CAD-, CNC-, CAQ-Software, DTP-Software, Scanner, Farbdrucker und Plotter, Sofortbildkamera ...). Ferner haben sie im gleichen Raum auch die Möglichkeit zu Teamsitzungen (ca. 6 – 8 Schüler). Sie können dort Gruppenergebnisse einer begrenzten Zuhörerschaft präsentieren. Dazu stehen ihnen ein Overhead-Projektor mit Leinwand, Metaplanwände, eine Tafel und – wenn erforderlich – auch ein Videorecorder zur Verfügung.

Die einzelnen Projektgruppen arbeiteten gemeinsam in von störenden Umwelteinflüssen weitgehend abgeschirmten Inseln. Fast alle Kommunikationsmittel sind in den Inseln verfügbar oder zentral abrufbar. Die Gruppen können untereinander kommunizieren, stören sich aber nicht unmittelbar.

Dem Lehrer fällt durch diese Konzeption eine neue Rolle zu. Durch die unterschiedlichen Aufgaben der Schülergruppen und die Ausstattung der Arbeitsinseln verliert er seine dominante Stellung im Unterrichtsgeschehen. Er tritt gegenüber den Schülern mehr organisierend und beratend auf.

In der unmittelbaren Nachbarschaft befindet sich die Fertigungsstätte. Technologischer Kern sind die CNC-Drehmaschine und ein CNC-Bearbeitungszentrum im angrenzenden Raum. Der Fertigungsraum bietet, je nach Projektanforderungen, noch Platz für weitere Fertigungs- und Hilfseinrichtungen.

An jede CNC-Maschine kann ein mit dem Planungsbereich vernetzter SPC-Arbeitsplatz geschoben werden. Der Fertigungsprozess kann durch direkte Messwertaufnahme mit Hilfe einer statistischen Auswertungssoftware ständig überwacht werden. Auftretende Fertigungsabweichungen sind dadurch für den an der Maschine arbeitenden Schüler mittels einer kontinuierlich geführten Prozessregelkarte sofort erkennbar, und er kann regelnd eingreifen. Der Schüler erlebt schon in der Berufsschule zeitgemäße industrielle Fertigungsmethoden. Für aufwendigere Messungen steht im Planungsraum eine Messmaschine zur Verfügung. Angeschlossen ist die Mess- und Prüfmittelverwaltung.

Die vorhandenen Räume (Bearbeitungszentrum, Messlabor und ein neuer Werkstattraum) erlauben einen zukünftigen Ausbau der Fertigungsinsel um weitere drei multimediale Lern- und Planungsräume.

5.2.4 Medien

Reale Medien

Unsere Konzeption versucht weitgehend mit den Maschinen, Geräten, Kommunikationsmitteln und Softwareprodukten zu arbeiten, wie sie der Facharbeiter an seinem Arbeitsplatz in der Industrie vorfindet. Deshalb haben wir auch auf Simulationen verzichtet, um den Echtheitscharakter der Projektarbeit zu unterstreichen.

Verwendet werden eine CNC-Drehmaschine, eine Messmaschine, verschiedene Messmittel z. T. mit Digitalausgang zur Anbindung an die SPC-Software, Rechnerarbeitsplätze, das Microsoft Office-Paket und diverse Softwareprodukte (CAD, CNC). Lediglich in einem Projekt kommt zur Veranschaulichung und zur Kreativitätsförderung ein Getriebebaukasten zum Einsatz.

5.3 Fertigungstechnik und Qualitätsmanagement

5.3.1 Projekt 1: Einzelfertigung einer Kleinserie

Mit drei Projektzyklen haben wir innerhalb von drei Ausbildungsjahren unsere konzeptionellen Ansätze zu realisiert.

Mit dem Modellversuch startete in der zweiten Hälfte des ersten Ausbildungsjahres zugleich auch das erste Projekt. Es wurde ein Auftrag zur Herstellung von 110 Serienteilen von einem Hersteller für Rundstrickmaschinen eingeworben. Ein Auszubildender dieses Unternehmens gehört zur Modellversuchsklasse. Aufgabe der Schüler war es, den Fertigungsauftrag zu planen, zu kalkulieren und die Teile zu produzieren. Ziel war es, dass die gefertigten Teile in die Strickmaschinen des Unternehmens eingebaut werden. Um die Motivation bei den Schülern über einen längeren Zeitraum aufrecht zu erhalten und ihnen den Ernstcharakter ihrer Arbeit zu veranschaulichen, bestand der Anspruch, einen realen wirtschaftlichen Gewinn für die Lernfirma aus dem Auftrag zu erzielen.

Der Auftrag

Die Firma Harry Lucas, Neumünster, wollte aus Kostengründen Standarddrehteile aus der Fertigung auslagern und bat daher um ein Kalkulationsangebot zur Produktion von Teilen.

Die Anfrage umfasste eine Stückzahl für
– einen Deckel: in Höhe von 30 Stück,
– eine Welle: in Höhe von 40 Stück sowie
– eine Lochschraube: in Höhe von 40 Stück.

Zeichnungskopien der bestellten Teile waren dem Auftrag beigefügt.

Der Besteller hatte vor Produktionsaufnahme jeweils ein Erstmusterteil geprüft. Materialbeschaffung und Eignungsnachweise wurden vom Auftragnehmer übernommen. Es wurde ein Liefertermin für alle Teile vertraglich vereinbart.

Die relativ offene Aufgabenstellung erzeugte bei den Schülern eine gewisse Orientierungslosigkeit über die Fülle der anstehenden Probleme. Lösungsstrategien und Systematisierungshilfen der Moderationstechnik (Brainstorming, Kartenabfragetechnik usw.) verhalfen aber bald zu ersten Strukturansätzen. Als zusätzliche Schwierigkeit wurde die Auflage angesehen, nach den Regeln der DIN EN ISO 9000 ff. zu arbeiten. Nur wenige Schüler hatten bisher in ihren Ausbildungsbetrieben mit einem Qualitätsmanagement-System Kontakt gehabt oder allenfalls davon gehört. Mit Hilfe unterrichtsbegleitender Materialien erarbeiteten sich die Schüler die Inhalte und Anwendungsbereiche des umfangreichen Normenwerks der DIN EN ISO 9000 ff.. Sehr bald wurden die Originaltexte der Normen zu vertrauten Unterlagen. Bei der Beschäftigung mit der Norm gewannen die Schüler die nötigen Informationen zur Struktur eines Qualitätsmanagement-Systems. Da keine eigene Entwicklung stattfand, fiel die Fertigung hinsichtlich der erforderlichen Nachweise gegenüber dem Kunden unter die DIN EN ISO 9002. Die interne Struktur wurde durch die Elemente der DIN EN ISO 9004 beschrieben.

Besondere Aufmerksamkeit schenkten die Schüler dabei der Formulierung der Qualitätsziele. In einer Gruppenbesprechung wurden die folgenden Ziele aufgestellt:

Die Qualitätsziele gelten als Richtlinien für die Arbeit jedes Mitarbeiters von „WMZ Metalltechnik":

- Wir versuchen immer neue **Verbesserungen** an dem bestehenden Zustand eines Produktes zu machen.
- Die Qualität bestimmt der **Kunde**, man will die Forderungen des Kunden zu 100% erfüllen.
- Jeder ist für die Qualität *seiner* Arbeit *selbst verantwortlich*. Fehler und Ausschuss werden konsequent beseitigt, vorbeugen ist besser als Nacharbeiten.
- Alle Mitarbeiter sammeln Ideen, planen und lösen Probleme gemeinsam. **Teamwork** ist die Devise für den Erfolg.
- Die Leistungen des Einzelnen wird anerkannt.
- Jeder ist aufgefordert, seinen Beitrag zum Prozess der **ständigen Verbesserung** zu leisten.

Versehen mit den Auftragsunterlagen traten drei Schülergruppen in einen intensiven Planungsprozess ein. Kalkulationen wurden nach einem vereinfachten REFA-Schema (REFA = Verband für Arbeitsstudien und Betriebsorganisation e. V.) erstellt. Informationen zu Materialpreisen, Lohntarifen, Sozialbeiträgen und technischen Details wurden weitgehend eigenständig von den betreffenden Stellen (Berufsgenossenschaft, IHK, Krankenkasse usw.) beschafft. Einige Probleme wurden auch durch Nachfrage im eigenen Ausbildungsbetrieb geklärt. Die Schüler lernten mit Telekommunikationsmitteln (Telefon, Fax-Gerät) und Textverarbeitungs- und Tabellenkalkulationsprogrammen nach kurzer Einweisung selbstständig zu arbeiten. Betriebswirtschaftliche Fragen – wie die Gesellschaftsform der Firma, die Gewinnverteilung, die Organisationsstruktur, die Aufgaben der einzelnen Mitarbeiter usw. – traten im Bewusstsein der Schüler zeitweilig gegenüber den fachlichen Problemen in den Hintergrund. Die Lernfirma und deren Namensgebung schufen dagegen eine starke Identifikation.

Um mit realistischen Fertigungszeiten kalkulieren zu können, unterteilten wir die Projektarbeitszeit in Qualifizierungs- und Produktionszeiten. Nur die reine Produktionszeit, wozu auch alle Vorbereitungs-, Einricht- und Kontrollarbeiten gehörten, ging in die Kalkulationszeit ein. Jede Gruppe führte einen Zeitkontobogen. Er war Grundlage für die Kalkulation.

Nach der DIN EN ISO 9000 ff. muss der Fertigungsbetrieb die ausreichende Qualifikation seiner Mitarbeiter nachweisen. Individuelles Lerntempo und differenzierte Aufgabenbearbeitung machten es bei dieser Organisation unmöglich, Wissensvermittlung thematisch und zeitlich gleich für alle Schüler durchzuführen. Um dieses Problem zu lösen, wurden sogenannte „Qualifikationsbögen" eingeführt. Der Schüler konnte den Zeitpunkt innerhalb eines Zeitrahmens selbst bestimmen, an dem er sich die für die Auftragsbearbeitung notwendigen fachlichen Informationen erarbeitete. In diesem Prozess wirkte sich der kurze zeitliche Abstand zwischen den beiden Unterrichtstagen – max. drei Tage – günstig aus. Um den Schülern den Überblick über den eigenen Tätigkeitsfortschritt deutlicher zu machen, wurden von den einzelnen Projektgruppen Tagesprotokolle erstellt. Die anstehenden Probleme gerieten dadurch nicht in Vergessenheit und es wurde eine gewisse Kontinuität im Arbeitsablauf erzielt. Neben der eigentlichen Planung setzten schon die Vorbereitungen für die Fertigung ein. Jede Gruppe erhielt die Gelegenheit, von ihren Werkstücken Erstmusterteile in der Schulwerkstatt anzufertigen. Sie sollten über eventuelle Planungsmängel Aufschluss geben und die Schüler auf Zeitmanagementprobleme aufmerksam machen. Den Abschluss bildete die fertige Gesamtkalkulation (vgl. zum Beispiel „Deckel" die *Abbildung 5.3*).

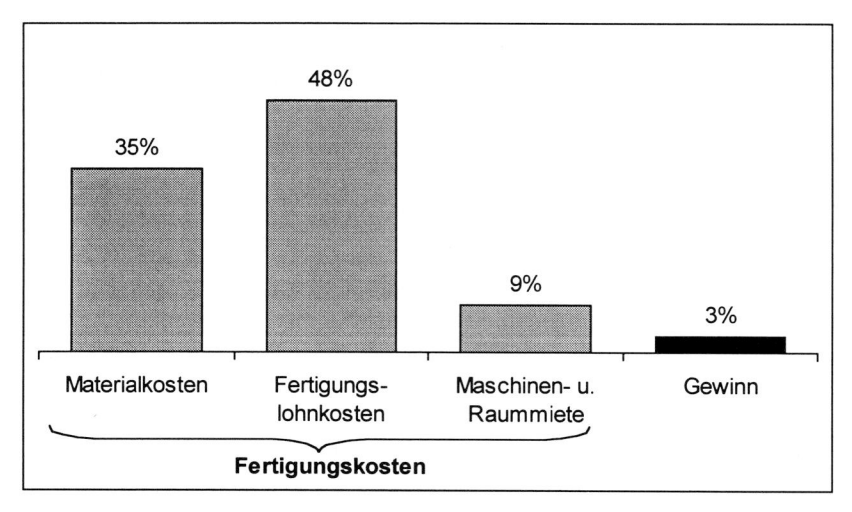

Abbildung 5.3:   Kalkulationsbeispiel des Produktes „Deckel"

Das ausgearbeitete Angebot an die Firma Lucas lag allerdings um ca. 300% über den Kosten des Kunden, wenn er die Teile selbst produzieren würde. Intensive Gespräche der Schüler mit der auftragsgebenden Firma setzten ein. Ergebnis dieser Verhandlungen war, dass die angesetzten Fertigungskosten stark reduziert werden mussten. Dabei erfuhren die Schüler, wie wichtig eine gute Dokumentation aller Kalkulations- und Betriebsdaten ist. Mit Hilfe des weitgehend selbst modifizierten Tabellenkalkulationsprogramms erkannten die Schüler relativ schnell die Einflüsse der verschiedenen Kostenfaktoren auf das Kalkulationsergebnis. Die Kalkulationsunterlagen mussten geändert werden. Um das bevorstehende Geschäft doch noch mit einem Gewinn abschließen zu können, verzichteten die Schüler sogar auf tariflich zustehende Löhne und reduzierten teilweise die Zahl der eingesetzten Mitarbeiter.

Neben den betriebswirtschaftlichen Überlegungen nahmen die produktionstechnischen Planungen einen breiten Raum ein. Grundlagen der Zerspanungstechnik sowie Werkstoffkunde und -prüfung gehörten zu den Schwerpunkten der Vorbereitungen. Gemäß den Anforderungen der DIN EN ISO 9002 bzw. DIN EN ISO 9004 mussten alle ankommenden Werkstoffe und Zulieferteile auf ihre Übereinstimmung mit den Spezifikationen überprüft werden. Werkstoffprüfanweisungen, Arbeitsanweisungen, Prüfpläne und Messmittellisten wurden weitgehend eigenverantwortlich erstellt. Die verwendeten Messmittel wurden per Auftrag durch eine Ausbildungsfirma normgerecht kalibriert. Die Schüler entwickelten einfache Hilfsvorrichtungen für die Oberflächenmessung der Produktionsteile.

Die Lehrer hatten in dieser Phase zunehmend eine Beraterrolle eingenommen.

Nachdem die Planungsphase weitgehend beendet war und nach einer verbesserten Kalkulation der Auftrag erteilt wurde, stornierte der Auftraggeber ein Fertigungsteil. Damit gerieten alle kalkulatorischen Überlegungen wiederum durcheinander.

Die Produktion fand an zwei zusammengelegten Berufsschultagen statt. Die in der Kalkulation angesetzte Produktionszeit erwies sich wegen ungenügender Vorbereitung einer Gruppe als zu knapp bemessen. Durch die unerwarteten Schwierigkeiten wurden die geplanten Fertigungszeiten erheblich überschritten und somit erhöhten sich die Kosten um ein vielfaches. Die gefertigten und zu 100% kontrollierten Teile wurden aber pünktlich zum vereinbarten Termin beim Kunden abgeliefert. Kein Teil ist reklamiert worden. Die gefertigten Teile fanden in Produkten des Auftraggebers Verwendung.

Die wirtschaftliche Bilanz des ersten Projektzyklus war aufgrund der genannten Schwierigkeiten entsprechend schlecht ausgefallen. Die für die Kalkulation verantwortlichen Schüler bilanzierten einen Verlust von mehreren tausend Mark.

In einer Fehleranalyse mit Hilfe der Kartenabfragetechnik und eines Fehler-Ursache-Diagramms (ISHIKAWA-Diagramm) wurden folgende Ursachenschwerpunkte für den Verlust erkannt:

- Verlust eines Teils des Auftrags und damit Unterbeschäftigung.
- Mitarbeiter und Tätigkeiten wurden „vergessen".
- Unzureichende Fertigungsplanung.
- Nichterkennen von Störgrößen im Fertigungsprozess.
- Mangelnde Arbeitsintensität und betrieblicher Leerlauf durch unzureichende Dokumentation der Ergebnisse.

5.3.2 Projekt 2: Serienfertigung mit „SPC (Statistischer Prozesskontrolle)"

Rückblickend auf das erste Projekt sollten die bereits gesammelten Erfahrungen und gelebten Verhaltensweisen dazu benutzt werden, den nächsten Auftrag wirtschaftlich erfolgreicher auszuführen. Die Handlungsabläufe der einzelnen Prozessschritte sollten genau analysiert, kritisch durchleuchtet und gegebenenfalls im laufenden Prozess ständig verbessert werden.

Alle Handlungen und Zuständigkeiten wurden in Handlungsanweisungen dokumentiert. Diese Aufzeichnungen fanden zusammen mit den Qualitätszielen Eingang in ein Qualitätshandbuch.

Es erfüllte zwei Aufgaben:

1. Die Schüler wiesen gegenüber Kunden mit Hilfe des externen Qualitätshandbuchs nach, dass die Produktion nach den Elementen der DIN EN ISO 9002 strukturiert und überwacht wurde und legten ihre Qualitätsziele offen.
2. Mit dem internen Qualitätshandbuch beschrieben sie u. a. alle angewandten Verfahren.

Diese Informationen stellten das Betriebswissen dar und sollten den Kunden nicht zugänglich sein. Das neue Projekt beinhaltete eine Reihe von erweiterten Qualifikationen im Rahmen des Qualitätsmanagements. Spezielle Inhalte des *Total Quality Managements* und des

Quality Engineerings wie Fertigungsinsel, SPC, Just In Time, Prozess-Denken, Prüfmittelverwaltung, KVP usw. gehörten dazu. So lernten die Schüler Instrumente zur Prozessregelung kennen. Die *Statistische Prozesskontrolle* war neben dem Erstellen des externen und internen Qualitätshandbuchs und dem anschließenden Audit durch einen Unternehmensberater ein weiterer zentraler Themenbereich für diesen Abschnitt des Modellversuchs.

Als Fertigungsauftrag konnte von der Fa. Sauer-Sundstrand in Neumünster die Produktion von 250 Servozylindern eingeworben werden. Der Kunde stellte das Material als Guss-Rohteil. Dieser Auftrag war fachlich erheblich anspruchsvoller. Zudem erforderte er von den Schülern eine hohe Kompetenz hinsichtlich des zu realisierenden Qualitätsmanagements. In der Auftragsvergabe verlangte z. B. der Kunde einen Nachweis der Prozessfähigkeit, bevor die eigentliche Produktion freigegeben wurde. Dazu waren fünf Musterteile mit entsprechendem Prüfprotokoll zur Erstmusterprüfung vorzulegen. Für die Kalkulation kam erschwerend hinzu, dass jedes von der Firma Sauer-Sundstrand gelieferte Rohteil in Rechnung gestellt wurde.

Dieser Auftrag in Verbindung mit zeitgemäßen personellen Organisationsstrukturen (Produktteams[9]) verlangte eine dichtere Anbindung von Planung und Produktion. Wir haben deshalb – wie beschrieben – eine kombinierte Planungs- und Fertigungsinsel eingerichtet.

Der Planungsraum stand der QMB-Gruppe während des gesamten Modellversuchs zur Verfügung. Die Mitnutzung des Fertigungsraums durch andere Klassen war während der Einrichte- und Produktionszeit (einstellen einer stabilen Prozesslage, Null-Serie und das Fertigen in einem stabilen Prozess) nicht möglich. Um nicht an jedem Unterrichtstag die CNC-Maschine langwierig neu einrichten zu müssen, verbot sich eine Zwischennutzung durch andere Schülergruppen. In diesem Zusammenhang genoss der Modellversuch eine Sonderrolle in der Schulorganisation. Die Projektgruppe plante im Rahmen ihrer Auftragsabwicklung den zeitlichen Zugriff auf die Fertigungseinrichtungen, um sie nicht länger als nötig für andere Schülergruppen zu blockieren.

Die Schüler führten verantwortlich einen Terminplaner. Alle Projektgruppen trugen sich mit ihren Planungs- und Belegungsabschnitten dort ein. Der Terminplaner war im Planungsraum als Tafel jedem Teilnehmer der Fertigungsinsel ständig zugänglich.

Für die Schülergruppe der Modellversuchsklasse enthielt der Auftrag eine Reihe von Qualifikationsanforderungen. Die einzelnen Aufgaben ließen sich nur arbeitsteilig innerhalb einer angemessenen Zeit bewältigen. Die Handlungsfelder entsprachen weitgehend den beruflichen Anforderungen, wie sie ein Facharbeiter in einer Inselfertigung erlebt. Er sollte gute Dispositionen für Gruppenarbeit entwickelt haben und mit zeitgemäßen Planungs-, Fertigungs- und Prozessregelverfahren umgehen können. Elektronische Kommunikationsmittel (Textverarbeitungs-, Tabellenkalkulations-, CAD-, CNC-, SPC-Programme usw.) gehören dabei ebenfalls zu seinen Werkzeugen.

Bei der Aufgabenverteilung haben wir darauf geachtet, dass alle Schüler mit den verschiedenen Aufgabenbereichen der Planung und Fertigung sowie mit den benötigten Instrumentarien (CNC-Maschine, Messmaschine, Software) in Kontakt kamen. Jeder Schüler hatte

---

[9] Produktteam: Alle an der Planung, Herstellung und Vertrieb eines Produktes beteiligten Mitarbeiter befinden sich in räumlich möglichst naher Anordnung, um die Kommunikations- und Entscheidungswege kurz und effektiv zu halten.

einen Kanon bestimmter fachlicher und methodischer Qualifikationen zu erwerben. Der Qualifikationsnachweis ist zugleich Voraussetzung, bestimmte Elemente des Qualitätshandbuchs – hier ist es der Nachweis der Qualifikation gegenüber dem Kunden – zu erfüllen.

Um aber die eigentlichen Planungs- und Fertigungsaufgaben zu bewältigen, bedurfte es vertiefter Einarbeitung in die Aufgabenstellung. Entsprechend ihrem Ausbildungsberuf wurden die Schüler mit spezifischen Planungs- und Fertigungsaufgaben versehen. So beschäftigte sich die zahlenmäßig stärkste Schülergruppe der Zerspaner mit der Kalkulation, dem CNC- und dem Messmaschinenprogramm. Die Werkzeugmechaniker arbeiteten an der Entwicklung der Bohrvorrichtung. Für die umfangreichen Planungsschritte wie die Kalkulation, das Erstellen von Fertigungs- und Prüfzeichnungen, die Entwicklung einer Bohrvorrichtung und von Prüfplänen war es notwendig, das von der Fa. Sauer-Sundstrand nur als Papierdokument vorliegende Zeichnungsmaterial in elektronische Form zu überführen. Dies wurde mit Hilfe eines CAD-Programms erledigt.

Um das Projekt zu bearbeiten, benötigten die Schüler ca. ein Jahr. In dieser Zeit wurden mit der CNC-Drehmaschine fünf Musterteile hergestellt. Die Schüler sahen sich bei der Fertigung erheblichen fachlichen Problemen gegenüber. So entwickelten sie beispielsweise kreative Verbesserungen, um Schwingungen an Drehwerkzeugen zu beseitigen. Eine andere Gruppe, deren Aufgabe es war, das Messprogramm für die Erstmusterprüfung zu schreiben, musste ideenreich eine geeignete Aufspannvorrichtung und einen Tasteraufbau für die Messmaschine schaffen (vgl. *Abbildung 5.4*).

Abbildung 5.4:   *Messanordnung Messmaschine/Servozylinder*

Die umfangreiche Kalkulation des Fertigungsteils wurde durch ein spezielles Tabellenkalkulationsprogramm unterstützt, um die bereits erlernten Routinetätigkeiten im Bereich der „Technischen Mathematik" nicht zu wiederholen und, um Zeit für die eigentlich neuen Tätigkeiten zu gewinnen. Neu an dieser Kalkulation war der komplexe Anforderungsgehalt der Aufgabe. Die Analyse der einzelnen Bearbeitungsschritte verlangte eine enge Abstimmung mit der Gruppe, die das CNC-Programm entwickelte. Ohne vorher den von der Fa. Sauer-Sundstrand hausintern kalkulierten Preis zu kennen, hatten die Schüler den Preis um ca. 0,50 DM pro Teil unterboten. In der Zwischenzeit entwickelte eine andere Gruppe, die sich aus einem Industriemechaniker (Feinwerktechnik) und einem Werkzeugmechaniker zusammensetzte, eine benötigte Bohrvorrichtung. Sie erstellte einen kompletten Zeichnungssatz, bestehend aus der Zusammenstellzeichnung und allen Teilzeichnungen sowie der Stückliste. Der Preis wurde ermittelt und ging als anteilige Kosten in die Gesamtkalkulation ein. Die Vorrichtung wurde von einem der beteiligten Schüler in seinem Ausbildungsbetrieb angefertigt.

Größere Probleme bereitete das Schreiben des Programms für die Messmaschine. Die relativ komplexe Geometrie des Servozylinders und die z. T. sehr unübersichtliche Programmieranleitung der Messmaschine brachten die beiden Schüler an die Grenzen ihres Leistungsvermögens und verzögerten erheblich den Fortgang des Projekts. Nur durch intensive Hilfestellung des Lehrers ließen sich hier Fortschritte erzielen.

Da nicht alle Schüler der Modellversuchsgruppe durch das Projekt „Servozylinder" kontinuierlich beschäftigt waren, befassten sich einige von ihnen mit der internen Auditierung des Qualitätsmanagement-Elementes 5[10]: *Lenkung der Dokumente und Daten* (vgl. dazu den folgenden Abschnitt).

Aufgrund der näherrückenden Facharbeiterprüfung und den dazu notwendigen Vorbereitungen konnte das Projekt nur bis zur Abgabe des Angebots bei der Fa. Sauer-Sundstrand und der Anfertigung der fünf Musterteile vorangebracht werden. Alle Vorbereitungsarbeiten waren bis zur Produktionsaufnahme abgeschlossen. Das Angebot wurde seitens der Fa. Sauer-Sundstrand akzeptiert.

Im Frühjahr 1999 wurden der Fa. Sauer-Sundstrand fünf Musterteile geliefert. Zwei von diesen Teilen waren gut, drei waren Ausschuss. Bei den Ausschussteilen war ein Bohrungsmaß außerhalb der Toleranz. Dieses konnten wir nicht feststellen, weil unsere Messmaschine Messfehler aufwies. Die Messfehler wurden erst nach einer Wartung der Messmaschine festgestellt. Durch Korrektur des Werkzeugsystems der CNC-Drehmaschine wären wir durchaus in der Lage, die bemängelte Bohrung korrekt zu fertigen.

Qualitätsmanagement am Beispiel des Qualitätsmanagement-Elementes 5: Lenkung der Dokumente und Daten

Jeder Lehrer kennt die Problematik, im Projektunterricht die richtigen Schülerdokumente zur Verfügung zu haben. Oft wird nach dem Motto verfahren: „Wer Ordnung hält, ist nur zu faul zum Suchen". Ein moderner Betrieb kann es sich aber nicht leisten, Dokumente zu Suchen und wenn sie dann endlich gefunden sind, darauf zu hoffen, dass es auch die richtigen und aktuellen Dokumente sind. Es sollte also ein System installiert werden, mit dem sicherge-

---

[10] Qualitätsmanagement-Element 5: In der DIN EN ISO 9001 gibt es 20 nachzuweisende Elemente eines ganzheitlichen Qualitätsmanagement-Systems. Diese dienen als Leitlinie für den Aufbau eines Qualitätsmanagement-Systems.

stellt wird, dass nur gültige Dokumente im Umlauf sind. Weiterhin muss dafür gesorgt werden, dass die Dokumente an den entsprechenden Stellen zur Verfügung stehen. Dieses hört sich logisch an und scheint eigentlich ganz einfach zu sein. In der Praxis sieht dies aber oftmals anders aus.

Wir haben mit den Schülern ein Qualitätsmanagement-System für die *Lenkung der Dokumente und Daten* in unserem Unterricht entwickelt.

Das interne Audit

Was ist ein Qualitäts-Audit? Die DIN EN ISO 8402 definiert ein Audit wie folgt: „Eine systematische und unabhängige Untersuchung, um festzustellen, ob die qualitätsbezogenen Tätigkeiten und die damit zusammenhängenden Ergebnisse den geplanten Anforderungen entsprechen, und ob diese Anordnungen tatsächlich verwirklicht und geeignet sind, die Ziele zu erreichen."

Qualitäts-Audit-Checkliste
Element 5: Lenkung der Dokumente und Daten
Abschnitt: Genehmigung und Herausgabe

Tabelle 5.3: *Qualitäts-Audit-Checkliste*

Nr.	Audit-Checkliste
1	Ist die Überwachung aller Dokumente (auch EDV), die von den Forderungen der Bezugsnorm betroffen sind, sichergestellt?
2	Welches einheitliche System der Dokumentation besteht und wie ist es schriftlich dargestellt? (Verfahren und Zuständigkeiten der Identifikation, Pflege, Prüfung und Freigabe von Dokumenten)
3	Welches Kennzeichnungssystem für Dokumente ist wo festgelegt?
4	Wie wird die unterschiedliche Art der Dokumente, z. B. Arbeitsdokumente, Ergebnisdarstellung usw. festgelegt?
5	Welche Stellen sind für die Herausgabe von Dokumenten zuständig?
6	Wie wird sichergestellt, dass nur geprüfte und freigegebene Dokumente für Qualitätsmanagement-Tätigkeiten herausgegeben werden?
7	Gibt es einen Austauschdienst für ungültige Dokumente?
8	Wie wird sichergestellt, dass ungültige Dokumente nicht weitergegeben werden? A) Durch Anforderung zur Vernichtung? B) Durch Vernichtung durch die herausgebende Stelle? C) Durch Kennzeichnung? D) Durch Rückgabe an eine Zentralstelle?

Drei Gesichtspunkte sind mit dem Audit verknüpft:
- Die qualitätsbezogenen Tätigkeiten sollen den geplanten Anforderungen entsprechen.
- Die Anordnungen sollen geeignet sein, die Qualitätsziele zu erreichen.
- Die Anordnungen sollen tatsächlich durchgeführt werden.

Das Qualitäts-Audit hat zum Ziel, das Qualitätsmanagement-System eines Unternehmens anhand einer als verbindlich vorgegebenen Norm zu bewerten und zu verifizieren, ob das Qualitätsmanagement des Unternehmens die Forderungen laufend erfüllt und im Rahmen der Vorgabe neue Weisungen verwirklicht werden. Weiter ist es Zweck eines Audits, festzustellen, ob Elemente des Qualitätsmanagement-Systems die festgelegten Forderungen erfüllen oder festzustellen, ob die Qualitätsziele wirksam erreicht werden.

Es wird ein Audit-Bericht angefertigt über:
Auditart: Internes Audit
Teilnehmer: Berufsschule Neumünster Fachbereich Metall
Thema: DIN EN ISO 9002

Qualitätsmanagement-Element 5: Lenkung der Dokumente und Daten

Tabelle 5.4:   Audit-Fragen

Nr.	Audit-Fragen	Punkte
1	Welche internen Dokumente und Daten gibt es für die Fertigung des Produktes (z. B. Verfahrensanweisungen, Fertigungsanweisungen, Prüfanweisungen, Zeichnungen, Formulare, EDV-Masken, Spezifikationen, Normen)?	10
2	Gibt es zusätzlich externe Dokumente und Daten, welche Berücksichtigung finden (z. B. Normen, technische Regeln, Zeichnungen/Spezifikationen des Kunden)?	10
3	Wer ist zuständig und welche Verfahren gibt es für – Erstellung, – Prüfung, – Freigabe, – Kennzeichnung und – Verteilung?	10
4	Gibt es eine Liste der gültigen Dokumente (intern/extern)?	10
5	Sind alle Unterlagen eindeutig gekennzeichnet (Bezeichnung, Datum, erstellt, geprüft, freigegeben, Revisionsstand) ?	10
6	Ist der Revisionsstand erkennbar?	8
7	Ist sichergestellt, dass nur gültige, aktuelle Unterlagen vorliegen?	10
8	Ist der Verteiler festgelegt?	8
9	Wie werden veraltete Unterlagen „ungültig" gekennzeichnet? Wie werden sie aus dem Verkehr gezogen?	8
10	Wie fließen Änderungen in die Dokumente und Daten ein? Wer ist zuständig für Prüfung, Freigabe, Kennzeichnung und Verteilung?	8
11	Können Änderungen von anderer als der ursprünglich zuständigen Stelle geprüft/freigegeben werden?	10
12	Wie ist die Aufbewahrung von Dokumenten/Daten geregelt (Vorgehensweise, Zuständigkeiten, Fristen auch für ungültige Dokumente/Daten)?	8

Das Audit wurde mit dem verantwortlichen Schüler und dem Lehrer durchgeführt. Es war gut vorbereitet, so dass alle erforderlichen Unterlagen eingesehen werden konnten. Auditiert wurde das Qualitätsmanagement-Element 5 nach DIN EN ISO 9002 „Lenkung der Dokumente und Daten". Zur Auditdurchführung wurden 12 ausgewählte Fragen (vgl. *Tabelle 5.4*) herangezogen, um die vorhandenen Dokumente und Daten mit den Forderungen der Norm zu vergleichen. Diese Fragen wurden beim internen Audit durch einen Mitarbeiter der Unternehmensberatungsfirma *mpu* Neumünster gestellt. Einige Fragen wurden teilweise erfüllt. Dies erfolgte überwiegend in der Form, dass Forderungen der Norm nicht festgelegt, aber dennoch wirksam nachgewiesen wurden. Nicht erfüllte Forderungen wurden nicht festgestellt. Es wurde ein Erfüllungsgrad von 93% erreicht. Damit wurden die Forderungen der Norm erfüllt. Zusammenfassend lässt sich feststellen, dass das Audit ausgesprochen positiv bewertet werden konnte.

Als Empfehlung sollten im Zusammenhang mit dem Qualitätsmanagement-Element 5 einige Punkte angeführt werden (vgl. *Tabelle 5.5*).

Tabelle 5.5: Empfehlungen für das Qualitätsmanagement-Element 5

Nr.	Empfehlung
1	Revisionsstand einarbeiten. Es muss gewährleistet sein, dass eine Überprüfung der Dokumente und Daten auch bei nicht erfolgten Änderungen erkennbar ist.
2	Verteiler festlegen, wer die Unterlagen verteilt, ggf. ungültige Unterlagen einziehen und vernichten, z. B. durch Qualitätsmanagementbeauftragten
3	Aufbewahrungszeiten für Dokumente festlegen
4	Ablaufpläne erstellen für: – die Änderung von internen Dokumenten – das Einfließen von Kundenwünschen, z. B. Änderungen
5	Ergänzen der Verfahrensanweisung „Erstellung von Dokumenten".

5.3.3 Fachliche Differenzierung und Qualitätsmanagement

Im dritten Ausbildungsjahr stellt sich das Problem der fachlichen Differenzierung. Insbesondere der Industriemechaniker (Feinwerktechnik) und die Werkzeugmechaniker bedürfen fachspezifischer Kenntnisse.

Aus der Analyse der sich verändernden Berufswirklichkeit des Werkzeugmechanikers ergeben sich hinsichtlich des Qualitätsmanagements zwei neue Schwerpunkte:
1. Fehler-**M**öglichkeits- und -**E**influß-**A**nalyse (FMEA) und
2. „Just In Time"-Fertigung (JIT).

Durch die kostenorientierte Auslagerung des Werkzeugbaus aus den produzierenden Firmen hin zu spezialisierten Werkzeugbaubetrieben entsteht der Zwang, dem Kunden ein sofort einsetzbares und den Spezifikationen entsprechendes fehlerfreies Werkzeug (FMEA) pünktlich zu einem vereinbarten Zeitpunkt (Just In Time) zu liefern. Um gegen überregionale oder globale Konkurrenz wettbewerbsfähig zu sein, müssen die Herstellungskosten erheblich reduziert werden. In diesem Zusammenhang bietet sich zur Kostenreduktion die Verwendung von sogenannten Normalien an. Das sind weitgehend vorgearbeitete Werkzeuggestelle. Die Preise der hochspezialisierten Anbieter für solche Normalien sind aufgrund der Lohnkostensituation von einem Werkzeugbaubetrieb ohne weiteres kaum zu unterbieten. Die Aufgaben des Werkzeugmechanikers werden sich wahrscheinlich dahingehend verändern, dass er stärker planend und kalkulierend als fertigend tätig sein wird. Für einfache Werkzeuge kann er Teile der Aufgaben des Meisters bzw. des Konstrukteurs übernehmen. Die entsprechenden Hilfsmittel liefert ihm die Softwareindustrie.

Die nächsten beiden Projekte verlangten von den Schülern ein erhebliches Maß an Kreativität und fachlichem Wissen. Sie waren gezwungen, sich weitgehend selbstständig mit den fachlichen Inhalten des Werkzeugbaus bzw. der Maschinen- und Gerätetechnik auseinander zusetzen. Der Lehrer half durch eine problemorientierte Fragestellung und durch kompetente Beratung.

Auch bei diesem(n) Projekt(en) haben wir uns um konkrete Aufträge aus den ausbildenden Unternehmen bemüht. Dadurch sollte wieder eine berufstypische Handlungssituation und somit eine Realitätsnähe erreicht werden. Für das Formwerkzeug war es uns gelungen, die Fa. Transcoject aus Neumünster zu gewinnen. Dagegen fanden wir keinen externen Auftraggeber für die Montageanlage.

Zu den Projekten bekamen die beiden Projektgruppen ein Lastenheft und einen Anforderungskatalog über die von ihnen zu erlangenden fachlichen, methodischen und sozialen Kompetenzen.

5.3.4 Projekt 3: Kunststoffspritzwerkzeug

Ziel dieses dritten Projekts war es, ein Kunststoffspritzwerkzeug mit Hilfe einem von einem Normalienanbieter zur Verfügung gestellten CAD-Softwarepakets unter Einbeziehung des Qualitätsmanagement-Schwerpunktes *FMEA* und des Prinzips *Just In Time* zu entwickeln. Diese Aufgaben übernahmen zwei Werkzeugmechaniker (Formentechnik).

Die Fa. Transcoject benötigte ein Kunststoffspritzwerkzeug, um Versuche mit unterschiedlichen Kunststoffen auf ihre Produkteinsatzfähigkeit zu testen. Ferner sollten damit die Parameter für den Einsatz einer Spritzmaschine untersucht werden.

Die unterrichtliche Umsetzung vollzog sich ähnlich wie in den vorangegangenen Projekten. Die Schüler erarbeiteten sich die fachlichen Inhalte des Formenbaues und fertigten darüber eine Dokumentation mittels eines Textverarbeitungsprogramms an. Inzwischen verfügte die Planungsinsel über einen Scanner, so dass Abbildungen in die Ausarbeitung eingefügt werden konnten. Nach einer kurzen Demonstration der Normalien in einem CAD-Softwarepaket waren die Schüler weitgehend selbstständig in der Lage, das passende Formengestell auszuwählen. Aufgrund ihrer bereits in den früheren Projekten erworbenen CAD-Kenntnisse konnten sie relativ schnell die nötigen Ergänzungsteile wie den Formeinsatz, den Düseneinsatz und den Auswerfer konstruieren. Die Software lieferte mit wenigen Handgriffen eine bestellfertige Auftragsliste mit Preisangaben des Lieferanten. Die Kalkulation wurde dadurch sehr erleichtert.

Parallel zur Konstruktion wurde mit der Prozess-FMEA begonnen. Die Prozess-FMEA sollte mögliche Schwachstellen und Störeinflüsse bei der Produktion des Werkzeugs aufdecken und vermeiden helfen. Es wurde von uns ein FMEA-Formblatt als Tabellenkalkulationsblatt mit den funktionellen Verknüpfungen vorbereitet. Eine einführende Fachinformation erfolgte mündlich. Sehr bald konnten die Schüler selbstständig mit dem Blatt arbeiten. Schwierigkeiten bereiteten häufig die zutreffende Bewertungseinstufung der Einflussgrößen auf die Risikoprioritätszahl durch mangelnde fachliche Erfahrungen. Die Prozess-FMEA konnte nur in enger Abstimmung mit den anderen am Projekt arbeitenden Schülern erfolgen. Sie hatte Einfluss auf die Konstruktion und die Kalkulation. Beeindruckend war für die Schüler nach Abschluss der Prozess-FMEA das generierte Balkendiagramm für die Risikoprioritätszahlen der einzelnen Bauelemente des Werkzeugs (vgl. *Abbildung 5.5*). Es stellt, nach Größe sortiert, ein Pareto-Diagramm der möglichen Störungen beim Herstellungsprozess dar.

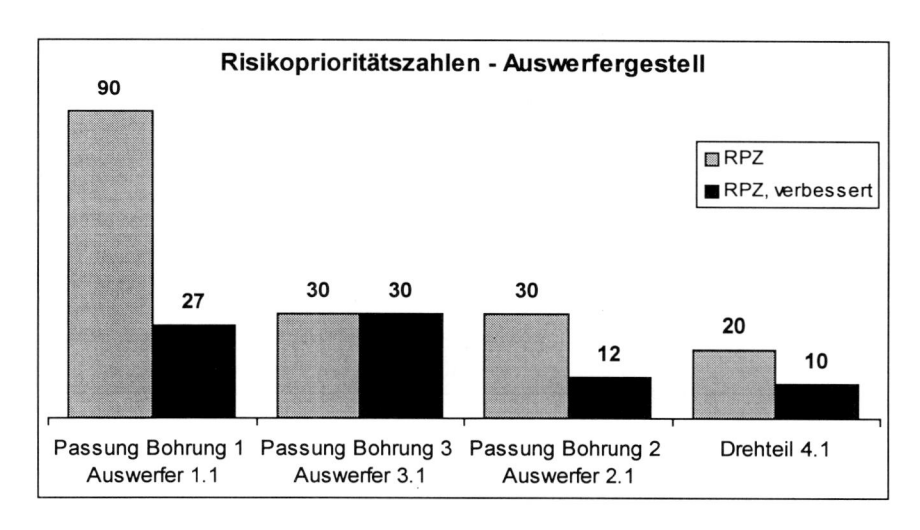

Abbildung 5.5: Prozess-FMEA für ein Werkzeugteil; Risikoprioritätszahlen

Die Schüler zeigten sich in der Lage, die Bauteile sofort zu erkennen, auf die während der Fertigung besonderes Augenmerk zu legen war. Zugleich lieferte das Diagramm Hinweise auf notwendige Verbesserungen des Prozesses oder auf erweiterte Kontrollmaßnahmen. Die Schüler arbeiteten damit auch an einem ständigen Verbesserungsprozess. Ihre Kreativität wurde gefordert.

Ein dritter Schüler hatte sich mit der Kalkulation beschäftigt. Wie bereits erwähnt, wurde seine Arbeit durch die automatisch erstellte Stückliste mit Preiseintragungen unterstützt. Die anzufertigenden Teile und die Vorbereitung des Werkzeugkörpers für den Einbau mussten von ihm kalkuliert werden. Das Ergebnis der Kalkulation war für alle erstaunlich. Der ermittelte Gesamtpreis des Werkzeugs lag um ca. 50% unter allen Schätzungen der von den Schülern befragten Fachleute (Meister, Werkzeugkonstrukteure) in den Ausbildungsbetrieben. Dieses Projekt wurde mit der Erstellung eines Zeichnungssatzes, der Kalkulation, einem Angebot und der Prozess-FMEA beendet.

Die Schüler präsentierten ihre Arbeit der Fa. Transcoject in Anwesenheit des Ausbilders und des Werkzeugkonstrukteurs (vgl. *Abbildung 5.6*).

Abbildung 5.6: Übergabe der Konstruktionsunterlagen

Der Anspruch, das Projekt zum vereinbarten Termin also *Just In Time* abzuliefern, war gescheitert. Die Qualifikationsphasen, die Einarbeitungsphasen in die Software und die FMEA hatten länger als erwartet gedauert. Die bevorstehende Prüfung verbunden mit dem Wunsch nach gezielter Vorbereitung dämpfte zeitweise das Engagement der Schüler.

Wegen der Prüfungsvorbereitungen war leider keine Zeit mehr, das Werkzeug anzufertigen.

5.3.5 Projekt 4: Montageanlage

Um den fachspezifischen Anforderungen des Industriemechanikers (Feinwerktechnik) zu genügen, bearbeitete er mit einem Werkzeugmechaniker (Schneid- und Umformwerkzeuge) ein anderes Projektthema. Hierbei handelte es sich um den Entwurf einer Montageanlage zum Zusammenstellen einer Baugruppe für den Servozylinder. Auch bei diesem Projekt standen der Qualitätsmanagement-Schwerpunkt *FMEA* und das Prinzip *Just In Time* im Mittelpunkt.

Die Zielsetzung war bis auf die Kalkulation mit dem Projekt *Kunststoffspritzwerkzeug* identisch. Der Einsatz eines Getriebebaukastens erwies sich für die beiden Schüler als besonders hilfreich. In der konzeptionellen Phase erstellten sie mit dessen Hilfe ein Anschauungs- und Funktionsmodell. Sehr schnell zeigte sich allerdings die fachliche Dominanz des Industriemechanikers (Feinwerktechnik). Er konstruierte mit Hilfe des CAD-Programms im wesentlichen die Montageanlage. Dabei waren seine Ideen kreativ. Weiterhin unterstützte er seinen Mitschüler (Werkzeugmechaniker Fachrichtung Schneid- und Umformwerkzeuge) bei der Aufstellung der Prozess-FMEA. Durch persönliche Schwierigkeiten des für die FMEA zuständigen Werkzeugmechanikers, die sich in einem diskontinuierlichen Schulbesuch zeigten, machte dieses Projekt nur schleppend Fortschritte. Als Ergebnis ist eine weitgehend fertiggestellte Konstruktion und eine für eine Baugruppe aufgestellte Prozess-FMEA zu verzeichnen. Die zeitliche Terminierung des Projekts scheiterte an den bereits beschriebenen Gründen. Eine Präsentation kam nicht mehr zustande.

5.4 Lernprozessbeobachtung und Abschlussprüfung

5.4.1 Lernprozessbeobachtung

Während der gesamten Unterrichtsphase des Modellversuchs sind die Lernprozesse durch Beobachtungen der Gruppenarbeit und deren Ergebnisstand verfolgt worden. Individueller Erwerb sozialer Kompetenzen waren an Einstellungsveränderungen der Auszubildenden erkennbar. Daneben haben wir zahlreiche Klassenarbeiten als Lernerfolgskontrolle eingesetzt. Die Arbeiten beschränkten sich nicht auf die reine Wissensabfrage, sondern versuchten einen Handlungsrahmen wiederzugeben. Aufgrund der Aufgabenfülle haben wir keine systematischen Instrumentarien der Lernerfolgskontrolle anwenden können.

5.4.2 Abschlussprüfung

Wie schon bei der Zwischenprüfung konnte mit der IHK (Industrie und Handelskammer) zu Kiel nur ein Kompromiss für die Abschlussprüfung gefunden werden. Aus prüfungsrechtlichen Gründen hielt die IHK an der bundeseinheitlichen Prüfung nach PAL fest. Allerdings konnten die *ungebundenen* Aufgaben durch folgende Fragen ersetzt werden.

Prüfungsfragen in „Wirtschaft- und Sozialkunde"

- Aus welchen Gründen entscheiden sich immer mehr Unternehmen, solche Lieferanten zu wählen, die nach DIN EN ISO 9000 ff. zertifiziert sind?
- Nennen Sie zwei Gründe, die für die schriftliche Festlegung von Tätigkeiten in Arbeitsanweisungen sprechen.
- Zählen Sie drei Konsequenzen auf, die sich aus der wirtschaftlichen Globalisierung für inländische Unternehmen und ihre Mitarbeiter ergeben.
- Erläutern Sie am Beispiel der Normenreihe DIN EN ISO 9000 ff. den Unterschied zwischen einer Norm und einer gesetzlichen Vorschrift.
- Nennen Sie zwei Gründe, warum Unternehmen Verbesserungsvorschläge der Mitarbeiter fördern und mit Geld belohnen sollten.
- Die Fehlerkosten sind für ein Unternehmen dann besonders hoch, wenn erst nach Auslieferung ein Fehler an einem Produkt entdeckt wird.
- Nennen Sie zwei Möglichkeiten, wie so ein Sachverhalt vermieden werden kann.
  Oder:
  Nennen Sie drei Arten der so entstandenen Fehlerkosten.

Prüfungsfragen in „Technologie 1"

- Was versteht man unter einem Qualitäts-Audit bzw. der Zertifizierung eines Qualitätsmanagement-Systems?
- Beschreiben Sie kurz die wesentlichen Punkte der einzelnen Normen der Reihe DIN EN ISO 9000ff..
- Sie haben die Aufgabe, ein externes Qualitätshandbuch zu erstellen.
  Worin besteht der Unterschied zwischen einem externen und internen Qualitätsmanagement-Handbuch?
  Welchen Zweck hat ein Qualitätsmanagement-Handbuch?
  Welche Aufgabe hat die Normenreihe DIN EN ISO 9000 – 9004 dabei?

Prüfungsfragen in „Arbeitsplanung 2"

- Von der Qualität der Produkte einer Organisation (Unternehmen, Behörde usw.) sind viele betroffen und diese haben ganz unterschiedliche Erwartungen.
  Beschreiben Sie kurz, welche Erwartungen die einzelnen Interessenpartner haben: Kunden (Abnehmer), Mitarbeiter, Eigentümer, Unterlieferanten, Gesellschaft
- Beschreiben Sie mit Hilfe eines Flussdiagramms bzw. mit einem Programmablaufplan die Verfahrensanweisung für die Behandlung fehlerhafter Teile in einem Betrieb, der ein QM-System eingeführt hat.
- Welche Vorteile hat es, wenn Fertigungsvorgänge als Prozesse betrachtet werden?
  Beschreiben Sie die Funktion eines Prozessregelkreises!
- Welche Bedeutung hat die genaue und präzise Erfassung des Kundenwunsches für die Bearbeitung des Auftrages? Erläutern Sie dies an einem Beispiel!

Prüfungsfragen in „Technische Mathematik"

- Ermitteln Sie mit Hilfe des Wahrscheinlichkeitsnetzes, ob die Werte in der Tabelle normalverteilt sind und bestimmen Sie den Mittelwert 8 sowie die Standardabweichung s_z. (Wertetabelle und Wahrscheinlichkeitsnetz). [vgl. *Tabelle 5.6*]
- Tragen Sie in die schmale Kurve die entsprechenden Abstände ein, wenn die Gesamtheit aller gefertigten Teile einen Gutanteil von 68,26%, 95,45% und 99,73% aufweisen soll.

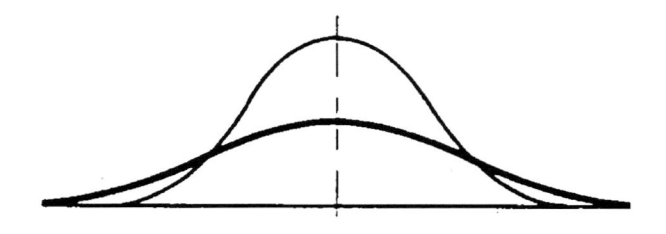

- Ermitteln Sie die Arbeitsplatzkosten pro Stunde für eine CNC-Drehmaschine mit den folgenden Werten:
  Fixe Kosten =   55.366,70 DM/Jahr
  Variable Kosten =   83,15 DM/h
  Nutzungszeit/Jahr =   1388 Stunden
  Fertigungsgemeinkosten = 30%

Tabelle 5.6:   Wertetabelle und Wahrscheinlichkeitsnetz

Klassen							
Nr.	von mm	bis mm	Strich-liste	Besetzungszahl n_j	Anteile am Stichprobenumfang %	Summierte Besetzungszahl G_j	Anteil an der Gesamtzahl entspricht Summenhäufigkeit H_j / %
1	21,9435	21,9608	IIII	4	8	4	8
2	21,9608	21,9781	IIIII IIII	9	18	13	26
3	21,9781	21,9954	IIIII IIIII II	13	26	26	52
4	21,9954	22,0127	IIIII IIII	9	18	35	70
5	22,0127	22,0300	IIIII IIIII	10	20	45	90
6	22,0300	22,0473	II	2	4	47	94
7	22,0473	22,0646	III	3	6	50	100
K=	7			n_{ges}	Kontrolle:		
w=	0,0173			= 50	Σ = 100%		

5.5 Zusammenfassung und Ausblick

Die Veränderungen der Berufswirklichkeit in Verbindung mit dem Qualitätsmanagement erfordern vom Facharbeiter nach unseren Beobachtungen eine zunehmend selbstorganisierte Arbeitsablaufstruktur und Eigenkontrolle seiner Tätigkeit. Das Bewusstsein, sich in einem Regelkreismodell zu bewegen, ist dabei von entscheidender Bedeutung. Die eigene Tätigkeit ist bei der Entstehung eines Produktes unverzichtbarer Teil des Gesamtprozesses. An bestimmten Stellen seiner Tätigkeit muss der Facharbeiter seinen Prozessanteil planen, beobachten und eventuell regulierend eingreifen. Dieses Bewusstsein haben wir durch ein

die Eigenverantwortung stärkendes Lehr-Lern-Arrangement gefördert. Unsere Antworten auf die in den fünf Hauptfragen formulierten Zielsetzungen des Modellversuchs sind
- die Gründung einer Lernfirma,
- die handlungsorientierten Unterrichtsprojekte als Fertigungs- und Planungsaufträge mit Realitätsanforderungen,
- die Überlassung und Bearbeitung von Managementaufgaben bei der Auftragsrealisierung,
- die ganzheitliche Durchführung vom Planen zum Fertigen der Aufträge und letztendlich
- das Angebot einer Gewinnbeteiligung (vgl. *Abs. 5.3.1*).

Die Auszubildenden haben Strukturen einer modernen Inselfertigung vorgefunden. Sie haben produktbezogen in weitgehend wirtschaftlicher Eigenverantwortung gearbeitet. Dies hat seinen äußeren Ausdruck in der Einrichtung einer räumlich nebeneinander liegenden Planungs- und Fertigungsinsel gefunden.

Als das größte Problem im Verlauf des Modellversuchs stellte sich die Entwicklung des persönlichen Qualitätsbewusstseins bei den Auszubildenden dar. Es war ein teilweise mühseliger und langwieriger Veränderungsprozess. Er gelang nur durch individuelle Einflussnahme, indem die Schüler mit den Ergebnissen ihres Tuns in Form von erlebten Misserfolgen oder voraus gedachten Konsequenzen ihrer Handlungen konfrontiert wurden. Eigenverantwortung und Überlassung von Entscheidungsbereichen motivierten viele Schüler, persönliche Verantwortung für den Gesamtprozess zu übernehmen. Bei einigen versagten aber alle Formen der Motivation. Erweiterte Eigenständigkeit und persönliche Verantwortung und eine z. T. mühselige Korrektur ihrer Handlungsansätze war für einige Schüler eher ein Grund, auszuweichen und nicht zielgerichtet zu arbeiten.

Während des Modellversuchsunterrichts sind die Schüler mit unterschiedlichen Methoden und Werkzeugen des Qualitätsmanagements in Kontakt gekommen. Drei Beispiele seien hier genannt:

1. Die **Statistische Prozesskontrolle**. Um einen Prozessregelkreis in einer industriellen Fertigung zu steuern, haben sich Kenntnisse der Statistik als unbedingt erforderlich erwiesen. Fundiertes Hintergrundwissen über die statistischen Sachverhalte sind bei der Anwendung von Auswertungsprogrammen nötig, um fachgerechte Entscheidungen im Prozessregelkreis zu treffen.

2. Die **Prozess-FMEA**. Die Fehlerprävention spielt eine immer größere Rolle, um unnötige Kosten zu vermeiden. In Zukunft wird der Facharbeiter stärker präventiv denken müssen, damit Fehler gar nicht erst auftreten. Mittels der Prozess-FMEA werden Fehler vorausschauend erfasst und in FMEA-Software eingearbeitet. Mögliche Fehlerquellen werden mit einer Risikoprioritätszahl unterschiedlich bewertet. Der Fertigungsprozess wird so transparenter und immer stabiler. Die Fachkompetenz und die Kreativität des Facharbeiters sind hier erheblich gefordert. Hier ergibt sich ein weiterer Ansatzpunkt für eine enge Zusammenarbeit zwischen Schule und Ausbildungsbetrieb.

3. Das **Audit**. Eingeführte Qualitätsmanagement-Systeme müssen bei der Zertifizierung eines Betriebes durch ein Audit nachgewiesen werden. Der Facharbeiter muss dabei in der Lage sein, gemäß des ihn betreffenden Qualitätsmanagement-Systems die Audit-Fragen richtig zu beantworten. Dieses geht nur, wenn er Sinn und Zweck des Ganzen eingesehen und verstanden hat.

Im Verlauf des Modellversuchs haben die Schüler alle sie betreffenden wesentlichen Elemente des Qualitätsmanagements kennengelernt und weitgehend selbst erfahren. Die anfängliche Skepsis der Schüler über die Bedeutung der neuen Ausbildungsinhalte führte mit den einsetzenden Veränderungen in einigen Ausbildungsbetrieben zu einer Akzeptanz des Qualitätsmanagements. Beim überwiegenden Teil der Schüler ließen sich positive Veränderungen ihrer persönlichen Qualität beobachten. Die Bereitschaft, die übertragenen Aufgaben verantwortungsvoll und engagiert zu bearbeiten, hat deutlich zugenommen. So war z. B. die Auditierung von großem persönlichen Einsatz der beteiligten Schüler geprägt.

Mit dem Abschlusszeugnis der Berufsschule und dem Facharbeiterbrief erhielten alle Auszubildenden, die an dem Modellversuch mitgewirkt haben, eine Bescheinigung. In dieser sind die Dauer der Teilnahme sowie die Schwerpunkte in Bezug zum Qualitätsmanagement aufgeführt. Wir sind der Meinung, dass diese Bescheinigung die Einstellungschancen der jungen Facharbeiter verbessern könnte.

Der Modellversuch hatte auch deutliche Auswirkungen in der kollegialen Zusammenarbeit und in der Schulorganisation. Durch die räumliche Umstrukturierung veränderte sich auch die Bereitschaft der Kollegen, ihren Unterricht nicht mehr von anderen Kollegen abzuschirmen. Der Werkstattbereich mit der Planungsinsel wird heute schon selbstverständlich von unterschiedlichen Schülergruppen gleichzeitig benutzt. Die Raumorganisation wird flexibel gehandhabt. Moderne Kommunikationsmittel werden zunehmend unterrichtlich genutzt.

Im Anschluss an den Modellversuch ist eine landesweit ausgeschriebene Lehrerfortbildung zum Themenbereich „Qualitätsmanagement und berufliche Bildung" vorgesehen.

Nach Beendigung des Modellversuchs QMB sind wir der Meinung, dass auch Unterricht in der Berufsschule sich verändern muss. Die Berufsschule muss weg von einer Bildungseinrichtung, in der die Schülerinnen und Schüler zu etwas „gebracht" werden (bessere Menschen, bessere Facharbeiter). Der Berufsschulunterricht muss dagegen – unserer Meinung nach – so gestaltet werden, dass Schüler die Chance erhalten, durch *eigenverantwortliches Arbeiten und Lernen* selbstgesteuert ihre *Qualifikationen und Kompetenzen* zu verbessern. Es gibt wohl kaum noch Zweifel, dass aus diesen Gründen der Berufsschulunterricht in weiten Teilen handlungsorientiert gestaltet sein sollte. Wie müssen entsprechende Lernsituationen gestaltet sein? Um dieses richtig einschätzen zu können, muss man die betrieblichen Anforderungen in der Industrie an den Facharbeiter und die Handlungsfelder des Arbeitsplatzes kennen. Durch diese Kenntnis ergeben sich neue Inhalte und Methoden für den Unterricht, wie z. B. Elemente des Qualitätsmanagements und deren Systeme. Die Lehrkräfte des Standortes Neumünster und Mitarbeiter der Firma Sauer-Sundstrand, die für die Ausbildung verantwortlich sind, erarbeiten zur Zeit ein Ausbildungskonzept, in dem diese Inhalte berücksichtigt sind. „Aber sehr viel wichtiger als die Frage der Inhalte – was ist eigentlich zu können, um Qualität zu produzieren und um gute Dienstleistungen zu erbringen – viel wichtiger ist die Frage, wie kann man Qualitätsbewusstsein verinnerlichen? Hieran muss gearbeitet werden, und das kann sicherlich nicht nur im Modellversuch eines Landes geschehen, sondern es müsste eigentlich flächendeckend im Dualen System passieren." [BADER 1995, S. 32] Das Qualitätsmanagement und deren Systeme werden uns also noch länger beschäftigen.

5.6 Anhang

5.6.1 Liste der Abkürzungen

7M-Methode	Einflussgrößen auf Qualität: Mensch, Maschine, Material, Mitwelt, Methode, Management, Messbarkeit
c, c_k	Indizes für die Prüfmittelfähigkeit
CAD	**C**omputer **A**ided **D**esign
CADdy	CAD-Programm der Firma Ziegler Informatics
CAQ	**C**omputer **A**ided **Q**uality **A**ssurance
c_m, c_{mk}	Indizes für die Maschinenfähigkeit
CNC	**C**omputerized **N**umerical **C**ontrol
c_p, c_{pk}	Indizes für die Prozessfähigkeit
ddw	Hersteller von CAQ-Software
DTP	**D**esk**T**op **P**ublishing
EDV	**E**lektronische **D**aten **V**erarbeitung
FMEA	**F**ehler-**M**öglichkeits- und **E**influss-**A**nalyse
ISHIKAWA	Fischgräten-Diagramm oder Ursache-Wirkungs-Diagramm
KVP	**K**ontinuierlicher **V**erbesserungs**P**rozess
KAIZEN	Japanischer Begriff für KVP; zusätzliche Bedeutung: Ganzheitliches Denken
KMK	**K**ultus**m**inister**k**onferenz
OPUS	PC-Programm zur Erstellung von CNC-Teileprogrammen
PAL	Prüfungsausschuss
PPS-Sytem	**P**roduktions- **P**lanungs- und **S**teuerungs-System
QFD	**Q**uality **F**unction **D**eployment
QM	**Q**ualitäts**M**anagement
QS	**Q**ualitäts**S**icherung
R	Rangewert, Spannweite
REFA	Verband für Arbeitsstudien und Betriebsorganisation e. V.
s	Streuung
SPC	**S**tatistical **P**rocess **C**ontrol
TQM	**T**otal **Q**uality **M**anagement
WMZ Metalltechnik	Name der Lernfirma
$\bar{x}$	Mittelwert
$\bar{x}$-, s-Karte	Prozessregelkarte nach Shewhart

5.6.2 Projektunterlagen am Beispiel des „Kunststoffspritzwerkzeugs"

Tabelle 5.7: Auftragsspezifikation zum Kunststoffspritzwerkzeug

Auftrag	Musterwerkzeug nach beiliegender Skizze	Auftraggeber	Firma: Transcoject, 24539 Neumünster Tel: 04321/..........; Telefax: 04321/.......... Ansprechpartner: Herr ...., Konstruktion		
Spezifikation					
Pos.	Titel	Beschreibung			Bemerkung
1	Spritzgieß-Maschine	Battenfeld BA 300 CD plus			Betriebsdaten beiliegend
2	Schuss/min	3 – 4			
3	Gesamtschusszahl	500.000			
4	Artikel	Spritzspirale, ⌀ 100 mm, zweigängig, mit zentralem Anspritzpunkt. Kanalabmessungen: Breite 4 mm, Höhe 3 mm, Form: halbrund			Skizzen beiliegend
5	Konstruktion	Vor der Werkzeugfertigstellung findet eine Konstruktionsbesprechung statt. Es sind ein Satz Pausen und ein Satz Mutterpausen sowie Datenträger der Zeichnungen als DXF-Files zu liefern			
6	Liefertermin	1998-12-03			
7	Fachzahl	einfach			
8	Oberfläche	Nach Absprache mit dem Kunden			
9	Arbeitsweise	Freifallend mit automatischer Trennung von Anguss und Artikel			
10	Angussart	Kaltkanal mit Punktanguss			
11	Angussbuchse	R 15,50 mm			
12	Auswerfer	durch Auswerferbolzen, Gewindeanschluss M16			
13	Werkzeugbefestigung	mittels Spannpratzen			
14	Kühlung, Temperierung	Wasserkühlung, Anschlussnippel M14x1,5			z. B. HASCO Z 811
15	Formsicherung	durch mechanische Rückdrückstifte			
16	Transport/Einbau	Einbaubrücke mit Augenschraube im Lastschwerpunkt			
17	Materialien	Formaufbau: 1.1730 Formplatten: 1.2312 Einsätze: 1.2767 Auswerferplatten: 1.1730			
18	Bemusterung	nach Absprache mit dem Kunden			
19	Sonstiges	Demontagehilfe an jeder Platte			

Literatur

BADER, REINHARD (1995):
Gesprächsreihe Berufsbildung im Gespräch – Die Zukunft des Dualen Systems. Verein zur Förderung der beruflichen Bildung an den Berufsbildenden Schulen II (Hrsg.). Göttingen 1995.

DIN EN ISO 9000:
Qualitätsmanagement und Qualitätssicherungsnormen. Leitfaden zur Auswahl und Anwendung von ISO 9001, ISO 9002, und ISO 9003.

DIN EN ISO 9001:
Qualitätsmanagementsysteme. Modell zur Qualitätssicherung/Qualitätsmanagement. Darlegung in Design/Entwicklung, Produktion, Montage und Kundendienst (ISO 9001: 1994) Dreisprachige Fassung EN ISO 9001, 1994.

DIN EN ISO 9002:
Qualitätsmanagementsysteme. Modell zur Qualitätssicherung/Qualitätsmanagement. Darlegung in Produktion, Montage und Kundendienst (ISO 9002: 1994). Dreisprachige Fassung EN ISO 9002, 1994.

DIN EN ISO 9003:
Qualitätsmanagementsysteme. Modell zur Qualitätssicherung/Qualitätsmanagement-Darlegung bei der Endprüfung (ISO 9003:1994). Dreisprachige Fassung EN ISO 9003, 1994.

DIN EN ISO 9004-1:
Qualitätsmanagement und Elemente des Qualitätsmanagementsystems – Teil 1 Leitfaden, Dreisprachige Fassung EN ISO 9004–1, 1994

KLAUS-PETER LUKASCZYK, BERND SCHNEIDER

6 Qualitätsmanagement als fachübergreifendes Unterrichtsprojekt

6.1 Vorbemerkungen

Der Modellversuch „Qualitätsmanagement und berufliche Bildung" bedarf für den gestandenen Lehrer und Kollegen der Fachschule Technik einer näheren Erläuterung, ist er doch aufgrund seiner meist langen Berufstätigkeit spezialisiert für beispielsweise Konstruktion, Industriebetriebslehre, Fertigungstechnik o. a. Fächer. Seine Ausbildung liegt meist zehn, zwanzig oder mehr Jahre zurück. Meist ist ein Ingenieurstudium, oft auch eine Ingenieurtätigkeit und ein nachfolgendes Gewerbelehrerstudium der übliche Ausbildungsgang gewesen. Die großen Veränderungen in der Industrie fanden aber innerhalb der letzten fünfzehn Jahre statt.

Veränderungen wie z. B.
- Lean-Production,
- Kaizen/KVP,
- TQM,
- Simultaneous Engineering,
- Verringerung der Fertigungstiefe,
- Just in Time,
- Inselfertigung,
- Teamarbeit oder
- Zertifizierung nach DIN EN ISO 9000 ff.

sollen hier nur auszugsweise genannt werden. In manchen Betrieben ist die Meisterebene ersatzlos gestrichen worden. Die geschaffene Teamleiterebene – meist Facharbeiter, die für das gleiche Geld mehr Aufgaben übernehmen – hat das Tätigkeitsprofil der Facharbeiter und damit auch der Techniker verändert.

Diese Veränderungen sind von vielen Lehrern passiv durch Betriebsbesichtigungen, Artikel in Fachzeitschriften und Büchern wahrgenommen worden. Auf Erfahrungen diesbezüglich können sie nicht zurückgreifen. Unsere Absolventen der Fachschulen fanden i. d. R. in der Industrie ihre Anstellung, also lieferten wir dahin Qualität – so auch die immer wiederkehrende Argumentation der Kollegen.

Die KMK-Rahmenvereinbarung von 1992[11] hat einen Vorstoß zu einer veränderten Ausbildung unternommen und hat damit auf die Veränderungen reagiert. Wir standen zu Beginn unseres Modellversuches vor der Situation, gedanklich zu erfassen, inwieweit wir als Lernort

---

[11] Die neue Rahmenvereinbarung enthält die Neufassung der Lernbereiche. Beschäftigung mit einer Projektarbeit und Erwerb von Teilqualifikationen. Ferner die Einführung eines fachrichtungsübergreifenden Lernbereiches Kommunikation-Gesellschaft (Deutsch, Fremdsprachen, Arbeits- und Sozialrecht).

Schule die beispielsweise oben genannten Veränderungen aufnehmen, alt bewährte Fachinhalte reduzieren und bewährte Methoden dafür aufgeben. Für uns war nicht einschätzbar, ob es sich um kurze Strohfeuer in einer dynamischen Entwicklungskette von Veränderungen betrieblicher Strukturen handelt oder hier der Weg in die Zukunft beschritten wird.

Unser Unterrichtskonzept basiert auf dem *Qualitätsmanagement* und den damit einhergehenden Veränderungen in der Industrie. Auszüge davon in den Unterricht zu übernehmen bedeutet für uns, Ausbildung praxisnäher und damit attraktiver zu gestalten. Es bedeutet aber auch, die Methodenform im Unterricht zu wechseln, um Erfahrungen für die Schüler erlebbar zu gestalten – denn *Qualität beginnt im Kopf.*

Im folgenden wird ein Unterrichtskonzept zur Umsetzung von Qualitätsmanagement in Unterrichtsprojekten in Zusammenarbeit mit der Industrie dargestellt. „Aus der Schulpraxis für die Schulpraxis", so ist das Motto der nachfolgenden Darstellung unseres Modellversuches sowie seiner Ergebnisse.

6.2 Rahmenbedingungen

6.2.1 Personen

Lernende

Unser Konzept setzten wir zu Beginn der Modellversuchsarbeit mit einer Klasse in der Tagesform (12 Schüler, zwei Schülerinnen) um. Danach folgte eine Klasse in der Abendform (19 Schüler, zwei Schülerinnen) und nach Modellversuchsende unter normalen Bedingungen die Übertragung ins Regelsystem der Fachschule mit einer Klasse in der Tagesform (zehn Schüler). In allen Klassen war das bei uns übliche breite Spektrum der Ausbildungsberufe des Metallgewerbes vertreten. Das Alter der Schüler lag bei ca. 20 bis 36 Jahren.

Motivation

Das differierende Lebensalter und die unterschiedliche Berufserfahrung der Schüler wirkten sich schon in der Vorbereitungsphase aus. Nicht allen Schülern war die Aktualität und Bedeutung des Modellversuchsthemas bewusst. Einige Schüler erlebten in ihren Firmen den Unterschied zwischen Theorie und Praxis im dort praktizierten Qualitätsmanagement und waren völlig frustriert. Andere Schüler machten die Erfahrung, dass sich durch Qualitätsmanagement doch nichts ändert – „alles Quatsch". Es musste von uns viel Aufklärungs- und Überzeugungsarbeit geleistet werden, bis die Klassen der Teilnahme am Modellversuch zustimmten. Zusätzlich äußerten Schüler die Befürchtung, dass nach der Projektarbeitsphase die *„verlorene Zeit"* wieder einzuholen versucht würde. Die von der Wichtigkeit ihres Faches überzeugten (nicht am Modellversuch beteiligten) Kollegen könnten danach – durch ein womöglich erhöhtes Vermittlungstempo – die Abendschüler so stark neben ihrer Berufstätigkeit belasten, dass die Schüler den Anforderungen nicht mehr gewachsen wären.

Die offensichtlich ausgeprägt vorhandene aktive Kritik- und Kommunikationsfähigkeit einzelner Schüler belastete in dieser Phase die passive Kritikaufnahmefähigkeit der beteiligten Kollegen. Alle Bedenken der Schüler und daraus abgeleitete Forderungen und Wünsche wurden ausdiskutiert und soweit möglich, in einem Leitfaden verbindlich fixiert.

Angeregt durch die Präsentationen der Ergebnisse kam die Klasse des dritten Durchganges von sich aus zum Lehrerteam, um ebenfalls ein solches Unterrichtsprojekt durchzuführen. Sie sahen darin gute Chancen, ihre Qualifikationen und damit ihren „Marktwert" auf dem Arbeitsmarkt zu erhöhen.

Lehrende

Die Tragweite der Thematik vollständig zu überblicken war am Anfang des Modellversuchs nicht möglich. Der erste Durchgang in der Tagesform zeigte uns, dass es so nicht geht. In acht Stunden pro Woche über zwanzig Wochen (Summe: 160 Stunden) war die zeitparallele Vermittlung der Qualitätsmanagement-Inhalte, die Schulung der Moderationsfähigkeit der Schüler und die Erhaltung ihrer Motivation bei laufender Projektarbeit für die Projektleitung allein schlicht unmöglich. Die Schul- und Abteilungsleitung genehmigte ein modifiziertes Konzept:

- Als Vorlauf schulinterne Lehrerfortbildung im 14-täglichem Rhythmus mit drei Stunden pro Woche (Summe: 30 Stunden).
- Wechsel von der Tages- in die Abendform der Fachschule Technik.
- Für die Schüler ein halbes Jahr Qualitätsmanagement-Unterricht vor der Projektarbeit mit insgesamt 40 Stunden.
- Projektarbeit über ein halbes Jahr mit 15 Stunden pro Woche (Summe: 300 Stunden).

Nach Vorlage der Projektbeschreibungen durch die Firmen sprachen wir in Abstimmung mit der Abteilungsleitung die Kollegen an, die aufgrund der möglichen geforderten Fachkompetenz in Frage kamen. Diese Gruppe traf sich dann zu mehreren vorbereitenden Arbeitssitzungen und fast 14-täglich bei laufender Projektarbeit.

6.2.2 Bildungssystem

Schule

Durch den Wechsel vom ersten zum zweiten Unterrichtsprojekt, von der Tagesform in die Abendform, ergab sich eine verbesserte Raumsituation. Fünf nebeneinander liegende, in den Abendstunden nicht belegte Klassenräume standen zur Verfügung. Im dritten Durchgang (Tagesform) gestaltete sich die Raumsituation wieder etwas schwieriger. Es konnten nur ein Klassenraum, ein kleiner Medienraum und ein kleiner Konferenzraum frei gehalten werden. Dank der mobilen Rechnereinheiten entstand aber auch hier eine akzeptable Arbeitsumgebung.

Für die Zukunft (nach Modellversuchsende) wäre es eine praktikable Alltagslösung, die einzelnen Projektgruppen auf möglichst nebeneinander liegende Klassenräume zu verteilen. Die von uns zu diesem Zweck angeschafften mobilen Rechnereinheiten lassen eine hohe Flexibilität bei der Raumnutzung zu und stellen einen akzeptablen Kompromiss dar. Der Lehrer könnte dann in einem Raum seinen Standort wählen und die Projektgruppen nach Bedarf aufsuchen. Zu klären wäre u. E. auch die Thematik der Aufsicht und die der Anwesenheit bei erwachsenen (Fachschülern), selbstständig im Projekt arbeitenden Schülern. Zu prüfen wäre aus unserer Sicht in einem neuen Durchgang, wie sich firmenspezifische Lösungen – Großraumbüros o. ä. – bewähren. Über eine Veränderung der Raumsituation für Projektarbeiten muss unserer Meinung nach in absehbarer Zeit verstärkt nachgedacht werden.

Betriebe

Projektaufgaben müssen aus dem Handwerk oder der Industrie kommen, nur so kann das von uns angestrebte *reale Kunden-Lieferanten-Verhältnis* hergestellt werden. Die Firmen müssten mit einem Qualitätsmanagement-System ausgestattet oder zertifiziert sein. Bei den jeweiligen Ansprechpartnern sollte es sich um Qualitätsmanagement-Fachkräfte handeln. Bis jetzt sind die Projektvorschläge durch persönliche Kontakte der Lehrer und Schüler zu einigen Firmen zustande gekommen. Während der Projekte entsprach die Unterstützung durch die Ansprechpartner der Betriebe unseren Vorstellungen. Deutlich wurde in allen Gesprächen, dass die betrieblichen Ansprechpartner über die Leistungsfähigkeit und Möglichkeiten unserer Schule keinerlei Informationen hatten. In der Zukunft muss dieses Defizit durch eine intensive Öffentlichkeitsarbeit ausgeglichen werden.

Aufgrund einer schon vier Jahre zurückliegenden Veranstaltung wissen wir, welche Fähigkeiten Betriebe von Technikern verlangen. Diese Vorstellungen stehen im Einklang mit dem Qualitätsmanagement, sind aber von den Betrieben nie direkt bei uns eingefordert worden.

In den drei Durchgängen arbeiteten wir mit fünf Firmen zusammen, zwei Firmen aus Lübeck, eine Firma aus Ahrensbök ca. 18 km entfernt, eine Firma aus Hamburg ca. 65 km entfernt und eine aus Reinbek ca. 55 km entfernt. Um die Wege kurz zu halten, wären Firmen vor Ort besser. Mit den zur Verfügung stehenden Kommunikationsmitteln stellte die Entfernung in der laufenden Projektarbeit allerdings kein großes Problem dar.

6.3 Didaktisch-methodische Konzeption des Unterrichts

6.3.1 Ziele

Die Zielsetzung (vgl. *Abbildung 6.1*) wurde von uns im Rahmen der Möglichkeiten an der Schule, unter Berücksichtigung der Klasse, dem Zeitrahmen und der Aufgabenstellung aus den Hauptfragen des Modellversuches (vgl. hierzu *Kap. 3*) vorgenommen.

1. Strategische Ziele festlegen

Die strategischen Ziele haben überwiegend qualitativen Charakter und sind aus den Unternehmenszielen abzuleiten.
- DIN EN ISO 9000 ff.
- Prozessdenken
- Wertschöpfung und Verschwendung/Kostendenken
- Zeitmanagement bzw. termingerechtes Arbeiten
- Kundenzufriedenheit: Schüler, Lehrer, Firma, Gesellschaft, Arbeitgeber
- Schlüsselqualifikationen
- Übernahme von Verantwortung
- Steigerung der sozialen Kompetenz
- Moderationstechniken
- Sicherheit und Übung in schriftlicher und mündlicher Präsentationstechnik
- Gruppenarbeitstechniken, Teamarbeit

Qualitätsmanagement als fächerübergreifendes Unterrichtsprojekt 137

```
          1. Strategische Ziele
             festlegen

 7. Feedback                2. Operative Ziele
                               ableiten

              Zielekreis

 6. Umsetzung               3. Erfolgskriterien
                               festlegen

 5. Voraussetzungen         4. Maßnahmenplan
    schaffen                   erarbeiten
```

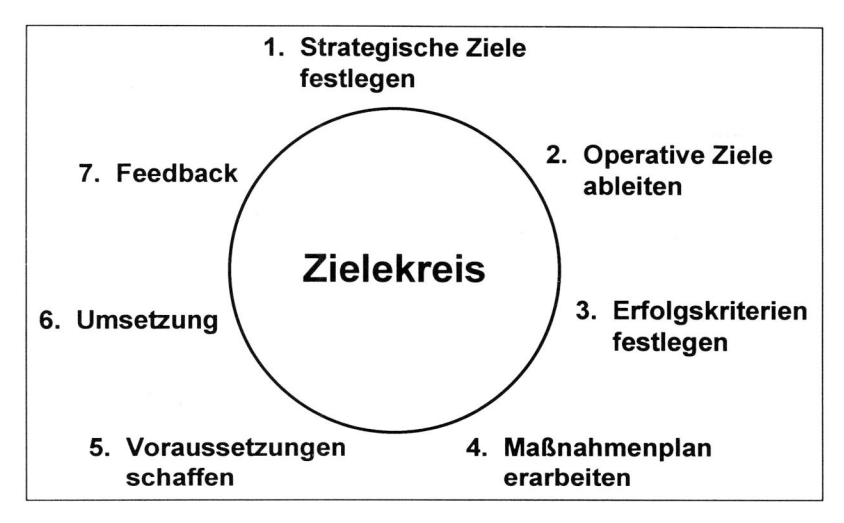

Abbildung 6.1:   Ziele des Modellversuches in der Fachschule Technik am Beispiel des Zielekreises [vgl.: DIEMER V. 1993, S. 6 ff.]

2. Operative Ziele ableiten

Operative Ziele sind auf Handlung hinführende Ziele, die aus den strategischen Zielen hervorgehen. Sie stellen verbindliche Richtlinien des Handelns und Entscheidens dar. Die operativen Ziele sollen gemeinsam abgeleitet oder abgestimmt werden. Kriterien für die Zieldefinition sind:

- Zahlen, Daten
- Qualifikationen, Spezifikationen
- eindeutig, verständlich, herausfordernd
- transparent
- schriftlich fixiert

Auf den Modellversuch übertragen heißt das:

Nach der Aufgabenstellung aus der Industrie mit Lastenheft
- Betriebswirtschaftliche Eckdaten kennen lernen
- Vor- und Nachkalkulation
- Terminplanung
- Entwicklung des Pflichtenheftes
- Bearbeitung der Problemstellung unter Berücksichtigung des Qualitätsmanagements
- Ergebnisse verständlich dokumentieren und termingerecht präsentieren
- Zwischenpräsentation in Betrieb und Schule
- Abschlusspräsentation in Betrieb und Schule

3. Erfolgskriterien festlegen

Festlegen von Kriterien, mit denen man erkennen kann, dass man erfolgreich ist.

Aus der Sicht der Lehrer:

- Erfolgreiche Abstimmung des Lasten- und Pflichtenheftes mit dem Kunden
- Einhaltung des Zeitplanes
- Kalkulation erstellt
- Zwischen- und Abschlusspräsentation in Betrieb und Schule
- Dokumentation
- Feedback

4. Maßnahmenplan erarbeiten

Der Maßnahmenplan muss realistisch, überprüfbar und nach Prioritäten geordnet sein. Er enthält Aussagen zu:

Wer macht *was* mit wem bis *wann*?

5. Voraussetzungen zur Umsetzung (Durchführung) schaffen

- personelle Voraussetzungen: z. B. Qualifizierung der Lehrkräfte
- organisatorische Voraussetzungen: z. B. Informationen
- technische Voraussetzungen: z. B. EDV, Messmittel

Auf den Modellversuch übertragen heißt das:

- Schulungsbedarf (siehe strategische Ziele)
- Werkstätten, Klassenräume, Medien
- Werkzeugmaschinen

6. Umsetzung (Durchführung)

siehe Ablauf der QMB-Projektarbeit

7. Erfolgsmitteilung und Rückmeldung

- Bezogen auf den Kunden: Abnahme des Endproduktes.
- Bezogen auf die Schüler (siehe Feedback).

6.3.2 Begründung der Zielsetzung

Die Lösung der inhaltlichen Zielsetzung lässt sich einerseits aus den Anforderungen an Techniker aufgrund der Veränderungen in der Wirtschaft ableiten, andererseits stehen die Hauptfragen des Modellversuches (vgl. hierzu *Kap. 3*) zur Beantwortung an. Sie knüpfen natürlich an die wirtschaftlichen Veränderungen an, haben aber auch noch eine erweiterte Zielsetzung – beispielsweise die Maßnahmen zur Lehrerfortbildung. Das im Berufsschulunterricht in Schleswig-Holstein fast flächendeckend umgesetzte Konzept der Handlungsorientierung steht, unserer Auffassung nach, zur Umsetzung in der Fachschule an. Die starke Fächerteilung und die in vielen Fächern favorisierte Sozialform des Frontalunterrichts ist den geforderten Fähigkeiten in den Betrieben nicht mehr adäquat. Das heißt natürlich nicht, ganz auf diese Form zu verzichten, wohl aber muss die Handlungsorientierung Einzug halten. Um Zusammenhänge im Betrieb zu erfahren, die dabei so wichtige Kostenseite –

und damit das *Denken in Wertschöpfung und Verschwendung* – zu erleben, ist ein Unterricht in Projektform anzustreben. Soll ein *reales Kunden-Lieferanten-Verhältnis* erlebt werden, so muss eine Problemstellung aus einem Betrieb für diesen Zeitraum in die Schule geholt werden. Der Zeitrahmen muss möglichst hoch sein, um Verhaltensänderungen anzustreben, bzw. Lernprozesse des Erlebens mit Rückmeldung und Korrektur im „Freiraum Schule" zu ermöglichen.

Wir haben uns für eine „angepasste" Vorgehensweise entschieden.

Lehrplanbezug

Seit 1998 sind Qualitätsmanagement, Projektunterricht und Kommunikation in der Stundentafel enthalten.

Tabelle 6.1: *Stundentafel für die Fachrichtung Maschinentechnik (Vollzeitform)*

Fach	\multicolumn{4}{c}{Wochenstunden im Halbjahr}	
	1.	2.	3.	4.	Gesamtstunden
Kommunikation	2	2	2	2	160
Fremdsprache	2	2	2	2	160
Wirtschaft/Politik	2	2			80
Betriebswirtschaft	2	4	2		160
Mathematik	4	4	2	2	240
Naturwissenschaften	10	6			320
Werkstofftechnik	2	4			120
Technische Kommunikation	4	4			160
Qualitätsmanagement	2	2			80
Betriebsorganisation*			4	4	160
Fertigungsmaschinen				4	80
Konstruktion*			8	6	280
Fertigungstechnik*			4	4	160
Automatisierungstechnik*			6	6	240
Projektarbeit[1)]					≈ 200
Gesamtwochenstunden	30	30	30	30	2400
Wahlbereich: Berufs- u. Arbeitspädagogik	3	3			

[1)] Innerhalb eines Halbjahres kann durch Beschluss der Fachkonferenz die gemäß der Stundentafel festgelegte Fächeraufteilung zugunsten einer Projektarbeit ganz oder teilweise aufgehoben werden, wenn 2/3 des im Regelfall zur Verfügung stehenden Stundenkontingents weiterhin je Unterrichtsfach unterrichtet und benotet wird. Wenn die Projektarbeit mindestens 60 Unterrichtsstunden umfasst, gilt sie als Fach der Stundentafel u. wird benotet.

*) Schriftliche Prüfungsfächer.

Ein offizieller Lehrplan mit den Inhalten des Qualitätsmanagements wurde bisher noch nicht verabschiedet.

Tabelle 6.2: Ausgewählte Themenbereiche zum Qualitätsmanagement

Übersicht Qualitätsmanagement, Perspektiven, Modellversuch, Qualitätsbegriff
Stellenwert der persönlichen Qualität
DIN EN ISO 9000 ff., 20 Elemente
Erläuterung der DIN EN ISO 9000 ff., Begriffe
Qualitätsmanagement-Philosophie, Politik, Handbuch
Kunden-Lieferantenverhältnis
Film: Japanische Produktion in Europa
Japanische Produktion in Europa – Vertiefung
Qualitätskosten
Qualitätsplanung (prozessbezogen)
Qualitätslenkung
Qualitätssicherung
Statistik, Auswertung einer Messreihe
Qualitätsförderung
Qualitätsförderung
Rechtliche Aspekte

Praxisrelevanz

Die geltenden Lehrpläne und die Unterrichtsstruktur durch die Fächerdifferenzierung an der Fachschule sowie eine eingeschränkte Methodenvielfalt konnten aus unserer Sicht schon in den letzten Jahren nicht mehr die entsprechende Praxisrelevanz herstellen (vgl. *Abs. 6.1*).

Was war grundlegend?

„Wer als Mitarbeiter Diskussionen als Zeitverschwendung empfindet – das sind jene, die gerne untätig darauf warten, dass der Chef entscheidet und ihnen sagt, was sie tun sollen – wird immer Betroffener bleiben, nie Beteiligter werden. Es ist nur eine Frage der Zeit, bis solche Mitarbeiter durch intelligentere Maschinen ersetzt werden." [LUBOWSKI 1997, S.3]

Wenn wir die Anforderungen der Betriebe an Mitarbeiter ernst nehmen, dann muss das Auswirkungen auf die Schule haben. Für uns Lehrer sind diese Anforderungen Herausforderungen. Wenn wir so weitermachen wie bisher, dann sind wir im herkömmlichen Unterricht bestenfalls in der Lage, Betroffenheit bei den Schülern zu erzeugen. Betroffenheit ist aber zu wenig, wenn man *Veränderungen im Kopf* erreichen will, und genau das war ja *ein* Ziel des Modellversuchs.

Wie so vieles beginnt auch Qualität im Kopf. Da wir Bewusstseinsveränderungen vornehmen möchten, müssen wir sehr tief angreifen. Wir müssen also in der Schule nicht nur Betroffenheit erzeugen, sondern:

Wir müssen die bis jetzt Betroffenen zu echten Beteiligten machen,

die nicht nur äußerlich irgendeine Tätigkeit verrichten, sondern sie müssen innerlich – sicherlich etwas pathetisch formuliert – „mit dem Herzen dabei sein". Von außen ist das *so ohne weiteres* nicht zu erkennen. Man sieht es an den Ergebnissen der Projektarbeiten. Nur mit hohem Engagement konnten die von den Teams präsentierten Ergebnisse ihrer Arbeit erzielt werden. Im Vergleich zum herkömmlichen Unterricht wurde hier eine über das normale Maß hinausgehende Leistungsbereitschaft gezeigt.

Wie haben wir es geschafft, die Beteiligung zu erreichen?

Mit Hilfe der Projekte und des schon erwähnten Kunden-Lieferanten-Verhältnisses, bot sich zwangsläufig die Gelegenheit, die betriebliche Realität in die Schule zu holen. Die Schüler konnten sich in der Schule selbst mit betrieblichen Aufgaben beschäftigen, aber sie mussten auch in die Betriebe gehen und sich dort den betrieblichen Realitäten anpassen. Es wurde ihnen gesagt, worauf sie Rücksicht zu nehmen haben, und daraus ergab sich, dass wesentlich mehr geleistet werden musste, als am Anfang erkennbar war.

Im wesentlichen erreicht man Beteiligung durch Identifikation der Schüler mit der Aufgabe. Durch Übernahme von Verantwortung entstanden so respektable Ergebnisse.

Aus der Perspektive des Qualitätsmanagements konnte von den Schülern eine *reale Kunden-Lieferanten-Beziehung* aufgebaut werden. Diese erwies sich als sehr wichtig für die Aufrechterhaltung des Spannungsbogens über ein Schulhalbjahr. Förderlich war dabei, dass die beteiligte Firma nach DIN EN ISO 9000 ff. zertifiziert war und Qualitätsmanagement in ihr „gelebt" wurde. Erlerntes über Qualitätsmanagement fanden die Schüler dann in der Praxis wieder. Es erleichterte die Aufgabe, wenn die Firmenvertreter (= Kunden) und die Lehrer die „gleiche Sprache" sprachen.

Zur Bewältigung der Aufgabe wurden die Schüler an der „langen Leine laufen gelassen". Dabei hatten sie aber die Verpflichtung, sich selbstständig über die Zeitplanung Gedanken zu machen, also ein vernünftiges, leistbares *Zeitmanagement* aufzustellen. Die Projektleitung und die Firmenvertreter achteten selbstverständlich während der Projektarbeit darauf, dass die Schüler ihr Zeitmanagement entsprechend der Planung einhielten. Über die vollständige Dokumentation der Arbeit der einzelnen Gruppen war auch im nachhinein die Zeitplanung zu erkennen.

Das *Prozessdenken* ist eine wichtige Voraussetzung für die Arbeit. Man muss nicht nur einzelne Arbeitsschritte beachten, sondern den ganzen Vorgang. Von der Vergabe der Aufgabe bis hin zum Endergebnis wäre es sinnvoll, vorauszudenken, was möglicherweise passieren könnte. Hier bot sich die Anwendung der TQM-Werkzeuge (z. B. QFD[12] und/oder FMEA[13]) an. Die Kunst des Vorausdenkens – also das Vermeiden von Fehlern und nicht ihre Beseitigung – ist ein Erfolgsrezept.

---

[12] QFD: Quality Function Deployment: Kundenwunschgemäße Entwicklung eines Produktes.

[13] FMEA: Fehlermöglichkeits- und Einflussanalyse: Verfahren zur methodischen Überarbeitung möglicher Fehlerquellen und deren Bewertung.

In der *Teamarbeit* stoßen die Schüler schnell an Grenzen im kommunikativen Bereich. Dadurch muss es zwangsläufig zur Entwicklung von Gruppenregeln kommen, die einvernehmliches Arbeiten möglich machen. Das bedeutet auch, dass die Schüler in der Lage sind, Krisen zu meistern, also über Werkzeuge des Krisenmanagements verfügen. Sie müssen in der Lage sein, Kompromisse zu finden.

BETROFFENE werden zu BETEILIGTEN durch:

- gelebtes Kunden-Lieferantenverhältnis
- Betriebliche Realität
- Eigenverantwortung
- Zeitmanagement
- Prozessdenken

- Teamarbeit
  - kollektive Kreativität
  - Gruppendisziplin
- Qualitätsmanagement
- KVP
- Denken in Wertschöpfung und Verschwendung = Kostendenken

Abbildung 6.2: *Betroffene werden zu Beteiligten*

Vom ersten Abend an hat sich die Klasse der Abendform einer gewissen Disziplin unterworfen, indem sie feste Gruppenregeln aufgestellt hat. Teilweise musste beim Übertreten der Gruppenregeln in barer Münze bezahlt werden – z. B. kostete das zu späte Erscheinen 3,00 DM und das „nicht Ausreden lassen" 1,00 DM.

Im *dritten Durchgang* hielten die Schülerteams diese Regeln nicht für erforderlich. Die Zusammenarbeit funktionierte ohne diese Vereinbarungen.

Die erreichte *Gruppendisziplin* und die *kollektive Kreativität* der Teams sind besonders erwähnenswert. In Teamarbeit wird in der Regel mehr erreicht, als ein Einzelkämpfer jemals zu leisten imstande wäre. Ein ungelöstes Problem muss an dieser Stelle angesprochen werden: Nicht jeder bringt aufgrund seiner persönlichen Disposition die gleichen Voraussetzungen für Teamarbeit mit. Die Fachschule Technik ist in Klassen organisiert. Die Verknappung der Fördermittel durch die Arbeitsverwaltung reduzierte die zur Weiterbildung bereiten Schüler derart, dass die Einrichtung von Parallelklassen nicht mehr möglich war und ist. Wenn wir eine ganze Klasse mit Projekten beauftragen (Motto: Alle – alle oder keiner!), dann können wir z. Z. nicht drei Leute ausgrenzen und sagen: „Diese Schüler sind für Teamarbeit nicht geeignet. Ihr macht das alleine und die anderen machen das zusammen!"

Über *Qualitätsmanagement* wurde an anderer Stelle schon vieles gesagt. Der *kontinuierliche Verbesserungsprozess* (KVP) ist selbstverständlich in so einer Projektarbeit. Die erste Idee ist nicht unbedingt die Beste. Wenn man im Laufe der Arbeit erkennen muss, dass Verbesserungen möglich sind, dann muss man auch den Mut haben, diese durchzusetzen. Das ist u. E. in den Gruppen vielfach geschehen, manchmal auch durch den Einfluss der

Firmenvertreter. Das Denken in Varianten und das Entwickeln von verschiedenen Lösungen als ein wichtiges Werkzeug anzusehen, konnte an anderen Stellen und besonders im nichtfachlichen Bereich nicht festgestellt werden.

Das *Denken in Wertschöpfung und Verschwendung* heißt: *Kostenbewusstsein* schaffen. Wenn die Projektlösungen von den Unternehmen so übernommen worden sind, wie sie vorgeschlagen wurden, dann würde für die Firmen in einem Falle eine Ersparnis von 80.000,00 DM und in einem anderen Fall eine Ersparnis von 120.000,00 DM herauskommen. Im dritten Durchgang dürften die erzielten Einsparungen wesentlich höher liegen.

Der exemplarisch gewählte Handlungsrahmen: Beschreibung der Unterrichtsprojekte

Die von uns im Voraus gewählten Themenvorschläge der Firmen konnten durch unsere Forderungen aus dem Leitfaden zu einem tragfähigen Unterrichtsprojekt entwickelt werden. Die Projekte und Firmen sind austauschbar.

Projekte:

Erster Durchgang:
- Konstruktion und Bau einer Schweiß-Heftvorrichtung

Zweiter Durchgang:
- CE-Zeichen und Check nach DIN EN 1441 für zwei Einzelteile (Flowmeter)
- Untersuchung des innerbetrieblichen Werkstücktransports nach Qualitätsgesichtspunkten
- Konstruktion einer Bohrvorrichtung für Inkubatorhauben
- Konstruktion einer Liegeflächenschrägstellung für Inkubatoren
- Entwicklung eines höhenverstellbaren Stativs für Phototherapiegeräte

Dritter Durchgang (Übertragung in das Regelsystem[14]):
- Erstellung verschiedener Varianten zur Gestaltung von Arbeitsplänen
- Einlegewerkzeug bzw. Handling für die Handbremsbackenfertigung
- Aufkleben von Geräuschdämpfungsfolien auf Scheibenbremsbeläge

Exemplarisch folgt an dieser Stelle die Projektformulierung der Firma Drägerwerk[15] mit Hilfe eines von uns vorgegebenen Formblattes [vgl. BAY 1994, S. 87]. Alle Projektvorschläge wurden von den Firmen in dieser Form dargestellt. Aus unserer Sicht war damit eine bessere Vergleichbarkeit gegeben.

---

[14] Unter Regelsystem wird hier der normale Schulalltag verstanden. Stundenermäßigung zur Vorbereitung und Durchführung der Unterrichtsprojekte gibt es nicht. Mehrarbeit wird auf einem Stundenkonto gutgeschrieben. Anschaffungen sind nur noch über den Vermögenshaushalt möglich.

[15] Die Firma stellt u. a. medizinische Geräte (z. B. Beatmungsgeräte) her und hat ca. 6.000 Mitarbeiter.

Projekt 4: Liegefläche

Firma: Drägerwerk Medizintechnik GmbH OE Pädiatrie, Abt. Produktionsentwicklung

Ansprechpartner: Herr Wolf-Dieter Schmidt   Tel. 0451/882-XXXX

Arbeitstitel: Konstruktion einer Liegeflächenschrägstellung für Inkubatoren

IST-ZUSTAND   Ausgangssituation: Verschiedene Formulierungen ohne Lösungsvorschläge und ohne Ursachen.   Die Liegefläche für das Kind im Inkubator kann über eine Kettentriebmechanik an jeder Seite angehoben werden, so dass eine stufenlose Schrägstellung von zehn Grad zum Kopf- oder Fußende möglich ist.
SOLLZUSTAND   Endzustand: Wo genau wollen Sie hin?   Die Liegefläche für das Kind im Inkubator kann an dem Kopf- oder Fußende schräg gestellt werden.
SOLL-IST-DIFFERENZ   Was genau ist Ihr Problem, warum muss das Problem gelöst werden?   Anforderungen: – Schrägstellung der Liegefläche von zehn Grad zu jeder Seite   – Selbsthemmung, kein Zurückrutschen in die Grundposition   – Einbau in das vorhandene äußere Design, Bedienung über die vorhandenen Handräder   – Die Liegefläche muss nach vorn herausziehbar sein ähnlich der vorhandenen Funktion   – Einfaches Entfernen der Stützen, wenn der Inkubator gereinigt werden soll   Warum: Mitbewerber bieten Inkubatorhauben kostengünstiger auf dem Markt an. Zur Kostensenkung und Flexibilisierung sind in der auf weitere drei Jahre begrenzten Lebenszeit des Produktes Maßnahmen erforderlich.

Was war innovativ?

Als neuer Ansatz für die Fachschule Technik ist im Rahmen des Modellversuchs der Aufbau einer *realen Kunden-Lieferanten-Beziehung* anzusehen. Die bisher an der Fachschule bearbeiteten Projekte bezogen sich auf kleinere, interne Problemstellungen und entbehrten damit jeder externen Unterstützung und Kontrolle sowie ansatzweise einem Realitätsbezug. Dies wurde bei unserem Ansatz von den Firmenvertretern geleistet. Die Abendschüler konnten kleinere Aufgaben und Probleme innerhalb ihrer Arbeitszeit leisten. Zusätzlich waren aber Teamtreffs in den Firmen notwendig. Sie ließen sich nur nach Feierabend oder an Samstagen organisieren. Als besonders innovativ muss die Kooperation mit den zertifizierten Firmen angesehen werden.

Die Bewertung der Projekte aus Kundensicht – durch die auftraggebenden Unternehmen – und die Präsentation der Projektergebnisse vor großem Fachpublikum sowie die Berücksichtigung dieser Aspekte in der Benotung stellt u. E. ebenfalls einen innovativen Ansatz in der Fachschulausbildung dar.

6.3.3 Methoden

Sozialformen

Handlungsorientierung und Projektmethode sind gängige Praxis und bedürfen an dieser Stelle keiner weiteren Erläuterung.

Ausgeprägter Taylorismus mit all seinen negativen Folgen wie hohen Fehlzeiten, großen Fluktuationsraten und vielen Qualitätsmängeln waren in der Vergangenheit der Anlass, über eine Umgestaltung der Arbeit nachzudenken. Nach der „Humanisierung" der Arbeitswelt und „Lean Production" sind heute *Fertigungsinseln*, *Teamarbeit* und *Teamgeist* wesentliche Elemente einer modernen Unternehmenskultur. Nicht nur im produzierenden Bereich hat Teamarbeit Erfolge zu verzeichnen. Auch die planerischen Unternehmensteile lassen sich viel effektiver im Team bearbeiten, vorausgesetzt die Teams bestehen aus *teamfähigen* Mitarbeitern und die Aufgabe erfordert das Fachwissen und die Fähigkeiten *unterschiedlich* qualifizierter Teilnehmer.

Insbesondere Qualitätsmanagementaufgaben wie z. B. die Fehlermöglichkeits- und Einflussanalyse (FMEA) mit ihren Arten: System-, Konstruktions- bzw. Entwicklungs-FMEA bieten sich zur Bearbeitung in einem Team von Fachleuten geradezu an.

Ein „Team" bildet sich nicht ohne weiteres von selbst. Die Teambildung muss im Regelfall unterstützt werden. Meinungsverschiedenheiten der Teilnehmer sowie Unterschiede der Ausgangspositionen der Gruppen, die eventuell noch zum Konflikt gegeneinander hochgespielt werden, verbessern die Gesamt-Team-Bildung nach innen selbstverständlich nicht.

Die **„Ziele der Teamarbeit"** hat LITKE [vgl. LITKE 1995, S. 184] folgendermaßen fixiert:
- die Reduzierung von Abwesenheit und Fluktuationsraten,
- die Steigerung der Arbeitsmotivation,
- die Erhöhung der Identifikation mit dem Unternehmen,
- die Verbesserung der Kommunikation und Kooperation und
- die Erhöhung der Arbeitszufriedenheit."

Alle Punkte lassen sich in der Regel ohne weiteres auch auf die in der Schule durchgeführte Projektarbeit übertragen.

Mit den „wirtschaftlichen Zielen" der Teamarbeit [vgl. LITKE 1995, S. 184]
– Kosteneinsparungen,
– Steigerung der Produktivität,
– Verbesserung der Produktqualität sowie
– effizientere Gestaltung von Produktions- und Verwaltungsprozessen

lassen sich weitere Gründe – insbesondere aus der Sicht der beteiligten Unternehmen – finden, die eine Anwendung der Teamarbeit logisch erscheinen lassen.

Tabelle 6.3: *Vor- und Nachteile der Teamarbeit [vgl. BULLINGER, ULBRICHT, VOLLMER 1995, S. 14; Hervorhebungen durch die Autoren]*

	Vorteile der Teamarbeit	Nachteile der Teamarbeit
Für die Mitarbeiter	<ul><li>Entkopplung von Mensch und Maschine</li><li><u>Fremdkontrolle wird reduziert</u></li><li><u>Erhöhung des Selbstbewusstseins</u></li><li>Verbesserte Arbeitsmarktchancen</li><li><u>Möglichkeiten kooperativen Handelns</u></li><li><u>Größere Entfaltungsmöglichkeiten</u></li><li>Ausgleich von Belastung durch Jobrotation</li><li><u>Gegenseitige Unterstützung</u></li><li><u>Lern- und Entwicklungsmöglichkeiten</u></li><li><u>Erhöhung des Handlungsspielraumes</u></li></ul>	<ul><li>Leistungsverdichtung</li><li>Überforderung von Einzelkämpfern</li><li>individuelle Entwicklung muss zugunsten von Gruppenprozessen zurückstehen</li><li>Abhängigkeit vom Team (Teamnorm, -druck)</li><li>Gefahr der Ersetzbarkeit (Arbeitsplatzverlust)</li><li>Entsolidarisierung einzelner Mitarbeiter ist möglich</li></ul>
Für das Unternehmen	<ul><li>Minderung von Prozessstörungen durch neue Verantwortlichkeitszuschreibungen</li><li>Bessere Ressourcennutzung</li><li><u>Erhöhte Flexibilität</u></li><li>Aufhebung von Schnittstellen, Doppelarbeit und Bereichsegoismen</li><li>Lösung langfristiger Strukturprobleme durch erhöhte Anpassungsfähigkeiten der Organisation</li><li><u>Schnelleres Arbeiten</u></li><li><u>Verbesserte</u> Innovationsfähigkeit und <u>-bereitschaft der Mitarbeiter</u></li></ul>	<ul><li>eventuell steigende Personalkosten aufgrund höherer Qualifikation</li><li>Abgabe von Verantwortung durch Machtverlust</li></ul>

Die unterstrichenen Bereiche treffen auch auf die in der Fachschule arbeitenden Projektteams zu.

Auf eine weitere Erläuterung hinsichtlich der Teamgröße, der Zusammensetzung, der internen möglichen Schwierigkeiten u. a. wollen wir an dieser Stelle aus Platzgründen verzichten. Den interessierten Leser verweisen wir auf die umfangreiche Literatur zu dieser Thematik.

Inhaltliche und zeitliche Prozessstruktur

Vorprojektphase

Eine Vorprojektphase fand in allen Unterrichtsprojekten statt. Die Einführung des Faches Qualitätsmanagement wurde von uns als sinnvolle Vorbereitung der Klasse auf das anstehende zweite Unterrichtsprojekt gewünscht und von der Schulleitung beschlossen. Der dritte Durchgang war vom Ablauf her identisch mit dem vorhergehenden.

Im nachhinein muss der von Februar bis Juni 1997 (zweiter Durchgang) vorbereitend durchgeführte Qualitätsmanagement-Unterricht in einigen Teilen als problematisch angesehen werden. Wir erlebten immer wieder ungläubiges Staunen bei den Schülern. Viele Schüler berichteten von genau entgegengesetztem Verhalten ihrer Meister und Betriebsleiter, wobei anzumerken sei, dass immer aus der Perspektive des Facharbeiters argumentiert wurde. Das zeigte uns, dass die behandelten Themenbereiche noch praxisorientierter angegangen bzw. Exkursionen in zertifizierten Firmen vorgenommen werden müssen. Die beiden schriftlichen Klassenarbeiten bestätigten dann unsere Vermutungen. Das Ergebnis war unbefriedigend.

Einige Schüler meinten, dass wir sie um wichtige Fachkenntnisse in dem jetzt nicht erteilten Fach brächten – ganz besonders in der Qualitätsmanagement-Projektarbeit mit den geplanten 300 Stunden. Einige Schüler argumentierten offen gegen die Qualitätsmanagement-Projektarbeit und machten den Start nicht gerade leicht. Neben ihrer Angst, Wesentliches zu versäumen und später alles nachholen zu müssen, kam hinzu, dass sie „als zukünftige Techniker" doch genau wüssten, welche Anforderungen später an sie gestellt werden. Diese konkrete Vorstellung liegt vermutlich auch in der Fächertrennung sowie dem Lehrplan begründet. Der mögliche Zugewinn an Projekterfahrung und aktuellem Wissen war für einige Schüler zweitrangig. Es bedurfte der Unterstützung der Schulleitung, der Abteilungsleitung und eines Firmenvertreters, um die Schüler von der Wichtigkeit der Qualitätsmanagement-Thematik und damit des Modellversuchs QMB zu überzeugen.

Nach der Abklärung vieler Details zwischen Lehrern und Schülern, wie:
- Zeitaufwand
- Dokumentation
- Präsentation
- Keine Arbeit in der unterrichtsfreien Zeit
- Möglichkeit zum Abbruch des Projektes
- Einfluss auf Teambildung u. a.,

kam es zur schriftlichen Fixierung in einem Leitfaden, der allen Schülern ausgehändigt wurde.

Zum Ende des vierten Semesters lagen zehn Projektvorschläge von drei verschiedenen Firmen vor. Die Gruppenbildung und Projektauswahl erfolgte in der ersten Projektwoche nach den Sommerferien.

Projektphase

In den drei Durchgängen konnten acht von neun Projektgruppen die Kundenerwartungen erfüllen.

Als problematisch erwies sich die Zusammensetzung des Teams, das den Projektvorschlag der Firma Baader[16] – Untersuchung des innerbetrieblichen Werkstücktransports nach Qualitätsgesichtspunkten – übernahm. Der Ausstieg eines Schülers, hohe Fehlzeiten, Unpünktlichkeit und Unzuverlässigkeit sowie mangelndes Engagement anderer Schüler ließ das Projekt im Prinzip scheitern, was sich dann allerdings nur begrenzt in den Noten wiederfinden ließ.

In einem Team, das einen Auftrag der Firma Drägerwerk Medizintechnik bearbeitete, schied nach vierzehn Tagen ein weiterer Schüler aufgrund eines Verkehrsunfalls für die restliche Zeit aus. Sein 25-prozentiger Anteil musste von den anderen drei Teammitgliedern aufgefangen werden. Ein weiteres Teammitglied dieser Gruppe fiel nach einiger Zeit für ca. vier Wochen wegen Krankheit aus. Auch dessen Anteil musste aufgefangen werden.

Im dritten Durchgang, der auf Wunsch der Schüler und damit auf absoluter Freiwilligkeit basierte, gab es keinerlei Probleme.

Meilensteine der QM-Projektarbeit
- Anfertigung eines Lastenheftes/Pflichtenheftes von jeder Gruppe für jedes Projekt.
- Zwischenpräsentation aller Teams
    - in der Aula der Schule vor anderen Klassen, der Schulleitung und Lehrerkollegen (ca. 150 Personen) und
    - in den jeweiligen Firmen.
- Videoanalyse der Zwischenpräsentation, jeweils ein Team durch zwei Lehrkräfte.
- Zwischenfeedback in der Großgruppe.
- Referate in Zweiergruppen in der Aula (nur Durchgang 1 und 2).
- Abschlusspräsentation
    - aller Teams in der Aula der Schule vor Vertretern von Unternehmen, der Lehrer, der Schulleitung und
    - zusätzlich von vier Teams in den auftraggebenden Firmen vor Firmenvertretern.
- Abgabe der Dokumentation.
- Abschlussfeedback mit dem QMB-Lehrer-Team, der Schul- und Abteilungsleitung.
- Bekanntgabe der Noten.

Im dritten Durchgang im Regelsystem konnten wir aufgrund der Auswertung des Feedbacks des zweiten Durchganges auf die Referatsphase verzichten, zumal im Fach Kommunikation erste Erfahrungen in der Vortragsgestaltung und im Präsentieren von Ergebnissen erworben werden konnten. Der vorbereitende Qualitätsmanagement-Unterricht lies sich von 40 auf 60 Stunden erhöhen, wobei in den letzten Stunden konzentriert projektvorbereitende Aspekte bearbeitet wurden. Damit gab es keine Unterbrechung in der eigentlichen Projektarbeit. Das Zwischenfeedbackgespräch konnte entfallen, da die Schüler die Lehrer jede Woche zu einer Sitzung einluden, um über den Projektstand und evtl. Probleme zu berichten. Sie schrieben selbst Protokoll und übernahmen die Gesprächsleitung.

---

[16] Hersteller von Fischverarbeitungsmaschinen, ca. 700 Mitarbeiter.

Die Noten setzten die Lehrer am letzten Tag des Projektes in einer gemeinsamen Sitzung fest und teilten sie den Schülern teambezogen mit.

Lernprozessbeobachtung

Die Lernprozessbeobachtung war mehrdimensional angelegt, so dass eine vielschichtige Beobachtung der Lernenden möglich war.

Sie erfolgte durch:
- die Projektleitung – 2 Kollegen
- das Lehrerteam – 4 – 5 Kollegen
- den Auftraggeber – Firmenvertreter

Der Lehrereinsatz

- Im Rahmen des zweiten Modellversuchdurchganges in der Abendform umfasste der Lehrereinsatz 15 Stunden pro Woche. Der stundenplanmäßige Einsatz der Projektleitung beschränkte sich auf sieben Stunden pro Woche. Fünf weitere Kollegen teilten sich die verbleibenden acht Stunden.
- *Im dritten Durchgang* in der Tagesform – Übertragung ins Regelsystem – betrug der Lehrereinsatz 30 Stunden pro Woche. Der stundenplanmäßige Einsatz der Projektleitung beschränkte sich auf zwölf Stunden pro Woche. Vier weitere Kollegen teilten sich die verbleibenden 18 Stunden.

Außerplanmäßig war die Projektleitung im zweiten und dritten Durchgang an den Projekttagen bei allen Besprechungen, Beratungen, Präsentationen, Referaten, Diskussionen, Zwischenfeedbacks und dem Abschlussfeedback – insbesondere auch auf Wunsch der Schüler – anwesend. Die vielschichtigen Beobachtungsmöglichkeiten der Projektteams oder einzelner Schüler durch die Projektleitung und das Lehrerteam beziehen sich einerseits auf die verschiedenen Meilensteine und den jeweiligen erlebten Stundenanteil, andererseits auf die Perspektive des Lehrerteams. An dieser Stelle wird auf die Kommunikationsproblematik hingewiesen. Zu nennen sei an dieser Stelle der

unterschiedlicher Ausbildungsstand der Lehrer in Bezug auf
- Projektarbeit,
- Projekterfahrung,
- Qualitätsmanagement,
- Fachkompetenz,
- Fachschuleinsatz,
- Berufsschuleinsatz,
- Einbindung in den Modellversuch,
- Stundenzahl,
- Verinnerlichung betrieblicher Realität,
- Engagement,
- Interesse an der Thematik und
- Stundenermäßigung.

Diese erwähnten Punkte sollen nicht den Anspruch auf Vollständigkeit erheben, wohl aber die Problematik anreißen, vor der beobachtet, diskutiert und beurteilt wurde.

Am Ende eines jeden Durchganges war für jeden Kollegen ein erheblicher Erfahrungszugewinn der Schüler deutlich erkennbar.

- Die Schüler hatten mit Erfolg ein für sie neues Terrain betreten und sich der fremden Unternehmenskultur angenähert.
- Mit der Übernahme der Firmenaufträge wurde auch die Verantwortung für die erfolgreiche Lösung übernommen.
- In Verbindung mit dem Lasten- und Pflichtenheft gehörte das Aushandeln der Bedingungen und damit das Abschließen von „Verträgen" dazu.
- Erwähnenswert sind die Selbsterarbeitung neuer Inhalte sowie das eigenverantwortliche Arbeiten.
- Durch den vertrauensvollen Umgang miteinander entwickelte sich ein anderes Lehrer-Schüler-Verhältnis.
- Die Schüler wurden von Lehrern und Firmenvertretern ernstgenommen.
- Im Rahmen der Präsentation vor Publikum lernten sie ihre Angst zu überwinden.
- Die Annahme der Arbeitsergebnisse durch die Firmenvertreter zeigte den Schülern die Anerkennung ihrer Bemühungen.

Die aufgezählten Punkte sind vom Lehrerteam beobachtet worden und in ihrer ganzen Bandbreite von besonders positiven bis hin zu negativen Erlebnissen auch von den Schülern wahrgenommen worden.

Weiterhin muss die Prozessbeobachtung durch die jeweiligen Firmenvertreter erwähnt werden. Ihre Aufgabe war es, der jeweiligen Projektgruppe als Ansprechpartner und Fachberater zur Verfügung zu stehen. Die angestrebte fachliche Lösung in einer Gruppe war somit immer im Blickfeld eines weiteren Beobachters. Die Firmenvertreter konnten Ihren Einblick auch durch ihre Anwesenheit bei der Zwischen- und Abschlusspräsentation in der Schule vertiefen. Die Projektleitung stand darüber hinaus zu ihnen in engem telefonischen Kontakt.

Aufgrund der unterschiedlichen Projekte soll an dieser Stelle auf die Darstellung der jeweiligen fachlichen Lösungen verzichtet werden.

Lernergebnisanalyse

Im Folgenden wird unterschieden zwischen der Analyse des Lernergebnisses zur Notenfestsetzung und der Analyse des Lernergebnisses zur Überprüfung des Modellversuchsansatzes.

Notenfestsetzung

Analysiert werden kann nur das, was vorher beobachtet wurde. Bewerten können wir nur Ergebnisse, wenn Vorgaben unsererseits vor Projektbeginn vertragsähnlich mit den Schülern vereinbart wurden. Durch den von uns mit den Schülern abgestimmten Leitfaden, der alle Vorgaben unsererseits und seitens der Schüler enthält, gelang es, eine klare Ausgangslage zu schaffen und Beurteilungskriterien festzuschreiben. Die erteilten Noten setzten sich im zweiten Durchgang (in der Abendform) aus folgenden Einzelnoten zusammen.

Tabelle 6.4: Zusammensetzung der Zeugnisnoten im zweiten Durchgang

	Referatsleistung	Dokumentation	Mitarbeit	Abschlusspräsentation	Projektergebnisbeurteilung durch den Kunden	Zeugnisnote
Gewichtung	20%	20%	20%	10%	30%	100%

Tabelle 6.5: Zusammensetzung der Note „Referatsleistung"

	Form	Systematik	Inhalt	Quellen, Literatur	Σ schriftl. Leistung	Σ mündl. Leistung	Note Referat
Gewichtung	3%	8%	35%	4%	50%	50%	100%

Der mündliche Teil der Referate sollte Erfahrungen in der freien Rede vermitteln, der schriftliche Teil die Auseinandersetzung mit der Problemstellung vertiefen. Hier gab es unterschiedliche Auffassungen zwischen Lehrern und Schülern. Anfangs forderten wir von den Schülern jeweils ein Referat. Der Zeitaufwand für das Anfertigen und Vortragen der Referate war den Schülern im Verhältnis zur eigentlichen Projektarbeit zu hoch. Sie argumentierten ferner, dass durch die eingelegte Referatsphase ihre Motivation im Gesamtprojekt leide, weil dadurch ihre Arbeit unterbrochen werde.

Aus der Sicht der Projektleitung hatten sowohl die Zwischenpräsentation als auch die Themen der Referate eine motivierende Wirkung. Mit den Referaten hätten die Schüler Themen des Qualitätsmanagements vertiefen und das erworbene Wissen im laufenden Projekt anwenden können. Die Schüler sahen hier die Chance, Arbeit abzuwälzen. Wir kamen ihnen entgegen und reduzierten daraufhin die Referate um die Hälfte. Das Ergebnis war eine höhere Zufriedenheit unter den Schülern.

Für das schriftliche Referat gab es im Leitfaden klare Vorgaben. Über die Zensur wurde nicht diskutiert. Beim mündlichen Referat sah es schon anders aus. Den Schülern waren hier die sieben Kriterien mit der Punkteverteilung bekannt. Alle Schüler hielten die Referate in einem Zeitraum von zwei Wochen in der Aula. Die Klasse musste anwesend sein. Jeder Schüler sowie die Lehrer sollten anhand des gleichen Beurteilungsschemas zu einer Gesamtbeurteilung kommen. Das Referat wurde im Anschluss von drei Schülern gewürdigt und beurteilt. Danach erfolgten die Würdigung[17] und die Beurteilung durch die Projektleitung. Hierbei entstanden Unstimmigkeiten aus Schülersicht. Zu nennen sei hier der Vorwurf, nicht gleichmäßig geurteilt zu haben.

---

[17] Den Schülern wurde gesagt, was sie beim Referieren gut gemacht hatten. Danach folgten Verbesserungsvorschläge zu Aspekten die aus der Sicht der Schüler und Lehrer verändert werden mussten. Dieses Verfahren zwang die Schüler, konzentriert den Referaten zu folgen und ihre Eindrücke zu protokollieren.

Im dritten Durchgang in der Tagesform wurden die Referate in das Fach Kommunikation verlegt. Die Schüler konnten sich dadurch in der Projektarbeitsphase ausschließlich auf die Projektarbeit und die damit verbundenen Tätigkeiten konzentrieren.

Tabelle 6.6: Zusammensetzung der Zeugnisnoten im dritten Durchgang

	Dokumentation	Mitarbeit	Abschlusspräsentation	Projektergebnisbeurteilung durch den Kunden	Zeugnisnote
Gewichtung	20%	25%	15%	40%	100%

Dokumentation

Tabelle 6.7: Zusammensetzung der Note „Dokumentation"

Kriterium	Noten von 1 bis 6
Termingerechte Abgabe	
Form	
Systematik	
Skizzen, Zeichnungen, Stücklisten, Entwürfe	
Qualitätsmanagement	
FMEA	
Tagesprotokolle/Vollständigkeit	
Grafiken, Fotos, Prospekte	
Prozessdarstellung	
Fertigungspläne/Fertigungsunterlagen	
Kostenbetrachtung	
Eigene Anteile	
Durchschnitt	

Trotz der umfangreichen Vorgaben im Leitfaden zu den einzuhaltenden Inhalten wurden die Lehrkräfte wiederholt gefragt, was in der Dokumentation enthalten sein muss. Prof. BADER sagte hierzu einmal: „Wir leben und denken in erlernter Unselbstständigkeit".

Mitarbeit

Auch hier gab es eine Note durch das Lehrerteam und die Projektleitung. In einigen Fällen korrigierten wir nach einer Diskussion mit den einzelnen Gruppen die Noten. Diese Form der Benotung – wer hat was, wie umfangreich und intensiv gemacht oder sich hervorgetan, Aufgaben übernommen – muss als besonders problematisch angesehen werden.

Lehrer können nur flüchtige Eindrücke/„Momentaufnahmen" von Prozessen bekommen. Der eigene Informationshintergrund (s. o.) beeinflusst außerdem das Urteil immer subjektiv.

Im dritten Durchgang haben wir eine Selbstbeurteilung der Teilnehmer innerhalb der Gruppen durchführen lassen. Diese kritische Selbstbeurteilung ist mit 60% in die Mitarbeitsnote eingeflossen. In einem abschließenden Gruppengespräch wurde die Mitarbeitsnote noch einmal reflektiert und einer kritischen Würdigung unterzogen. Auf diese Weise ist es gelungen, bei 85% der Schüler auch mit dieser Note den „Eindruck" einer objektiven Beurteilung zu erwecken.

Abschlusspräsentation

Das Lehrerteam dokumentierte und benotete Wesentliches nach festgelegten Kriterien. Die Benotung erfolgte durch das Lehrerteam und die Projektleitung. Es gab bei den Schülern keinen Anlass zur Diskussion. Im Vergleich mit der Zwischenpräsentation war in jedem Fall eine Weiterentwicklung erkennbar. Der Aufbau der Präsentationen, die Formulierungen und der Umgang mit den Visualisierungsmedien wirkten deutlich „professioneller".

Ein erkennbarer Einflussfaktor scheint uns die Gruppenharmonie zu sein. Wird auf ein gutes Endergebnis *und* eine gute Außenwirkung Wert gelegt, darf die interne Zusammenarbeit und Abstimmung nicht vernachlässigt werden. Eine gute Außenwirkung allein kann Probleme nur schlecht oder gar nicht verdecken.

Projektbeurteilung durch den Kunden

Die Benotung der fachlichen Leistung überließen wir vereinbarungsgemäß dem Kunden. Aus unserer Sicht konnte nur der Kunde die erreichte Lösung beurteilen. Er glich das Lastenheft ab, erteilte den Auftrag und nahm das Produkt ab. Über diese Note erfolgte keine Diskussion.

Tabelle 6.8:   Beurteilung der Projektergebnisse durch die jeweiligen Kunden im zweiten Durchgang

Projektarbeitstitel	Kundenbeurteilung in %
CE-Zeichen und Check nach DIN EN 1441 für zwei Einzelteile	85
Untersuchung des innerbetrieblichen Werkstücktransports nach Qualitätsgesichtspunkten	67
Konstruktion einer Bohrvorrichtung für Inkubatorhauben	100
Konstruktion einer Liegeflächenschrägstellung für Inkubatoren	100
Entwicklung eines höhenverstellbaren und fahrbaren Stativs für Phototherapiegeräte	100

Tabelle 6.9: *Beurteilung der Projektergebnisse durch die jeweiligen Kunden im dritten Durchgang*

Projektarbeitstitel	Kundenbeurteilung in %
Erstellung verschiedener Varianten zur Gestaltung von Arbeitsplänen	82
Einlegewerkzeug bzw. Handling für die Handbremsbackenfertigung	90
Aufkleben von Geräuschdämpfungsfolien auf Scheibenbremsbeläge	100

Nach den guten Erfahrungen mit der Beurteilung durch den Kunden im zweiten Durchgang haben wir den Anteil an der Gesamtnote im Regelsystem im dritten Durchgang auf 40% erhöht. Es wäre auch eine Erhöhung auf 50% zu Lasten der übrigen Anteile denkbar. Auf eine Beurteilung der Dokumentation unter Qualitätsmanagement-Gesichtspunkten kann dabei am wenigsten verzichtet werden.

Bescheinigung

Zusätzlich zur Zeugnisnote erhielten die Schüler eine Bescheinigung über ihre Teilnahme am Projekt. Diese Bescheinigung enthält die inhaltlichen Themengebiete und eine Projektbeschreibung.

Staatliche Technikerprüfung

Qualitätsmanagement ist kein Prüfungsfach. Inhalte des Faches wurden im Bereich der schriftlichen Prüfung in der Fertigungstechnik mit zwei von acht Fragen abgeprüft.

6.4 Antworten zu den fünf Hauptfragen

Hauptaugenmerk unserer Arbeit war es u. a. die Handlungskompetenz allgemein sowie speziell die Fach- und Sozialkompetenz der Fachschüler in Bezug auf das Qualitätsmanagement zu fördern. Die fünf Hauptfragen des Modellversuches (vgl. hierzu *Kap. 3*) waren hierbei als strukturierendes Element sehr hilfreich. Nicht bei allen Fragen ist die Beantwortung umfassend gelungen. Die folgenden Antworten basieren auf
– den Auswertungen der drei Projektdurchläufe,
– den Anregungen der Kollegen unserer Schule,
– den durchgeführten *schulinternen* Lehrerfortbildungsveranstaltungen und
– den fast 50 Tagen eigener Fortbildung zum Qualitätsmanagement.

Aus dieser Perspektive entwickelten wir nach der Beantwortung der Hauptfragen die am Ende stehenden Vorschläge.

Zu Hauptfrage 1:

Die vor Jahren eingesetzten Entwicklungen müssen als ein dynamischer Prozess mit immer kürzer werdenden Halbwertzeiten betrachtet werden. Ein Ende, ein Ziel wird es u. E. nicht mehr geben, wenngleich viele Firmen auch denken: „Erst einmal das Zertifikat erhalten, dann haben wir es geschafft!". Dies ist vermutlich ein Trugschluss, denn Nachfolgesysteme sind vorhanden und weitere Veränderungen werden zwangsläufig folgen.

Damit Schüler von Fachschulen sich in diesen dynamisierten Betriebsabläufen nach Beendigung ihrer Ausbildung in den Betrieben – und besonders in den zertifizierten – zurechtfinden oder auch einen Ausbildungsvorsprung gegenüber Mitbewerbern haben, wählten wir die projektbezogene Anbindung an eine Firma. Dadurch gelang es uns, die neuen Entwicklungen direkt in den Unterricht bzw. die Ausbildung zu integrieren. Alle Projekte beinhalteten in hohem Maße das Kostendenken und damit das Aufbrechen alter Strukturen: Der Techniker ist nicht nur für technische Probleme zuständig, der Kaufmann nicht ausschließlich für die Kosten. Deutlich wurde bei der Arbeit in den Teams, in welchen Bereichen die Schnittstellen liegen und wie damit umzugehen ist. Zunehmende Verantwortung steigerte die Leistungsbereitschaft bei den meisten Schülern, wenn sie ihre Ziele für erreichbar hielten.

Durch die Vorgabe exakter Termine der externen Kunden entstand ein hoher Druck in den Teams. Die Verantwortlichkeit des Teams für den gesamten Prozess – von der Auftragsannahme bis zur Übergabe des Produktes an den Kunden – schulte das *ganzheitliche Denken*.

Als förderlich im zweiten und dritten Durchgang müssen
- das Qualitätsmanagement – obwohl einige Elemente nicht zur Anwendung kamen, andere nur leicht gestreift wurden,
- die Betreuung durch kompetente Fachleute in den Firmen und
- das Zeitmanagement der Firmen

genannt werden.

▶ ***In der Zukunft sollte***
- die Entwicklung des Kostenbewusstseins an den Anfang der Ausbildung gestellt werden,
- ein Projekt immer mit Firmenanbindung unter Berücksichtigung des Qualitätsmanagements durchgeführt werden,
- durch Integration der Fächer ganzheitliches Denken ermöglicht werden,
- die Fortbildung der Lehrer regelmäßig auch in den Betrieben stattfinden und
- die Organisationsentwicklung die Bildung von Lehrerteams unterstützen.

Zu Hauptfrage 2:

Im vorangegangenen Qualitätsmanagement-Unterricht behandelten wir die Normenreihe DIN EN ISO 9000 ff.. Im Projektverlauf bemerkten wir, dass die Schüler den Weg des geringsten Widerstandes beschritten und möglichst viel – von uns unbemerkt – „Papierkram", wie sie es nannten, weglließen. Grundsätzlich hängt die Anzahl der verwendeten Elemente von der Problemstellung ab – ähnlich der Zertifizierung nach DIN EN ISO 9001, 9002 bzw. 9003. Grundsätzlich muss der *Qualitätskreis als strukturierendes Element* – und somit als Hilfestellung für die Teams – betrachtet werden.

Die geringe Berücksichtigung einzelner Elemente der DIN EN ISO 9004 muss als hemmender Faktor in allen Gruppen angemerkt werden. Eine gelegentliche Erinnerung von uns hatte nicht den gewünschten Erfolg. Erst ein deutlicher Wink, doch nochmals in den vereinbarten Leitfaden zu schauen, erzeugte etwas Bewegung bei den Schülern.

Aus zeitlichen Gründen konnten die Intentionen des Öko-Audits keine Berücksichtigung finden.

Die Betriebszertifizierungen haben einen Einfluss auf Unterricht, da sich Firmen noch über Jahre hinaus dieser Prozedur unterziehen müssen. Schüler, die mit Vorkenntnissen in solchen Firmen arbeiten oder in neue Firmen wechseln, haben klare Vorteile.

Die Projektergebnisse und damit Produkte müssen sich dem Markt und damit dem Kunden stellen. Die Kunden der Firmen kommen aus Deutschland, Europa und allen Teilen der Welt. Das Ergebnis und damit das Produkt muss sich den Anforderungen des Weltmarktes stellen. Fünf Schülergruppen konnten Lösungen vorstellen, die im Falle der Umsetzung die Herstellkosten senken. Damit wird die Marktfähigkeit der Firmen gesichert. Dieser Gesichtspunkt kann nur durch Projekte unter Einbeziehung von Kostenaspekten vermittelt werden.

Deutlich ist anzumerken, dass das Qualitätsmanagement mit den geltenden Rahmenbedingungen der Schulen an Grenzen stößt. Auch für die Schule gilt offensichtlich der Satz von CALZEFERRI: „Wir arbeiten in Strukturen von gestern mit Methoden von heute an Problemen von morgen vorwiegend mit Menschen, die in den Kulturen von vorgestern die Strukturen von gestern gebaut haben und das Übermorgen innerhalb der Unternehmung nicht mehr erleben werden." [CALZEFERRI, zit. in SPRENGER 1998, S. 47]

Besonders zu erwähnen sei in diesem Zusammenhang die zeitliche Einordnung/Zeitgestaltung der Projektarbeit, beschränkte Räumlichkeiten, zeitlich beschränkte Anwesenheit von Fachkollegen, kein Telefon und Fax im Klassenzimmer sowie ein verzögerter Informationsfluss. *Ein Qualitätsmanagement-System in der Schule könnte hier Abhilfe schaffen.*

▶ In der Zukunft
- sollte Schule unter Qualitätsmanagement-Gesichtspunkten organisiert werden,
- ist die Eigenverantwortung der Schüler durch einen „Schulvertrag" zu erhöhen,
- muss ein landesweit übergreifender Erfahrungsaustausch stattfinden,
- ist die ganzheitliche Behandlung des Qualitätskreises in Projekten durchzuführen,
- ist die Projektleitung mit weitreichenden Kompetenzen auszustatten,
- müssen Kostenbetrachtungen in allen Projekten wesentlicher Bestandteil sein und
- sollte in allen Unterrichtsfächern das Denken in Varianten und Alternativen Einzug finden.

Zu Hauptfrage 3:

Das immer noch angewandte Gießkannen-Prinzip bei der Mitarbeiterfortbildung in den Betrieben zeugt von schweren Mängeln mit all seinen Auswirkungen – u. a. auch auf die Motivation und damit auf die Qualität der Produkte.

Durch viele Gespräche mit den Verantwortlichen in den Betrieben mussten wir feststellen, dass die Probleme im Bereich der Motivation bei unseren Schülern ähnlich gelagert sind und damit keine schlüssigen Konzepte auf Unterricht übertragen werden können. Reformen und Veränderungen am Ende einer Prozesskette können nicht den gewünschten Erfolg bringen. „Die Quellen nachhaltiger Motivation [... sind]: Freiräume, Lerngelegenheiten, herausfordernde Aufgaben, Informiertheit, das Gefühl, einen sinnvollen Beitrag in einem respektvollen, freudebetonten Arbeitsumfeld leisten zu können" [SPRENGER 1998, S.165]. Die Schul- und Unternehmenskultur müsste demnach wesentliche Veränderungen erfahren, um unsere Schüler zu einem neuen Aufbruch zu bewegen. Die 300 Stunden Unterrichtsprojekt sind ein erster Schritt in die richtige Richtung, müssen aber zwangsläufig besser integriert werden.

Dass durch eine andere Unterrichtsform Kreativität freigesetzt wird und Schüler motiviert arbeiten, haben wir klar nachgewiesen.

▶ *In der Zukunft*
- sollte die *persönliche Qualität* der Schüler über den Kindergarten, die allgemeinbildenden Schulen und die Berufsschulen eine Steigerung erfahren,
- könnte die Vergabe eines Qualitätspreises für Schulen zur Erhöhung des Wettbewerbscharakters beitragen,
- muss der Anteil von Projektunterricht in Fachschulen erhöht werden und
- sind Projektziele nicht vorzugeben, sondern mit den Teilnehmern zu vereinbaren.

Zu Hauptfrage 4:

Ein wesentliches Element des Qualitätsdenkens ist die *Kundenorientierung*. Der Gedanke des TQM beschreibt das *externe und interne Kunden-Lieferanten-Verhältnis*. Die Schule ist nicht nur Bildungsvermittler, sondern sie muss auch als Dienstleistungsunternehmen verstanden werden. Schüler, Betriebe und Gesellschaft sind als Kunden zu verstehen.

Qualitätsdenken beinhaltet, Kundenerwartungen zufrieden zu stellen. Für die Fachschule bedeutet dies
- die Förderung von Fach-, Sozial- und Humankompetenz – unter besonderer Berücksichtigung von Methodenkompetenz – der Schüler durch problemorientierte Teamarbeit am Lernträger,
- Übungen zur Konfliktbewältigung durch Kommunikation und Moderationsmethoden,
- ab dem ersten Semester mindestens die Hälfte des Unterrichtes methodisch so zu gestalten, dass Gruppen- und Teamarbeit erlernbar wird,
- die Entwicklung von fachübergreifender Zusammenarbeit der Lehrkräfte am Lernträger,
- die Einrichtung von Gruppenarbeitsräumen mit Telefon, Fax, Internet, Dokumentations- und Moderationsmitteln sowie variablem Mobiliar und,
- den Aufbau von Partnerschaften mit Betrieben für die ganze Ausbildungszeit einer Klasse anzustreben.

Zu Hauptfrage 5:

Ähnlich der landesweiten Fortbildung in Schleswig-Holstein zur CNC- und Steuerungstechnik muss ein Fortbildungssystem zum Qualitätsmanagement aufgebaut werden. Das Akzeptanzproblem der Thematik lässt sich vermutlich auch durch eine *verbindliche Aufnahme des Qualitätsmanagements in die Lehrpläne* verbessern.

Die an unserer Schule von uns durchgeführte Lehrerfortbildung war ein erster Versuch. Zur Zeit wird mit einer zweiten Lehrergruppe – sechs Kollegen – über ein halbes Jahr eine

veränderte Fortbildung erprobt. Wir mussten aber feststellen, dass die Resonanz auf unsere Einladungen äußert gering war. Als Ursachen vermuten wir,
- dass die Veränderungen in den Betrieben von außen nicht so ohne weiteres erkennbar sind,
- dass der Zugewinn an Kompetenz durch Fortbildung im Bereich des Qualitätsmanagements nicht hoch genug eingeschätzt wird und
- dass Motivationseinbußen durch die vorhandenen Rahmenbedingungen die Ursache für ein zurückhaltendes Engagement der Kollegen und Kolleginnen sind.

▶ *Wir schlagen vor:*
- ein Qualitätsmanagementsystem in der Schule einzuführen – das bedeutet, die interne und externe Kundenzufriedenheit festzustellen,
- dass Qualitätszirkel in Schulen eingerichtet werden,
- dass die Lehrkräfte regelmäßig mehrtägige Betriebspraktika durchführen,
- dass Fachleute aus den Betrieben regelmäßig Vorträge über Veränderungen halten und
- dass landesweite Lehrerfortbildung organisiert wird.

6.5 Abschließende Gedanken der Projektleitung

6.5.1 Rückblick

„Wenn ich auf ein bewegtes Objekt aufspringen will, dann setze ich mich in Bewegung, d. h. ich versuche es nie aus dem Stand!" [DIEMER, REGINA VON; Äußerung auf einer Arbeitssitzung des BLK-Modellversuchs QMB, Bad Bramstedt,1997].

Dieses Zitat am Anfang unserer Ausführung zu den Aktivitäten der Fachschule Technik im Rahmen des 2. Zwischenberichtes des Modellversuchs QMB [vgl. SCHULZ, BADER, RICHTER 1997, S. 37] soll wieder den Ausgangspunkt unserer Überlegungen darstellen. Es hört sich ganz selbstverständlich an, denn jeder meint: „Das mache ich immer so!" Wir können unsere Mitbürger nur aus der Erfahrung dieses einen Modellversuchs beschreiben. Möglicherweise haben andere Modellversuchsteilnehmer ähnliche Erfahrungen gemacht. Diese werden dann vielleicht sagen: „Siehe da, auch das Qualitätsmanagement kann unsere alten Probleme nicht lösen." Wer mit Menschen arbeitet und langfristig deren Gewohnheiten, Verhalten, Einstellungen, Arbeitsweisen verändern will, trifft auf Befürworter und Widersacher seiner Handlungsweisen.

Bemerkenswert war für uns, dass wir die Widersacher weitgehend im eigenen Hause fanden. Die Befürworter kamen aus der Industrie, unseren Kunden. Hier einige Auszüge aus der Abschlussrede von Herrn Wolf-Dieter Schmidt von der Firma Drägerwerk Medizintechnik anlässlich der Abschlusspräsentation des zweiten Unterrichtsprojektes:

„Wir begrüßen es, wenn sich die Ausbildung an den Anforderungen der Praxis orientiert. ... Die Arbeit in unserem Unternehmen ist gekennzeichnet von Teamarbeit, Kostendruck, und der Verpflichtung, Vorschriften und Normen einzuhalten. Hierunter fallen qualitätssichernde Verfahren und Bewertungen. Alle drei Gruppen haben bewiesen, dass sie diese geschilderten Anforderungen erfüllen konnten. Die Ergebnisse sind aus unserer Sicht ausgezeichnet. Alle Ergebnisse werden in die Praxis eingesetzt." [WOLF-DIETER SCHMIDT – Drägerwerk; Rede anlässlich der Abschlusspräsentation der Modellversuchsklassen am 17.01.1998 an der Gewerbeschule III in Lübeck]

Im Falle der Fachschule ist die Übernahme der Erkenntnisse, die im Rahmen des BLK-Modellversuchs QMB gesammelt wurden, aus unserer Sicht eine attraktivitätssteigernde Maßnahme. Abgesehen davon, dass die Forderungen des KMK-Rahmenlehrplanes damit allein auch nicht erfüllt werden, so sind wir durch die Übernahme der Erkenntnisse in den Regelbetrieb der Fachschule den Forderungen unserer Kunden (der Betriebe, der Schüler, der Gesellschaft) nach einer praxisnahen Ausbildung einen großen Schritt entgegen gekommen.

Der Erwerb von Qualitätsmanagement-Qualifikationen ist aus unserer Sicht während der Fachschulausbildung zwingend notwendig. Die Veränderungen der Stundentafel der Fachschulen des Landes sind vollzogen. Die Übernahme der im Modellversuch gesammelten Erkenntnisse in die Lehrpläne ist beschlossen. Damit kam es zur Anerkennung unserer Ergebnisse.

6.5.2 Ausblick

Um Qualitätsmanagement in den Fachschulunterricht zu integrieren und um größere Unterrichtsprojekte durchzuführen, bedarf es u. E. mittelfristig einer veränderten Schulkultur.

Allein die Aufnahme des Qualitätsmanagements in die Stundentafel der Fachschule, verbunden mit Projektarbeit und Kommunikation, ist für eine Weiterentwicklung der Fachschule nicht ausreichend.

„Visionen entwickeln ist das eine – doch wenn es nicht gelingt, sie auch umzusetzen, bleiben sie nichts als Luftschlösser. Aus Visionen müssen Ziele formuliert werden und zu deren Erreichen Strategien entwickelt und Maßnahmen getroffen werden. [...] Dazu gehört aber auch die Motivation der Mitarbeiter. Die Unternehmensstrategien müssen von allen getragen und gelebt werden. [...] Erst so entwickelt sich eine neue Unternehmenskultur." [MÜLLER 1998, S. 3]

Wenn die Fachschule als Bildungs- und Dienstleistungsunternehmen Bestand haben soll, damit Techniker ausgebildet werden, die die Wirtschaft sofort übernimmt, dann müssen – für eine Weiterentwicklung der Fachschule – von den Kollegien gemeinsam entwickelte und getragene Strategien und Maßnahmen formuliert und durchgeführt werden. Dies ließe sich durch die Zusammenstellung von motivierten Kollegen zu Lehrerteams bewerkstelligen. Aufgaben dieser Teams wären z. B.:

- Die Konzeption einer Fachschule in permanenter Zusammenarbeit mit der Wirtschaft zur Erfassung der jeweils aktuellen Bedarfssituation – im Sinne einer Kundenorientierung.
- Die Zusammenfassung von Unterrichtsfächern durch Schwerpunktbildung – im Sinne fachrichtungsübergreifender und ganzheitlicher Lernbereiche.
- Die Einführung eines Qualitätsmanagement-Systems für die Fachschule – im Sinne einer Organisationsentwicklung.

Wenn diese Veränderungen greifen sollen, dann sind damit untrennbar erhöhte Anforderungen an die an der Projektarbeit beteiligten Lehrkräfte verbunden:

- Durch Fortbildung ist die Fachkompetenz für Qualitätsmanagement anzustreben.
- Mit engerer Zusammenarbeit in Lehrerteams ist die eigene Teamfähigkeit zu beweisen.
- Die zeitweise höhere Stundenzahl ist im Sinne einer Flexibilisierung der Arbeitszeit auf einem „Stundenkonto" gutzuschreiben.
- Der Lehrer beweist seine Fachkompetenz nicht durch Dozieren von Fachwissen, sondern in Beratungsgesprächen.
- Loslassen können; anderen Freiräume – im Rahmen der Möglichkeiten – gewähren, ist gefordert.

Veränderungen der Lehrerrolle

- QM-Kompetenz ⟶ Fortbildung
- Lehrerteam ⟶ Teamfähigkeit
- Flexible Arbeitszeit ⟶ Stundenkonto
- Lehrer als Berater ⟶ Fachkompetenz
- Keine Dozententätigkeit ⟶ "Loslassen können"

Abbildung 6.3: *Veränderung der Lehrerrolle*

„Qualitätsmanagement-Kompetenz" kann nur mit Hilfe eines Konzeptes und durch landesweite Fortbildung entwickelt werden, was für jeden Kollegen einen hohen Zeitaufwand bedeutet. Die Teamfähigkeit der Lehrer untereinander sowie die Teamfähigkeit in Bezug auf die Schülergruppe ist aus unserer Sicht ein schwer zu lösendes Problem.

Die zunehmende Eigenverantwortung im Rahmen der europäischen Einigung wird auch vor dem Schultor nicht Halt machen. Steigender Wettbewerb – auch unter Bildungsanbietern – verpflichtet das staatliche Schulwesen, sich den berechtigten Forderungen der Industrie nach einer Aktualisierung der geltenden Lehrpläne zu stellen.

Der in den letzten Jahren eingetretene Wandel steckt noch in den Kinderschuhen. In welche Richtung er die Betriebe und unsere Gesellschaft treibt, vermag niemand zu sagen. Dass dieser Wandel existent ist, spüren wir alle, jeden Tag. In diesen anstehenden Veränderungen stecken für uns alle Chancen für unser Leben und damit auch für den Beruf.

Wandel als Chance

Für unsere Fachschüler bieten sich ideale Möglichkeiten, über Qualitätsmanagement-Unterrichtsprojekte bzw. ein verändertes Qualifikationsprofil ihre Marktchancen zu erhöhen.

Literatur

BAY RALF (1994):
Zielorientiert führen: Grundlagen des Zielmanagements für Führungskräfte. Würzburg (Vogel-Verlag) 1994.

BULLINGER, HANS-JÖRG; ULBRICHT, BERND; VOLLMER, SIMONE (1995):
Wie führe ich Teamarbeit erfolgreich ein? Fraunhofer Institut für Arbeitswissenschaft und Organisation (IAO). Ergebnis einer Studie. Stuttgart (IRB-Verlag) 1995.

DIEMER, REGINA VON (1993):
Qualitätssicherung durch Partizipation der Mitarbeiter. Teil 1: Führung und Motivation. In: Hansen, W.; Jansen, H. H.; Kamiske, G. F. (Hrsg.): Qualitätsmanagement im Unternehmen. Berlin 1993.

LITKE, HANS-DIETER (1995):
Projektmanagement, Methoden, Techniken, Verhaltensweisen. (3. Auflage) München, Wien (Carl Hanser Verlag) 1995.

LUBOWSKI, THOMAS (1997):
Im Blickpunkt. In: Lübecker Nachrichten v. 26./27.Oktober.1997. S. 3.

MÜLLER, SIEGFRIED (1998):
Im Blickpunkt. In: Lübecker Nachrichten v. 22./23. Februar 1998. S. 3.

SCHULZ, REINHHARD; BADER, REINHARD; RICHTER, ANDY (Hrsg.) (1997):
Qualitätsmanagement und berufliche Bildung. 2. Zwischenbericht zum BLK-Modellversuch QMB. Kiel (Landesinstitut Schleswig-Holstein für Praxis und Theorie der Schule) Juli 1997, 284 S., (verfielf.).

SPRENGER, REINHARD K. (1998):
Mythos Motivation. Wege aus einer Sackgasse. (14. Auflage) Frankfurt/Main, New York (Campus Verlag) 1998.

Teil III:
Empirische Befunde aus dem Untersuchungsfeld

ANDY RICHTER, REINHARD BADER

7 Wandel des Beschäftigungssystems: Empirische Erhebung zu veränderten Anforderungen an die berufliche Ausbildung aus der Sicht von Industrieunternehmen

7.1 Intentionen

Den Ausgangspunkt für den Kern dieser empirischen Erhebung stellt der erste Teil der zweiten Hauptfrage des Modellversuchs (vgl. hierzu *Kap. 3*) dar: **Welche neuen Inhalte des Qualitätsmanagements ergeben sich für die Ausbildung in der Berufsschule?** Ziel dieser quantitativen Untersuchung mittels schriftlicher Befragung war es u. a., Inhalte des Qualitätsmanagements zu ergründen, die aus der Sicht von Unternehmensvertretern in die Ausbildung an der Berufsschule integriert werden sollten. Die erhaltenen Ergebnisse wurden innerhalb des Modellversuchs diskutiert und flossen im Sinne eines reflexiven Inputs in die laufende Entwicklungsarbeit zurück.

Die Notwendigkeit, neben rein fachlichen Kenntnissen auch extrafunktionale Qualifikationen in den Arbeitsprozess einzubringen, hat sich – nicht zuletzt auch aufgrund der vermehrten Einführung von Qualitätsmanagement-Systemen und der Erweiterung der Tätigkeitsbereiche in den Unternehmungen – verstärkt. „Zu einer umfassenden beruflichen Handlungskompetenz gehört [...] heute weit mehr als fachliches Wissen im jeweiligen Ausbildungsberuf allein. Es sind zunehmend auch solche Qualifikationen gefragt, die den technologischen und organisatorischen Veränderungen weniger unterliegen, und nicht zuletzt die Fähigkeit und Bereitschaft der Beschäftigten, ihre Arbeit selbst mitzugestalten – nämlich Kompetenzen." [SCHULZ, RICHTER, BADER 1998, S. 44]

Solch eine kritisch-konstruktive Gestaltungskompetenz erfordert insbesondere auch diejenigen Kenntnisse und Fähigkeiten, die es ermöglichen, Arbeitsprozesse im Qualitätsmanagement ganzheitlich zu erfassen *und* zu gestalten.

In diesem Sinne wurden den Unternehmensvertretern Fragen gestellt, die einerseits relativ „harte" Inhalte des Qualitätsmanagements abprüfen sollten, andererseits wurden auch sogenannte „weiche" Inhalte, die eher dem Bereich der erweiterten Qualifikationen zuzurechnen sind, in den Fragebogen integriert. Daneben wurden Fragen zu extrafunktionalen Qualifikationen – wie beispielsweise prozessorales und ganzheitliches Denken – gestellt. Es wurde insbesondere auch nach solchen extrafunktionalen Qualifikationen gefragt, die das gedankliche Durchdringen des Arbeitssystems sowie das Erkennen von System- und Prozesszusammenhängen fördern und somit die Entwicklung beruflicher Handlungskompetenz stützen (vgl. hierzu auch *Kap. 2*).

7.2 Fragebogen

Der entwickelte Fragebogen enthielt 38 Fragen zu allgemeinen Angaben des Unternehmens, zu Aspekten des Qualitätsmanagements innerhalb der Unternehmung, zum Stellenwert des Dualen Systems, zum Verhältnis des schulischen und betrieblichen Teils der Ausbildung und zu Aspekten der Integration des Qualitätsmanagements als Inhalt der Ausbildung. Auf einen Abdruck des Fragebogens wird aufgrund seines Umfanges verzichtet, zumal in diesem Abschnitt lediglich Einzelfragen analysiert werden. Die entsprechenden Fragen zum Qualitätsmanagement als Inhalt beruflicher Ausbildung und deren Untersetzungen werden jedoch dargestellt.

7.3 Rücklaufquote

Es wurden 700 Fragebögen versandt, von denen jedoch lediglich 63 Fragebögen ausgefüllt zurückliefen. Die Rücklaufquote liegt somit bei nur 9%. Nachfragen ergaben, dass kurze Zeit zuvor zwei weitere Befragungen zur Ausbildungssituation bei den Unternehmen durchgeführt wurden. Und wenn man sozusagen „der Dritte im Bunde" ist, fällt die Bereitschaft, 38 teilweise stark untergliederte Fragen zu beantworten – gerade in einer Zeit intensiven Wettbewerbs – zwangsläufig geringer aus als erwartet.

7.4 Exemplarische Ergebnisse

Insgesamt konnten zur Auswertung 63 Fragebögen herangezogen werden. Jedoch lässt der erhaltene Datenumfang keine detaillierte statistische Auswertung (bivariate Analyse) zu, so dass die Ergebnisse im Folgenden deskriptiv mittels univariater Häufigkeitsverteilungen und in Bezug auf die inhaltliche Ebene exemplarisch dargestellt werden.

Eine Frage aus diesem Bereich sollte die Zufriedenheit mit der beruflichen Erstausbildung ergründen. So wurde gefragt: *Welche Defizite NACH der beruflichen Erstausbildung fallen Ihnen besonders (z. B. bei Vorstellungsgesprächen) auf und sollten in der Erstausbildung berücksichtigt werden?* Die nach der Auswertung der Antworten erhaltene (Normal-)Verteilung (vgl. *Abbildung 7.1*) lässt noch keine Aussage zur grundlegenden Zufriedenheit der Unternehmen mit der Vermittlung der fachlichen Inhalte des eigentlichen Berufes zu.

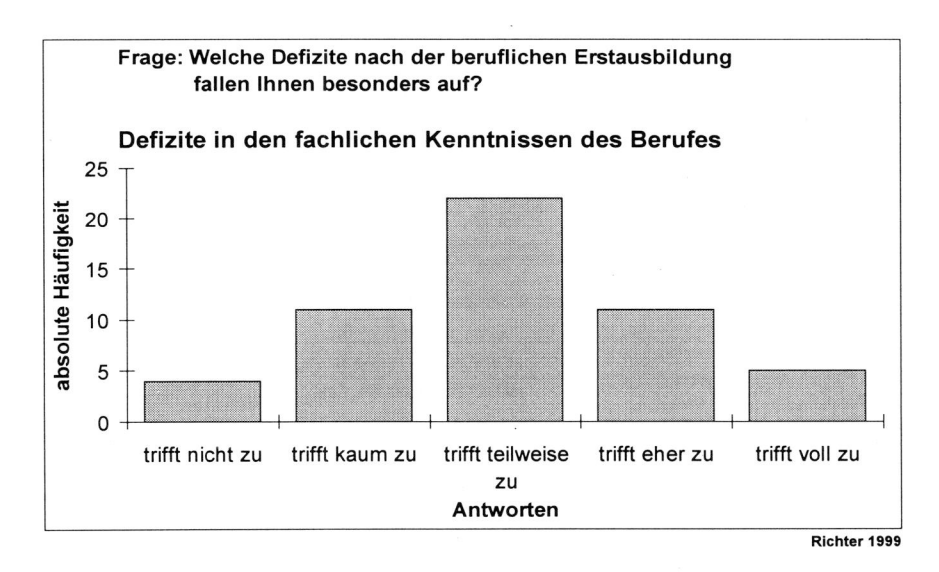

Abbildung 7.1: Defizite nach der beruflichen Erstausbildung – Defizite in den fachlichen Kenntnissen des Berufes

Die Defizite der jungen Facharbeiter – unmittelbar nach einer beruflichen Erstausbildung – werden weniger im Bereich der fachlichen Kenntnisse (des eigentlichen Berufes) gesehen. Vielmehr werden mangelnde erweiterte Kenntnisse, Qualifikationen und Fähigkeiten kritisiert, die auch ein um das Wissen in und über Qualitätsmanagement und Qualitätsmanagement-Systeme erweitertes Arbeitsprozesswissen erfordern. So ist in den Antworten zu erweiterten Aspekten eine Verlagerung – weg von der Normalverteilung – in die Richtung „Defizit" bei den abgefragten Fähigkeiten zu verzeichnen.

Dies betrifft z. B. mangelnde kaufmännische Grundkenntnisse bei gewerblich-technischen Auszubildenden (vgl. *Abbildung 7.2*).

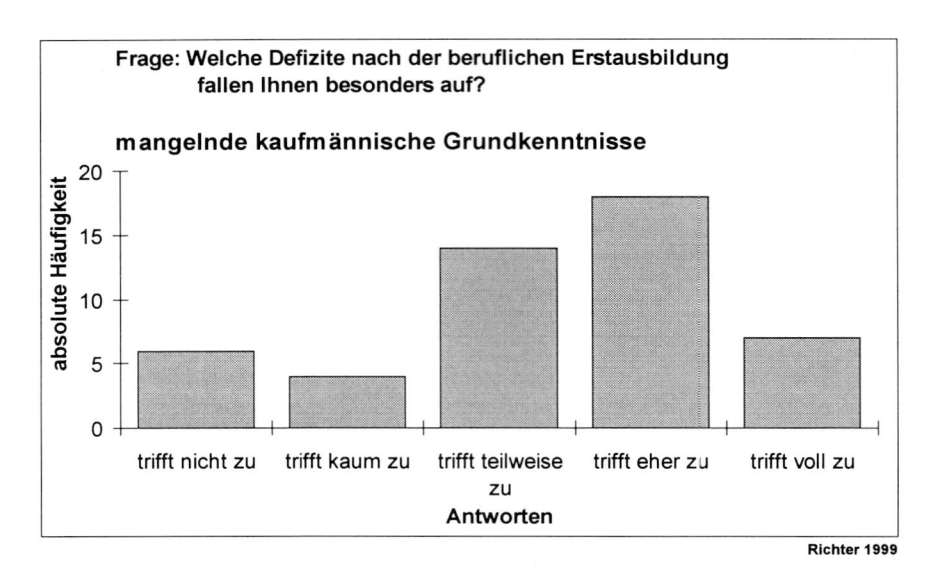

Abbildung 7.2: Defizite nach der beruflichen Erstausbildung – mangelnde kaufmännische Grundkenntnisse

Gleiches gilt auch für das ganzheitliche Denken (vgl. *Abbildung 7.3*). Ähnliche Verläufe ergaben sich bei den sogenannten Schlüsselqualifikationen sowie beim Erkennen wertschöpfender Tätigkeiten und dem Erkennen von Verschwendung (vgl. hierzu auch die *Abbildung 7.13* in der Zusammenfassung).

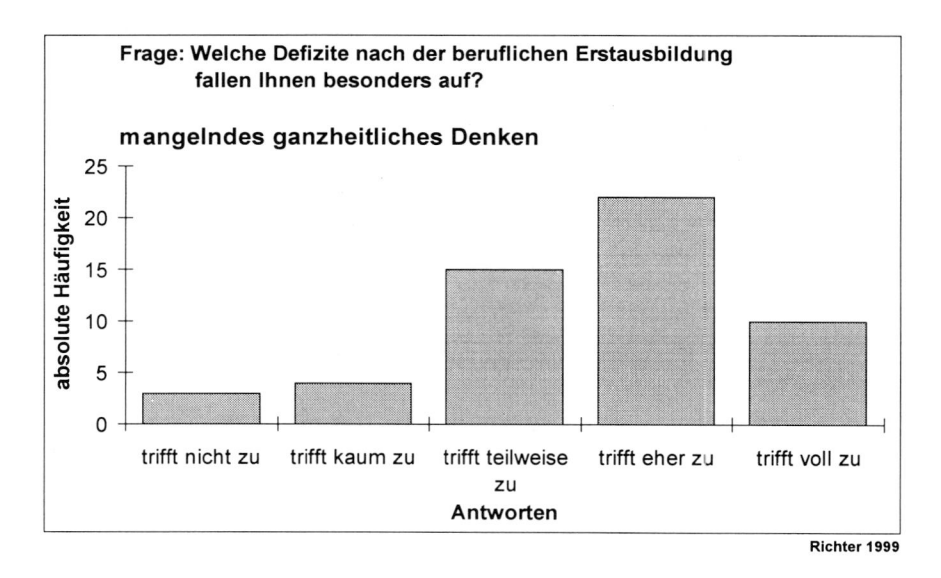

Abbildung 7.3: Defizite nach der beruflichen Erstausbildung – mangelndes ganzheitliches Denken

Die Verteilungen lassen weiterhin vermuten, dass gerade im Bereich der extrafunktionalen Qualifikationen ein Nachholbedarf besteht, denn: Das in streng arbeitsteiligen und hierarchischen Betriebsorganisationen erworbene Wissen ist für eine Gestaltung eher offener Strukturen, die z. B. durch die Einführung eines Qualitätsmanagement-Systems entstehen können, allein nicht mehr ausreichend. Deshalb wurde an anderer Stelle nach den zu integrierenden Inhalten des Qualitätsmanagements und nach erweiterten Inhalten sowie den bereits erwähnten extrafunktionalen Qualifikationen gefragt.

So ergaben die Antworten auf die Frage *„Wie wichtig sind folgende Qualitätsmanagement-Inhalte für eine berufliche Erstausbildung?"*, dass die Vermittlung relativ „harter" Inhalte, wie z. B. der Elemente der DIN EN ISO 9000 ff. (vgl. hierzu *Abbildung 7.4*), verstärkt gefordert wird.

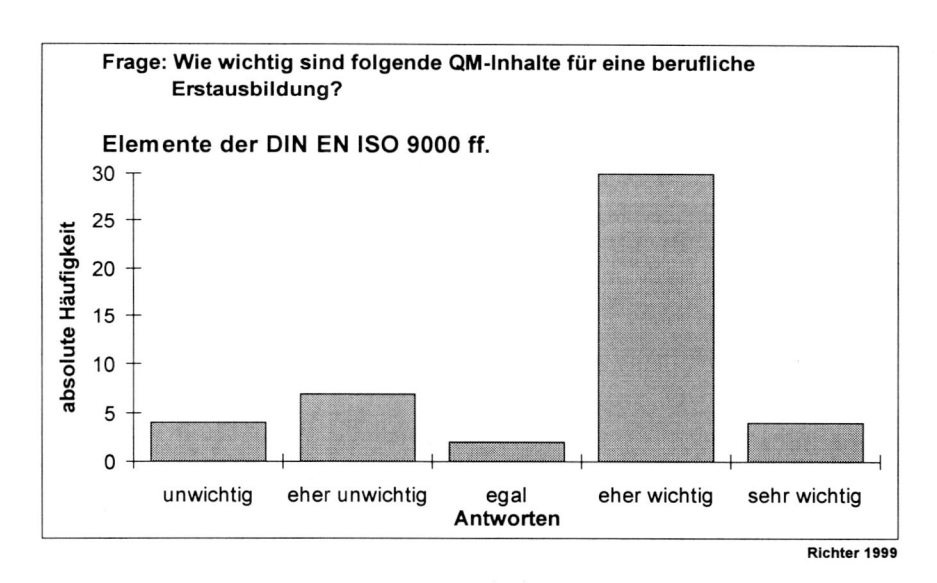

Abbildung 7.4: Bedeutung erweiterter Inhalte für eine berufliche Erstausbildung – Elemente der DIN EN ISO 9000 ff.

Der Qualitätskreis (vgl. *Abbildung 7.5*) und seine Elemente wurden ebenso als „neuer", erweiterter Inhalt herausgestellt.

Frage: Wie wichtig sind folgende QM-Inhalte für eine berufliche Erstausbildung?

Qualitätskreis

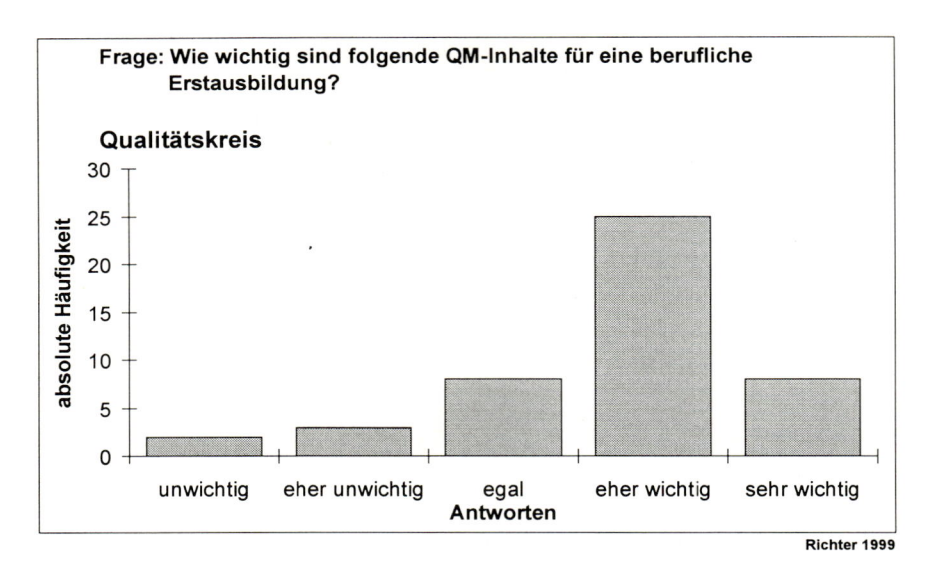

(Balkendiagramm, absolute Häufigkeit)
- unwichtig: 2
- eher unwichtig: 3
- egal: 8
- eher wichtig: 25
- sehr wichtig: 8

Richter 1999

Abbildung 7.5: Bedeutung erweiterter Inhalte für eine berufliche Erstausbildung – Qualitätskreis

Daneben gewinnen kaufmännische Inhalte auch für gewerblich-technische Auszubildende, wie z. B. die Kostenrechnung als relativ „harter" Inhalt und das Kostendenken als extrafunktionale Qualifikation (vgl. *Abbildung 7.6*), an Bedeutung.

Frage: Wie wichtig sind folgende QM-Inhalte für eine berufliche Erstausbildung?

Kostendenken/Kostenrechnen

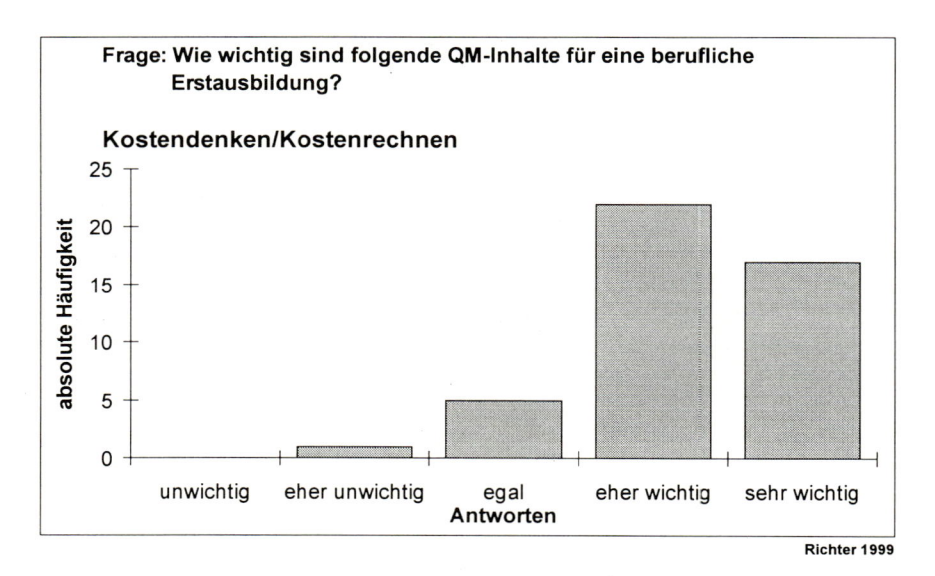

(Balkendiagramm, absolute Häufigkeit)
- unwichtig: 0
- eher unwichtig: 1
- egal: 5
- eher wichtig: 22
- sehr wichtig: 17

Richter 1999

Abbildung 7.6: Bedeutung erweiterter Inhalte für eine berufliche Erstausbildung – Kostendenken/Kostenrechnen

Es wurden jedoch eher „weiche" Kenntnisse und erweiterte Fähigkeiten stärker herausgestellt als reine „harte" Qualitätsmanagement-Inhalte (vgl. hierzu in der Zusammenfassung die *Abbildung 7.14*). So wird z. B. das Kostendenken (vgl. wiederum *Abbildung 7.6*) oder auch das Denken in Wertschöpfung und Verschwendung (vgl. *Abbildung 7.7*) als besonders wichtig erachtet.

Frage: Wie wichtig sind folgende QM-Inhalte für eine berufliche Erstausbildung?

Denken in Wertschöpfung und Verschwendung

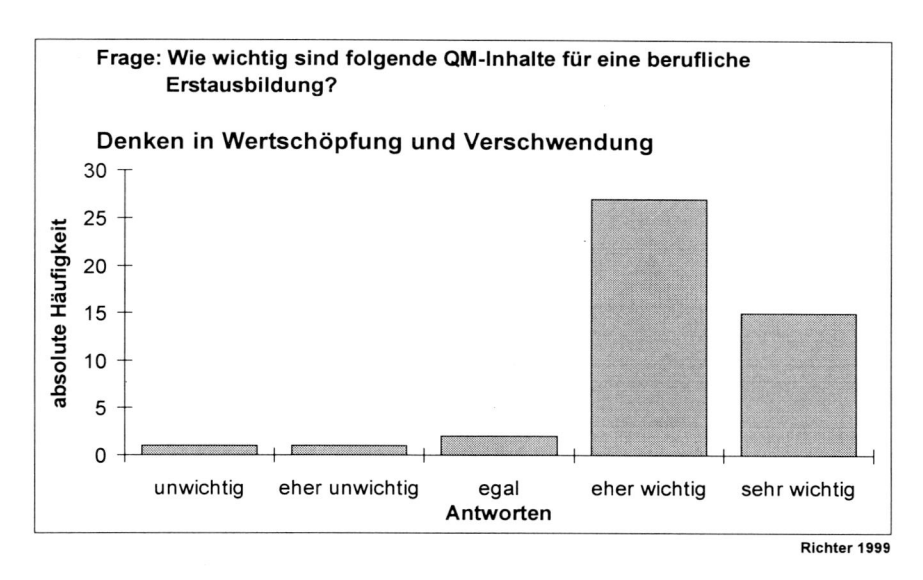

[Balkendiagramm: absolute Häufigkeit; unwichtig ≈ 1, eher unwichtig ≈ 1, egal ≈ 2, eher wichtig ≈ 27, sehr wichtig ≈ 15]

Richter 1999

Abbildung 7.7: Bedeutung erweiterter Inhalte für eine berufliche Erstausbildung – Denken in Wertschöpfung und Verschwendung

Die Kundenorientierung und das Thematisieren der Kunden-Lieferanten-Beziehung werden ebenso als notwendig herausgestellt (vgl. *Abbildung 7.8*).

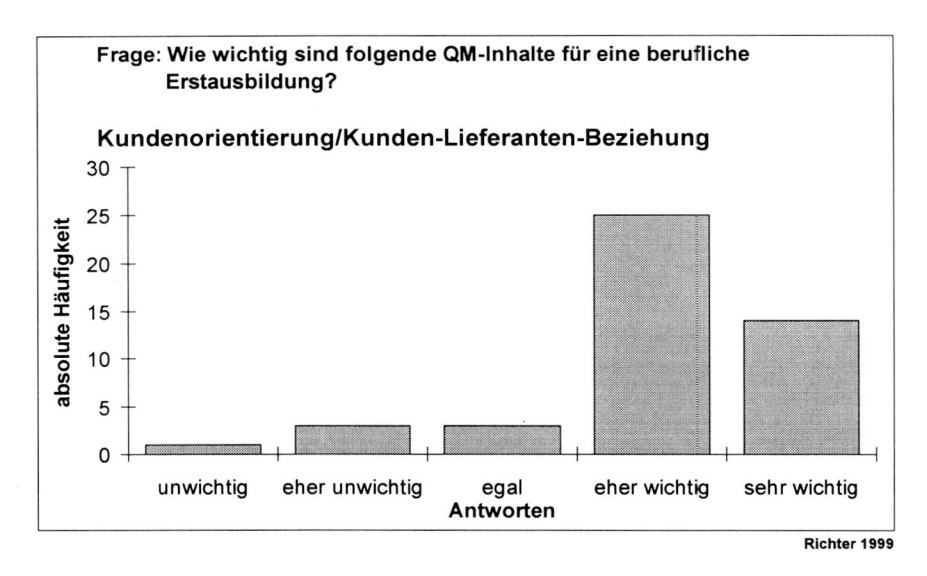

Abbildung 7.8: Bedeutung erweiterter Inhalte für eine berufliche Erstausbildung – Kundenorientierung/Kunden-Lieferanten-Beziehung

Im Bereich der erweiterten und extrafunktionalen Qualifikationen wurde insbesondere prozesshaftes und ganzheitliches Denken als förderungswürdig hervorgehoben (vgl. hierzu *Abbildung 7.9* und *Abbildung 7.10*).

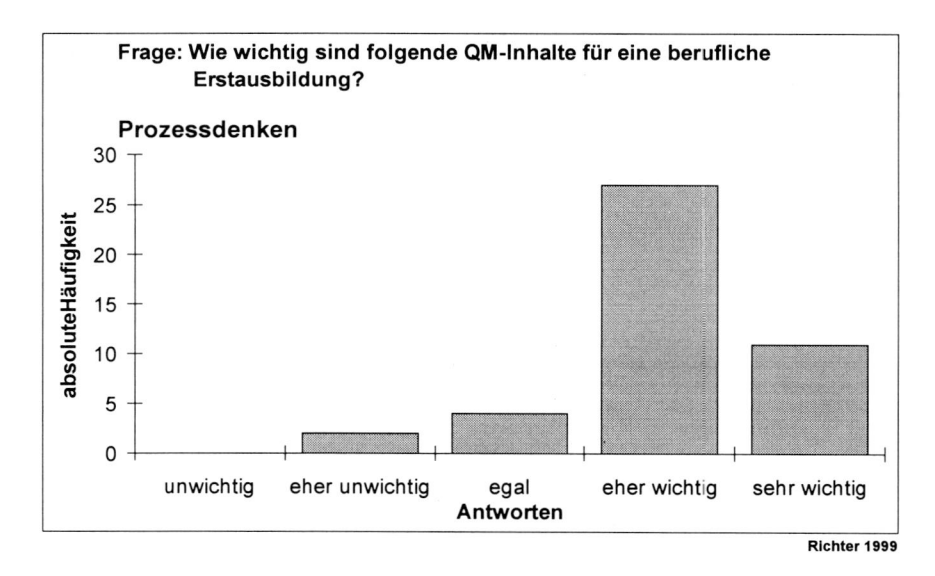

Abbildung 7.9: Bedeutung erweiterter Inhalte für eine berufliche Erstausbildung – Prozessdenken

Frage: Wie wichtig sind folgende QM-Inhalte für eine berufliche Erstausbildung?

ganzheitliches Denken

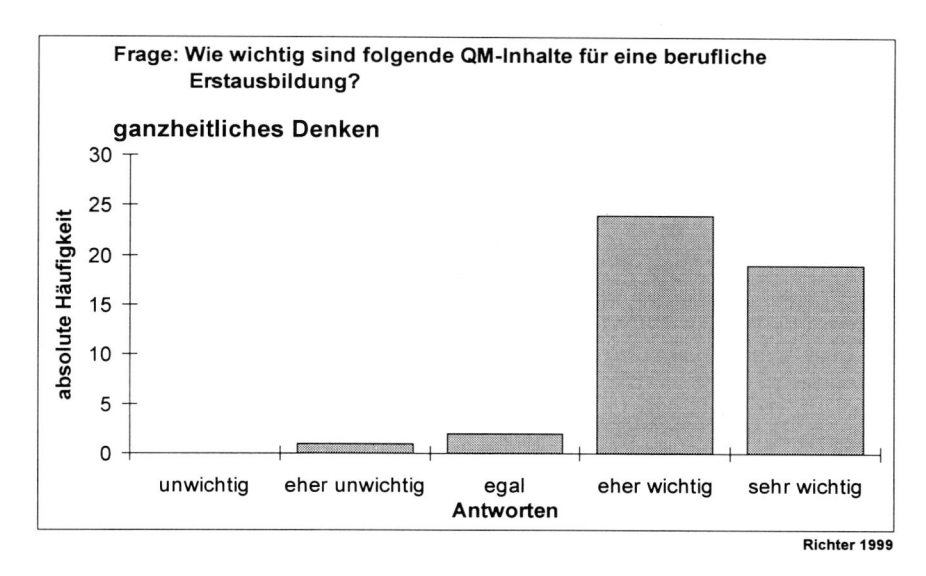

(absolute Häufigkeit; Antworten: unwichtig, eher unwichtig, egal, eher wichtig, sehr wichtig)

Richter 1999

Abbildung 7.10: Bedeutung erweiterter Inhalte für eine berufliche Erstausbildung – ganzheitliches Denken

Eine weitere Frage beschäftigte sich mit dem didaktisch-methodischen Handlungsrahmen einer Lernfirma, die von den Schulstandorten bei der Umsetzung der Ziele des Modellversuchs zur realitätsnahen Simulation betrieblicher Prozesse und zur Verdeutlichung realer beruflicher Handlungsfelder genutzt wurde. Auf die Frage *„Um den beruflichen Alltag widerzuspiegeln, werden an der Berufsschule immer häufiger Junior- bzw. Übungsfirmen eingerichtet. Halten Sie eine fiktive Firma, die ein Produkt von der Auftragsannahme bis zur Auslieferung (orientiert am Qualitätskreis) für einen realen Kunden fertigt und sich an den modernen Fertigungsstrukturen/Qualitätsmanagement orientiert, an der Berufsschule für wichtig?"* antworteten die Unternehmensvertreter überwiegend mit Zustimmung (vgl. *Abbildung 7.11*).

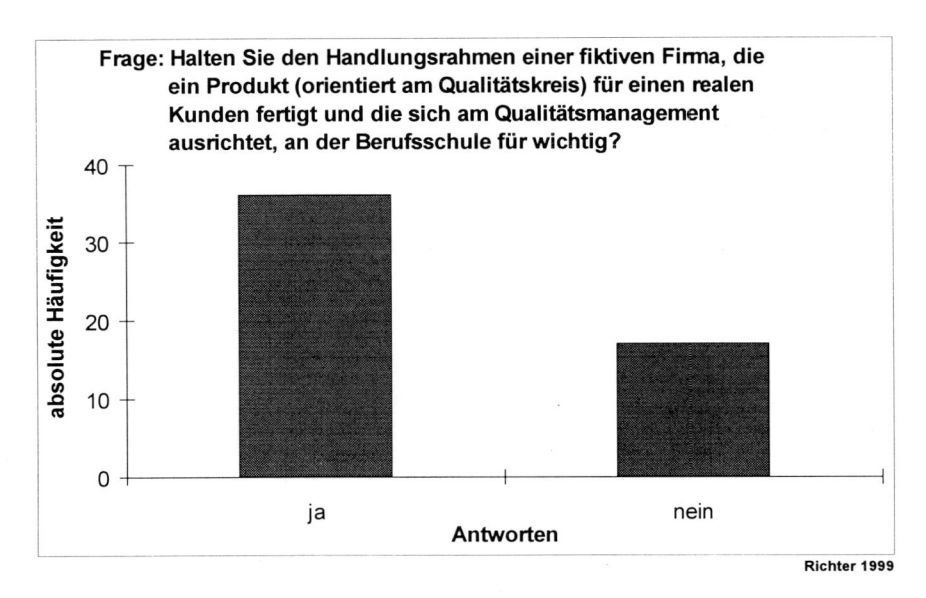

Abbildung 7.11: Bedeutung des Handlungsrahmens „Lernfirma"

Jedoch kehrte sich dieses Verhältnis auf die Frage *„Wären sie bereit, im Rahmen einer solchen Junior-/Übungsfirma für etwa ½ Jahr der Kunde einer Berufsschulklasse zu sein?"* annähernd um (vgl. *Abbildung 7.12*).

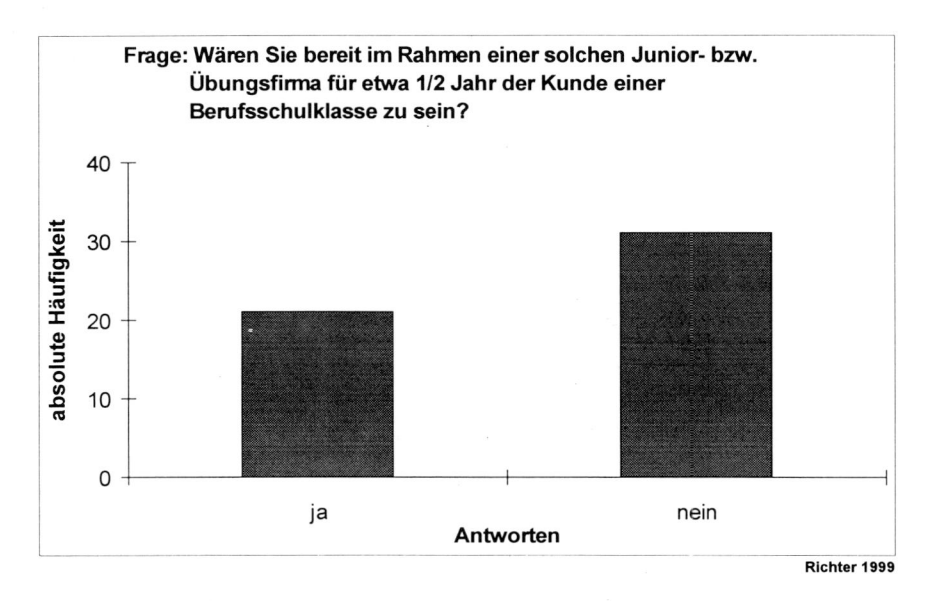

Abbildung 7.12: Bereitschaft, „Kunde" einer solchen Lernfirma zu werden

Sicherlich ein Ergebnis, an dem beide Partner des Dualen Systems im Sinne verstärkter Lernortkooperation weiter arbeiten sollten.

7.5 Zusammenfassung

Die empirische Erhebung hat ergeben, dass Unternehmen heutzutage immer stärker erweiterte Qualifikationen auch von den Facharbeitern erwarten. Insbesondere betrifft dies Kenntnisse aus dem Bereich des Qualitätsmanagements.

Die Defizite junger Facharbeiter werden zudem weniger im Bereich der fachlichen Kenntnisse (vgl. *Abbildung 7.13 – fachliche Kenntnisse des Berufes, Softwarekenntnisse*) gesehen. Es wird vielmehr ein Mangel an erweiterten Kenntnissen und Fähigkeiten (vgl. auch hierzu *Abbildung 7.13 – kaufmännische Grundkenntnisse, Moderationstechniken/Gesprächsführung, Schlüsselqualifikationen*) sowie ein Defizit an extrafunktionalen Qualifikationen herausgestellt (vgl. *Abbildung 7.13 – Erkennen wertschöpfender Tätigkeiten und von Verschwendung, ganzheitliches Denken*). Dies ist insofern von Bedeutung, als gerade die extrafunktionalen Qualifikationen – jedoch nur zusammen mit den jeweiligen fachlichen und erweiterten Kenntnissen – das reflektierte Gestalten von Arbeitsprozessen (im Qualitätsmanagement) im Sinne der Äußerung von Handlungskompetenz ermöglichen.

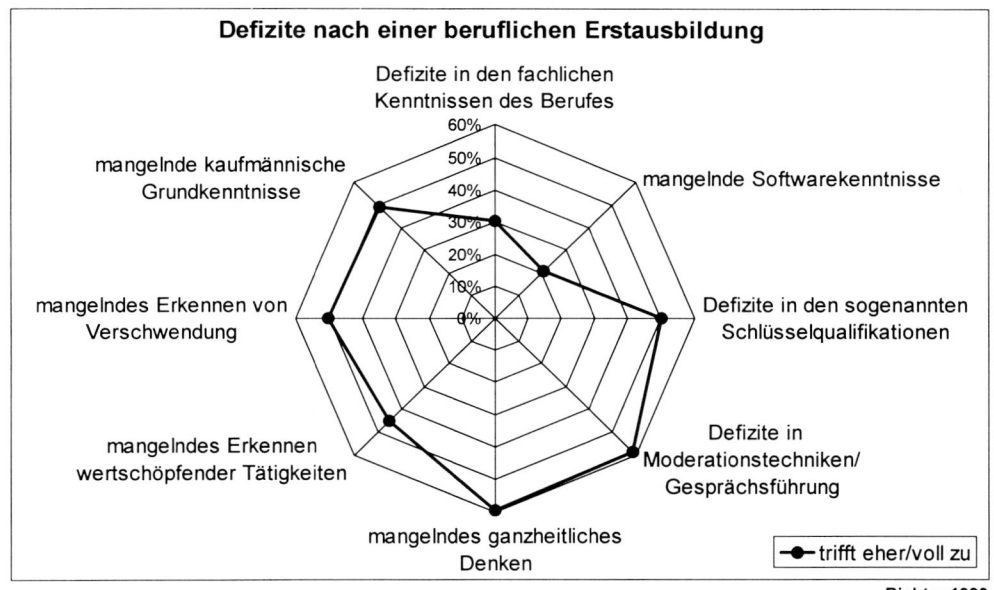

Abbildung 7.13: Prozentuale Antwortenverteilung auf die Frage nach Defiziten nach einer beruflichen Erstausbildung

Eine besondere Bedeutung kommt in diesem Kontext den extrafunktionalen Qualifikationen zu: In eher offenen Strukturen – die beispielsweise durch die Einführung eines Qualitätsmanagement-Systems entstehen können – mit erweiterten Freiheitsgraden und Gestaltungsspielräumen muss das in hoch arbeitsteiligen und hierarchisch organisierten Arbeitssystemen erworbene Arbeitsprozesswissen erweitert werden. Insbesondere sind Kenntnisse, Qualifikationen und Kompetenzen gefordert, die eine ganzheitliche und prozessorientierte Mitgestaltung von Arbeitsprozessen eröffnen.

Ein Ziel der Befragung war es, neben diesen Kompetenzen und extrafunktionalen Qualifikationen, auch diejenigen Inhalte, Methoden und Werkzeuge des Qualitätsmanagements zu charakterisieren, die in eine (neu zu orientierende) berufliche Erstausbildung aus Sicht der Unternehmen integriert werden sollten.

Einerseits wurde dabei durch die Antwortenverteilung der Wunsch nach relativ „harten" Inhalten innerhalb des Bereiches Qualitätsmanagement deutlich, obwohl die Kenntnis spezieller Inhalte, Methoden und Werkzeuge des Qualitätsmanagements nicht explizit herausgestellt wurde (vgl. *Abbildung 7.14 – Schreiben eines QM-Handbuches, Ishikawa, Benchmarking, FMEA, Regelkarten*).

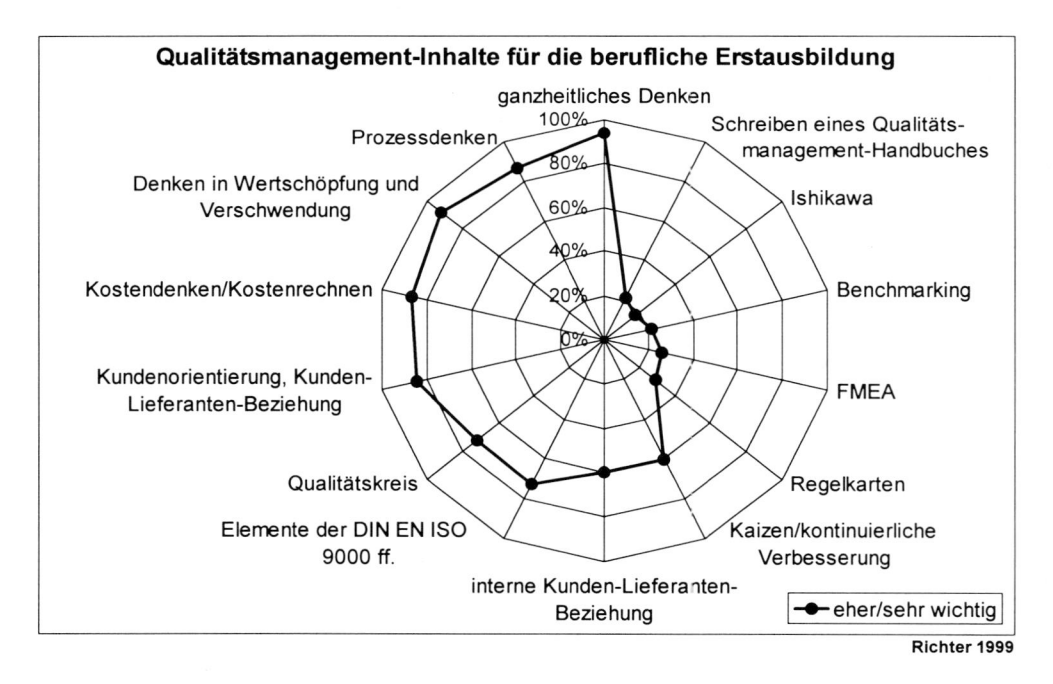

Abbildung 7.14: Prozentuale Antwortenverteilung auf die Frage nach Qualitätsmanagement-Inhalten für die berufliche Erstausbildung

Andererseits wurde aber auch eher „weichen" Kenntnissen über Qualitätsmanagement (vgl. auch hierzu *Abbildung 7.14 – Elemente der DIN EN ISO 9000 ff., Kaizen/KVP*) und erweiterten Fähigkeiten und Kenntnissen (vgl. *Abbildung 7.14 – Kostendenken/Kostenrechnen, interne Kunden-Lieferanten-Beziehung, Kundenorientierung/Kunden-Lieferanten-Beziehung*) eine große Bedeutung zugemessen. Ein „neuer" Inhalt, aber auch ein mögliches Strukturelement für den Unterricht in der Berufsschule, könnte der dem Qualitätsmanagement entliehene *Qualitätskreis* sein, der durch die Unternehmensvertreter ebenfalls als wichtiger Bestandteil für die berufliche Erstausbildung herausgestellt wurde.

Die mithin stärkste Betonung erfuhren extrafunktionale Qualifikationen wie beispielsweise das *Denken in Wertschöpfung und Verschwendung*, das *ganzheitliche Denken* und das *Prozessdenken* (vgl. wiederum *Abbildung 7.14*).

Die Befragung hat somit insgesamt ergeben, dass die Unternehmen immer stärker prozesshaftes und ganzheitliches Denken sowie weitere extrafunktionale Qualifikationen, die insbesondere zum kritisch-konstruktiven Gestalten des Arbeitssystems befähigen, auch von den Facharbeitern erwarten.

Diesbezüglich gleichen sich der Bildungsauftrag des Berufsbildungssystems und das Qualifizierungsinteresse des Beschäftigungssystems. Denn Kompetenz und Leistungsfähigkeit umfassen diejenigen extrafunktionalen Qualifikationen, die zum ganzheitlichen Gestalten des Arbeitssystems befähigen. Insofern sollten im Sinne einer reflektierten Neuorientierung der beruflichen Ausbildung [ganz nach KLAFKI 1996, S. 270ff.] der Gegenwartsbezug sowie die zukünftige und exemplarische Bedeutung des Qualitätsmanagements für die berufliche Ausbildung geprüft werden.

Literatur

SCHULZ, REINHARD; RICHTER, ANDY; BADER, REINHARD (1998):
Qualitätsmanagement – Reflexive Integration von Inhalten des Qualitätsmanagements in die berufliche Aus- und Weiterbildung. In: Die berufsbildende Schule 50 (1998) 2, S. 44-48.

KLAFKI, WOLFGANG (1996):
Neue Studien zur Bildungstheorie und Didaktik. (5. unveränd. Aufl.) Weinheim, Basel (Beltz Verlag) 1996.

ANDY RICHTER, REINHARD BADER

8 Überführung in das Regelsystem: Empirische Erhebung zu didaktisch-methodischen Entwicklungen in den Fachschulen des Bundesgebietes

8.1 Intentionen

Innerhalb des Modellversuchs entstand – angeregt durch die Kollegen der Fachschule Technik in Lübeck – das Interesse, mehr über didaktisch-methodische Entwicklungen in den Fachschulen des Bundesgebietes zu erfahren. Eine weitere Intention war ein Erfahrungsaustausch mit innovativen Fachschulen anderer Bundesländer. Das Interesse richtete sich dabei vor allem auf zwei Aspekte. Zum einen sollte der Frage nachgegangen werden, in welchen Bundesländern die KMK-Rahmenvereinbarung über Fachschulen mit zweijähriger Ausbildungsdauer von 1992 bereits umgesetzt wurde. Zum anderen sollte untersucht werden, welche innovativen didaktisch-methodischen Ansätze, wie z. B. die Aufhebung der Fächertrennung, die Einrichtung fachrichtungsübergreifender Lernbereiche, die Einführung von Projektarbeit, die Bildung von Lehrerteams ... verfolgt und, ob – insbesondere bezogen auf das Untersuchungsinteresse des Modellversuchs QMB – Inhalte, Methoden und Werkzeuge des Qualitätsmanagements in den Unterricht von Fachschulen sowie in die Lehrerfortbildung integriert werden.

Um auf diese mehrdimensionalen Fragestellungen Antworten zu erhalten, wurde ein Fragebogen entwickelt. Das Ziel, möglichst umfassende Informationen, die nicht speziell nur auf eine Fachschule bezogen sind, aus dem gesamten Bundesgebiet zu sammeln, ließ sich mit vertretbarem Aufwand nur dadurch erreichen, dass als Ansprechpartner zur Beantwortung der Fragen die jeweiligen „Referenten" für Fachschulen in den Abteilungen Berufliche Bildung der Kultusministerien aller 16 Bundesländer angeschrieben wurden. Sie wurden gebeten, den zugesandten Fragebogen zu beantworten und – um den beabsichtigten Erfahrungsaustausch zu initiieren – bis zu fünf Fachschulen zu nennen, die sie vor dem Hintergrund der einzelnen Fragen als Ansprechpartner empfehlen können.

8.2 Fragebogen

Die Referenten in den Kultusministerien wurden durch ein entsprechendes Anschreiben über die Intentionen der Befragung unterrichtet. Das beigelegte Faltblatt des Modellversuchs sollte zusätzlich über die Ziele, Inhalte und die Organisationsstruktur des Modellversuchs sowie über mögliche Ansprechpartner zu Fragen des Modellversuchs informieren. Der entwickelte Fragebogen enthielt folgende 13 Fragen, die jeweils durch „Ankreuzen" zu beantworten waren (vgl. Abbildung 8.1). Am 06. März 1998 wurden die Fragebögen an die Abteilungen Berufliche Bildung in den Kultusministerien aller 16 Bundesländer versandt.

1. **Wurde die KMK-Rahmenvereinbarung über Fachschulen von 1992 in Ihrem Bundesland umgesetzt?**
   Nein ☐
   Ja, für alle Berufsfelder ☐
   Ja, für einzelne Berufsfelder, ☐ und zwar: ....
   ....
   ....

Unser Interesse richtet sich insbesondere auch auf innovative didaktisch-methodische Konzepte, wie beispielsweise die Aufhebung der Fächertrennung, die Einrichtung fachrichtungsübergreifender Lernbereiche, die Einführung von Projektarbeit, die Integration von Qualitätsmanagement, die Bildung von Lehrerteams usw., abgesehen davon, ob diese mit der Umsetzung der o. g. KMK-Rahmenvereinbarung in Beziehung stehen.

Deshalb bitten wir Sie, die folgenden Fragen zu beantworten (unabhängig davon, ob Sie die erste Frage mit „Ja" oder „Nein" beantwortet haben).

2. **Wurden Grundlagenfächer (z. B. Mathematik, Naturwissenschaften, ...) in anwendungsbezogene Fächer integriert?**
   Ja ☐   Nein ☐   Teilweise ☐

3. **Wurde die Anzahl der Fächer reduziert?**
   Ja ☐   Nein ☐

4. **Wurden fachrichtungsübergreifende Lernbereiche eingerichtet?**
   Ja ☐   Nein ☐

5. **Wird Lernträgerunterricht durchgeführt?**
   Ja ☐   Nein ☐

6. **Wird Projektunterricht durchgeführt?**
   Ja ☐   Nein ☐

7. **Ist Projektunterricht eigener, ausgewiesener Bestandteil der Stundentafel?**
   Ja ☐   Nein ☐

8. **Wurden die Prüfungen auf Fächerintegration hin verändert?**
   Ja ☐   Nein ☐

9. **Sieht die Schulorganisation die Bildung von Lehrerteams vor?**
   Ja ☐   Nein ☐

Es folgen einige Fragen, die konkret auf den Untersuchungsbereich des von uns wissenschaftlich begleiteten Modellversuchs zutreffen.

10. **Sind Elemente des Qualitätsmanagements, der DIN EN ISO 9000 ff. Unterrichtsgegenstand?**
    Ja ☐   Nein ☐

11. **Wurden Projekte zum Qualitätsmanagement durchgeführt?**
    Ja ☐   Nein ☐

12. **Wird/Wurde Lehrerfortbildung zum Qualitätsmanagement durchgeführt?**
    Ja ☐   Nein ☐

13. **Existieren Initiativen, um die Attraktivität und Wettbewerbsfähigkeit der Fachschulen zu erhöhen?**
    Ja ☐   Nein ☐

Abbildung 8.1:   Originalauszug Fragebogen – Ministerien zur Fachschulsituation

8.3 Rücklaufquote

Von den insgesamt 16 verschickten Fragebögen lagen bis Mitte Juni 1998 13 Fragebögen zur Auswertung vor. Drei Ministerien (Berlin, Hessen, Mecklenburg-Vorpommern) hatten nicht geantwortet.

Von den 13 eingegangenen Fragebögen bzw. Reaktionen konnten drei nur bedingt ausgewertet werden. Die Anzahl der *Missings* in den „voll auswertbaren" Fragebögen liegt im normalen Umfang. Die „bedingte Auswertbarkeit" der drei o. g. Fragebögen hat verschiedene Ursachen. Allen gemein ist jedoch, dass die Fragebögen nicht ausgefüllt wurden und „leer" zurückgesandt wurden – wenn auch aus unterschiedlichen Gründen:

- Ein teilweise ausgefüllter Fragebogen enthielt ein kurzes Anschreiben mit der Begründung, dass den Begrifflichkeiten in den einzelnen Fragen „keine inhaltliche Bedeutung zugeordnet werden kann" und somit die ersten neun Fragen nicht ausgefüllt wurden. Dieser Rücklauf enthielt weiterhin je eine Kopie der „Verordnung über berufsbildende Schulen" und der „Ergänzenden und abweichenden Vorschriften" weiterer Schulformen, verbunden mit der Bitte, die Auswertung direkt von dort vorzunehmen. Die Fragen zum Untersuchungsbereich des Modellversuchs (Fragen 10 – 13) wurden aber beantwortet und konnten somit direkt in die Auswertung einbezogen werden.

  Anmerkung: Eine Datengewinnung auf Grundlage der eingesandten Verordnungen war mit einigen Schwierigkeiten verbunden, da eine ausschließliche „ja-nein"-Beantwortung – im Sinne der gestellten Fragen (vgl. *Abbildung 8.1*) – auf der Basis dieser Verordnungen nicht ohne weiteres möglich war, bzw. die entsprechenden Themengebiete in ihnen nicht explizit behandelt werden.

  Es wurde jedoch versucht, zu den jeweiligen Fragen Antworten zu finden, wenn dies auch mit Wahrnehmungsdifferenzen verbunden sein kann.

- Einem anderen Fragebogen wurde ein Entwurf der „Fachschulverordnung – Technik, Wirtschaft sowie Ernährung und Hauswirtschaft – modulare Organisationsform" beigefügt, der aber erst in Anhörung gehen sollte und danach evtl. ab dem Schuljahr 1999/2000 eingeführt wird. Der ebenfalls zurückgesandte Fragebogen wurde nicht ausgefüllt. Weitere Anmerkungen zum Fragebogen wurden nicht gemacht.

  Es wurde ebenfalls versucht, aus den Verordnungen heraus die Fragen zu beantworten. Jedoch trifft das im ersten Anstrich gesagte auch auf diesen Punkt zu.

- Ein Bundesland antwortet mit einem Anschreiben, in dem lediglich auf einzelne Fragen Bezug genommen wurde. Die jeweiligen Fragen wurden jedoch nur sehr ungenau beantwortet. Vielmehr wurde analysiert, welche Inhaltsbereiche die einzelnen Fragen abdecken; einzelne Fragen wurden auf ihre Sinnhaftigkeit hin bewertet; begründet, warum die Integration von Grundlagenfächern in anwendungsbezogene Fächer (Frage 2) den Lernerfolg mindern würde und die Prüfungshoheit der Fachschulen verteidigt. Der eigentliche Fragebogen kam nicht zurück. Eine Auswertung war somit nicht möglich.

8.4 Ergebnisse

Insgesamt konnten zur Auswertung der Fragen eins bis neun 10 Fragebögen direkt und 3 Fragebögen indirekt (vgl. *Abs. 8.3*) herangezogen werden. Für die Fragen 10 bis 13 standen 11 Fragebögen direkt und zwei Fragebögen indirekt zur Verfügung (vgl. ebenfalls *Abs. 8.3*). Selbst bei komplettem Rücklauf aller Fragebögen ließe der Datenumfang (insgesamt 16 Bundesländer und somit maximal 16 Fragebögen) keine detaillierte (bivariate) statistische Auswertung zu, so dass die Ergebnisse im folgenden deskriptiv mittels univariater Verteilungen (Häufigkeiten) beschrieben werden.

Frage 1

1. **Wurde die KMK-Rahmenvereinbarung über Fachschulen von 1992 in Ihrem Bundesland umgesetzt?**
   Nein   ☐
   Ja, für alle Berufsfelder   ☐
   Ja, für einzelne Berufsfelder,   ☐   und zwar: ....
                                                          ....
                                                          ....

Der Stand der Umsetzung der KMK-Rahmenvereinbarung über Fachschulen mit zweijähriger Ausbildungsdauer von 1992 war insofern von Bedeutung, als bei deren Umsetzung bereits wesentliche Änderungen in der Fachschulstruktur und -organisation eintreten müssten. Das bezieht sich insbesondere auf eine Neufassung der Lernbereiche, die Integration mathematisch-naturwissenschaftlicher Fächer in eher anwendungsbezogene Fächer, die Einrichtung fachrichtungsübergreifender Lernbereiche, die Aufhebung der strikten Fächertrennung und die Einführung von Projektarbeit [vgl. BOROWKA 1996, S. 91 ff.]. Damit soll insgesamt eine stärkere Reflexion vor dem Hintergrund realer beruflicher Handlungsfelder und -situationen der späteren Techniker erfolgen, um die Ausbildungsinhalte, deren Struktur und die Lehr-Lern-Arrangements den aktuellen Entwicklungen und Situationen anzupassen. Die Auswertung der eingegangenen Fragebögen ergab folgende Verteilung.

	Umsetzung der KMK-Vereinbarung	
	Anzahl	Anteil
ja, für alle Berufsfelder	9	75,0%
ja, für einzelne Berufsfelder	3	25,0%

Die KMK-Rahmenvereinbarung über Fachschulen wurde demzufolge bereits in neun Bundesländern vollständig und in dreien wenigstens für einzelne Berufsfelder/Fachrichtungen umgesetzt. Dies bildet zumindest eine wesentliche Grundlage für didaktisch-methodische Innovationen in den Fachschulen im Bundesgebiet. Detaillierter darüber sollen die Fragen zwei bis neun Auskunft geben.

Frage 2

2. Wurden Grundlagenfächer (z. B. Mathematik, Naturwissenschaften, ...) in anwendungsbezogene Fächer integriert?
Ja ☐   Nein ☐   Teilweise ☐

Das Ziel der Förderung beruflicher Handlungskompetenz erfordert, dass (reale) berufliche Handlungssituationen den Ausgangspunkt von Lehr-Lern-Prozessen darstellen. „Damit können separate Unterrichtseinheiten, die sich in ihren Inhalten allein an den jeweiligen Fachwissenschaften und ihrer Systematik orientieren, nicht mehr durchgängig beibehalten werden. Die Anwendung einzelwissenschaftlicher Erkenntnisse auf komplexe berufliche und gesellschaftliche Problemlösungen verlangt einen unmittelbaren beruflichen und gesellschaftlichen Bezug." [BOROWKA 1996, S. 93] Die fachlichen Inhalte des mathematisch-naturwissenschaftlichen Bereiches sollten neu gruppiert und entsprechend zugeordnet werden, so dass „bei der Erarbeitung umfassender Problemlösungen ein unmittelbar zielgerichteter Zugriff auf die Grundlagen geschaffen wird, so wie es die berufliche Realität verlangt" [EBENDA]. Das heißt allerdings nicht, dass diese Grundlagenfächer vollständig in andere Fächer und/oder Lernbereiche integriert werden sollten. Es bietet sich eher eine Zweiteilung an, indem – in Abstimmung mit den jeweiligen Lernvoraussetzungen der Fachschüler und der Lehr-Lern-Prozessstruktur – fachsystematisch und inhaltlich strukturierte Unterrichtsphasen mit aufgabenorientierten, problemlösenden, lösungsweg- und ergebnisoffenen Sequenzen abwechseln können.

Dieses vielschichtige Feld spiegelt sich auch in den Antworten zur Frage 2 wieder. Während sich bei der Umsetzung der KMK-Rahmenvereinbarung (vgl. die Ausführungen zu Frage 1) ein recht einheitliches Bild ergab – die KMK-Rahmenvereinbarung ist in den meisten Bundesländer vollständig und in den übrigen Bundesländern zumindest für einzelne Fachrichtungen/Berufsfelder umgesetzt – , stellt sich die Situation bezüglich der Frage der Fächerintegration relativ heterogen dar, wie folgende Tabelle verdeutlicht.

	Integration von Grundlagenfächern	
	Anzahl	Anteil
ja	5	38,5%
nein	4	30,8%
teilweise	4	30,8%

Frage 3

3. Wurde die Anzahl der Fächer reduziert?
Ja ☐   Nein ☐

Die Fächerreduktion steht in enger Verbindung mit der KMK-Rahmenvereinbarung (vgl. die Ausführungen zu Frage 1) und der Integration der Grundlagenfächer (Frage 2). Sechs Bundesländer haben sich für eine Reduzierung der Fächeranzahl entschieden, wogegen fünf an der weitergehenden Differenzierung festhalten.

	Fächerreduzierung	
	Anzahl	Anteil
ja	6	54,5%
nein	5	45,5%

Frage 4

4. Wurden fachrichtungsübergreifende Lernbereiche eingerichtet?
Ja ☐   Nein ☐

Diese Frage korrespondiert mit den ersten drei Fragen des Fragebogens und stellt zudem eine konsequente Umsetzung der KMK-Rahmenvereinbarung über Fachschulen mit zweijähriger Ausbildungsdauer dar. Fachrichtungsübergreifende Lernbereiche sind dadurch gekennzeichnet, dass sie verschiedene Lerngebiete aufweisen. Ein möglicher fachrichtungsübergreifender Lernbereich ist beispielsweise *Kommunikation/Gesellschaft*, der Deutsch, Fremdsprachen, Arbeits-/Sozialrecht u. a. integriert.

Diese fachrichtungsübergreifenden Lernbereiche haben bereits neun Bundesländer eingerichtet. In vieren steht die Umsetzung dieses Aspektes der KMK-Rahmenvereinbarung noch aus.

	fachrichtungsübergreifende Lernbereiche	
	Anzahl	Anteil
ja	9	69,2%
nein	4	30,8%

Frage 5

5. Wird Lernträgerunterricht durchgeführt?
Ja ☐   Nein ☐

Diese Frage sorgte für Irritationen. Das zeigen drei Missings und die Tatsache, dass ein Ministerium diesem Begriff „keine inhaltliche Bedeutung zuordnen" konnte (vgl. auch die Ausführungen in *Abs. 8.3*).

Unter einem Lernträger wird ein reales Objekt oder gedankliches Gebilde verstanden, dass zur exemplarischen Veranschaulichung von (technischen) Zusammenhängen genutzt wird und an dem ganzheitlich gelernt werden kann. Der Lernträger an sich *muss* jedoch nicht hergestellt werden. Er ist sozusagen ein „Träger", dem man das Lernenswerte aufladen kann, um somit technische Zusammenhänge, Abläufe, Arbeitsprozesse oder einzelne Arbeitstätigkeiten zu verdeutlichen.

So könnte beispielsweise ein in der metalltechnischen Grundausbildung hergestellter einfacher LKW (Lernträger) einerseits die Grundfertigkeiten im Umgang mit dem Medium „Metall" schulen (Scheren, Sägen, Feilen, Biegen, Fügen ...) andererseits auch technische

Zusammenhänge und Wirkprinzipien (Lagerung der Achsen, Lenkung, Gleiten/Rollen, Kraft- und Formschluss ...) exemplarisch darlegen.

Die insgesamt erhaltenen sieben Antworten auf die Frage, ob Unterricht mit solch einem Lernträger durchgeführt wird, entfielen bis auf eine auf „nein".

	Lernträgerunterricht	
	Anzahl	Anteil
ja	1	14,3%
nein	6	85,7%

Frage 6

6. Wird Projektunterricht durchgeführt?
Ja ☐   Nein ☐

Kompetentes berufliches Handeln ist seit jeher das Ziel der Ausbildung in einem Beruf. Die berufliche Bildung soll den Menschen auf berufliche *und* gesellschaftliche Aufgaben vorbereiten und dessen individuelle Entfaltung zu einer mündigen, autonomen und sozial verantwortlichen Persönlichkeit fördern. Das zentrale Interesse des Berufsbildungssystems ist somit auf die Entwicklung von Handlungskompetenz gerichtet. Dabei wird *Handlungskompetenz* als die Fähigkeit und Bereitschaft des einzelnen, in beruflichen und anderen Lebensbereichen problemorientiert und sachgerecht in individueller und gesellschaftlicher Verantwortung zu handeln, verstanden. Zur Entwicklung von Handlungskompetenz erweist sich „die bisherige enge Fächerschneidung als nicht mehr angemessen" [BOROWKA 1996, S. 93] (siehe auch Frage 3) und sollte deshalb „weitgehend zugunsten der Ausweisung von handlungsorientierten Lernbereichen" [EBENDA] aufgegeben werden. Somit werden die „Voraussetzungen für fächerübergreifenden Unterricht [siehe auch Frage 4, Anm. der Verfasser], ganzheitliches Lernen, Schülerselbständigkeit und systemorientiertes Denken geschaffen. Durchgängig wurde für alle Fachschulen Projektarbeit eingeführt, die schon von ihrem Charakter her ganzheitlich gestaltet werden muss." [EBENDA]

Bezüglich didaktisch-methodischer Innovationen waren die Aussagen auf diese Frage eindeutig. Alle auswertbaren Fragebögen enthielten die Antwort „ja".

	Projektunterricht	
	Anzahl	Anteil
ja	11	100,0%

Frage 7

7. Ist Projektunterricht eigener, ausgewiesener Bestandteil der Stundentafel?
Ja ☐   Nein ☐

In enger Verbindung zur Frage 6 sollte erfasst werden, ob Projektunterricht nicht nur prinzipiell möglich ist und in den Entscheidungsfreiraum der Schulen fällt, sondern durch die Stundentafel auch zwingend in die Unterrichts- und Schulorganisation eingebunden ist.

Wie der Verteilungstabelle zu entnehmen ist, wurde in neun Bundesländern in der Stundentafel der Fachschulen Projektunterricht explizit ausgewiesen. In den übrigen vier Bundesländern fällt Projektunterricht wahrscheinlich in den Eigenverantwortungsbereich der Schulleitung und ist somit Aufgabe der internen Schulorganisation.

	Projektunterricht in Stundentafel	
	Anzahl	Anteil
ja	9	69,2%
nein	4	30,8%

Frage 8

8. Wurden die Prüfungen auf Fächerintegration hin verändert?
Ja ☐   Nein ☐

Ziel einer modernen Berufsausbildung sind fachkompetente, problem- und aufgabenorientiert denkende und handelnde Fachkräfte. Ziel der Prüfung am Ende der Ausbildung muss es sein, die Kompetenzen solcher Fachkräfte zu erfassen. Punktuelles Abfragen von Prüfungswissen, wie es in Berufsabschlussprüfungen noch praktiziert wird, kann diesem Anspruch nicht gerecht werden: Es lässt die Komplexität der beruflichen Tätigkeit unberücksichtigt und vermag nicht, die im Ausbildungsprozess erworbenen Schlüsselqualifikationen, wie z. B. Planungs- und Kooperationsfähigkeit sowie problemlösendes Verhalten, zu ermitteln. In den Prüfungen sollten deshalb die sogenannten „multiple-choice"-Konstruktionen durch komplexere, dem Unterricht und den Inhalten entsprechende Aufgabenstellungen ersetzt werden.

Veränderte didaktisch-methodische Konzepte, vor allem die Fächerintegration, aber auch die erweiterten und fachrichtungsübergreifenden Lernbereiche sowie Unterrichtssequenzen in Form von Projekten, erfordern auch in Fachschulen eine reflektierte Veränderung der Prüfungen. Eine Variation dieser Prüfungen hat die Hälfte der Bundesländer vorgenommen, während die andere Hälfte eine Beachtung der Fächerintegration verneint.

	Prüfungsbeachtung der Fächerintegration	
	Anzahl	Anteil
ja	6	50,0%
nein	6	50,0%

Frage 9

9. Sieht die Schulorganisation die Bildung von Lehrerteams vor?
Ja ☐   Nein ☐

Handlungsorientiert und ganzheitlich ausgerichtete Lernbereiche, fächerübergreifender Unterricht und nicht zuletzt das problemorientierte Arbeiten in Projekten erfordern eine veränderte Unterrichtsorganisation und das integrative Arbeiten in Lehrerteams. Aber auch in anderen Unterrichtsstrukturen sollten Lehrerteams je nach den Lernvoraussetzungen und -erfordernissen der Fachschüler sowie anhand der Lehr-Lern-Prozessstruktur entscheiden, was, auf welche Art, in welcher Tiefe und vom wem in einer Klasse zu unterrichten ist. Zudem ist die Bildung dieser Teams (und nicht die Entscheidung in Bildungsgangkonferenzen) eine unabdingbare Voraussetzung, um bezüglich der Integration von Grundlagenfächern, der Fächerreduzierung, der Einrichtung fachrichtungsübergreifender Lernbereiche und der Durchführung von Projektarbeit eine ganzheitliche Lehr-Lern-Prozessstruktur mit entsprechenden Lehr-Lern-Arrangements zu entwickeln. Allerdings sieht die Schulorganisation die Bildung dieser Lehrerteams in der Hälfte der Bundesländer vor. In den restlichen Bundesländern ist in diesem Bereich wahrscheinlich das Engagement der einzelnen Lehrkräfte gefragt. Die folgende Tabelle verdeutlicht das Ergebnis der Befragung.

	Lehrerteams	
	Anzahl	Anteil
ja	5	50,0%
nein	5	50,0%

Frage 10

10. Sind Elemente des Qualitätsmanagements, der DIN EN ISO 9000 ff. Unterrichtsgegenstand?
Ja ☐   Nein ☐

Gerade die Aufhebung der Fächertrennung, die Einrichtung fachrichtungsübergreifender Lernbereiche und die Möglichkeit, Projekte zu bearbeiten, räumt den Fachschulen auch notwendige Freiräume ein, um technologische Neuerungen, aber auch veränderte Produktionskonzepte wie beispielsweise das Qualitätsmanagement sowie die veränderten Unternehmensstrukturen in den Unterricht einzubinden. So wurden in neun Bundesländern Elemente des Qualitätsmanagements bzw. der DIN EN ISO 9000 ff. als Unterrichtsgegenstand bereits integriert. In dreien stand die Integration noch aus.

Frage: Sind Elemente des Qualitätsmanagements oder der DIN EN ISO 9000 ff. Unterrichtsgegenstand?

Ja: 9 — Baden-Württemberg, Bayern, Freie und Hansestadt Hamburg, Niedersachsen, Nordrhein-Westfalen, Saarland, Sachsen, Sachsen-Anhalt, Thüringen

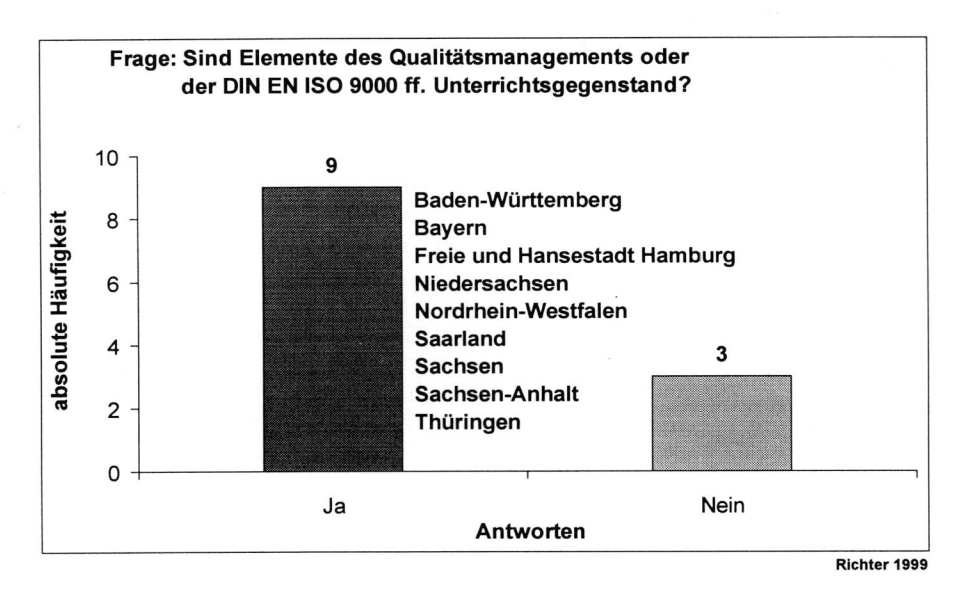

Nein: 3

Richter 1999

Abbildung 8.2: Antwortenverteilung und Zuordnung der Bundesländer auf die Frage nach der Integration von Elementen des Qualitätsmanagements und der DIN EN ISO 9000 ff. in den Unterricht der Fachschule

Frage 11

11. Wurden Projekte zum Qualitätsmanagement durchgeführt?
Ja ☐   Nein ☐

Die Möglichkeit, Qualitätsmanagement, seine Werkzeuge und Methoden ganzheitlich in Projekten zu bearbeiten sowie sich mit seinen Inhalten vertraut zu machen, wurde von den Fachschulen in acht Bundesländern genutzt (vgl. *Abbildung 8.3*).

Frage: Wurden Projekte zum Qualitätsmanagement durchgeführt?

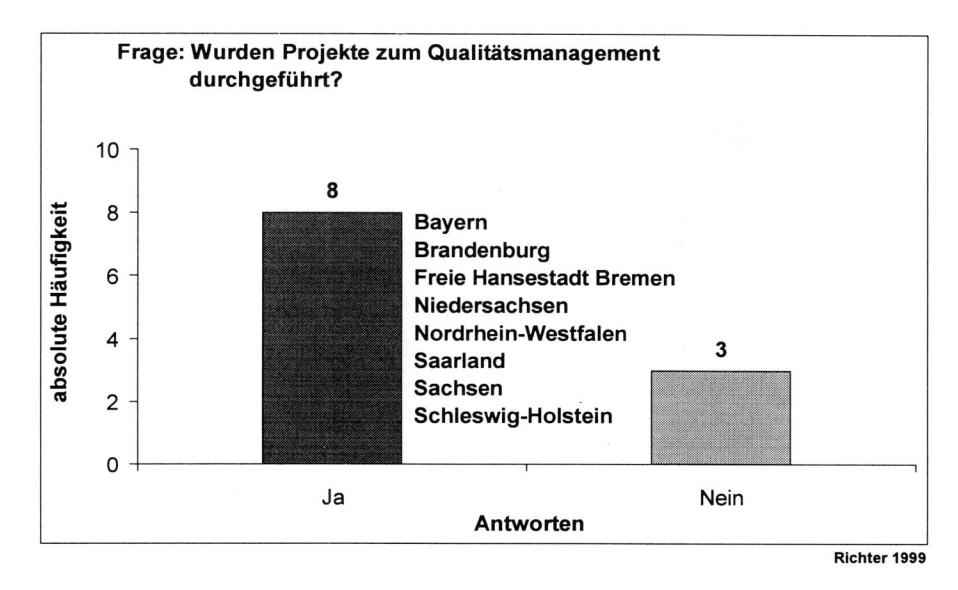

Ja (8): Bayern, Brandenburg, Freie Hansestadt Bremen, Niedersachsen, Nordrhein-Westfalen, Saarland, Sachsen, Schleswig-Holstein

Nein (3)

Richter 1999

Abbildung 8.3: Antwortenverteilung und Zuordnung der Bundesländer auf die Frage nach Projekten zum Qualitätsmanagement

Frage 12

12. Wird/Wurde Lehrerfortbildung zum Qualitätsmanagement durchgeführt?
Ja ☐   Nein ☐

Sollen Schüler mit neuen Inhalten vertraut gemacht werden, müssen zuerst die Lehrkräfte fortgebildet werden. „Das Leitziel der Fachschulen ist die Entwicklung der in der jeweiligen Fachrichtung erforderlichen Handlungskompetenz. Der entsprechend gestaltete handlungsorientierte Unterricht verlangt eine komplex vernetzte Lernorganisation sowie die Bereitstellung adäquater Lern- und Projektaufgaben. Dabei sind auch die jeweiligen schulinternen Bedingungen sowie die regionale Wirtschaftsstruktur zu berücksichtigen." Von der Fortbildungsmaßnahme wird demzufolge erwartet, dass sie „einerseits die curriculare Entwicklung auf Landesebene begleitet, indem sie die Probleme der einzelnen Schule aufgreift, und andererseits zu einem Organisations- und Personalqualifizierungskonzept führt, das besonders auf der Fähigkeit zum Selbstlernen und zur Selbstorganisation der Lehrerkollegien beruht" [BOROWKA 1996, S. 94] (vgl. dazu auch Frage 9).

In acht Bundesländern wurde Lehrerfortbildung zum Qualitätsmanagement bereits durchgeführt, in vieren nicht (vgl. *Abbildung 8.4*).

Frage: Wird/Wurde Lehrerfortbildung zum Qualitätsmanagement durchgeführt?

Baden-Württemberg
Bayern
Freie Hansestadt Bremen
Niedersachsen
Nordrhein-Westfalen
Sachsen
Sachsen-Anhalt
Schleswig-Holstein

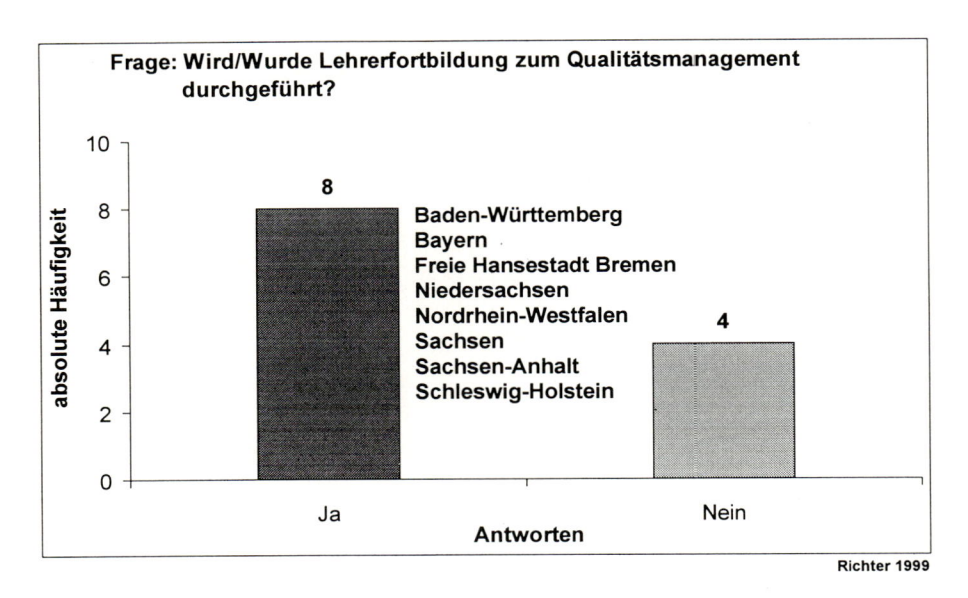

Ja: 8   Nein: 4

Richter 1999

Abbildung 8.4:   Antwortenverteilung und Zuordnung der Bundesländer auf die Frage nach Lehrerfortbildung zum Qualitätsmanagement

Frage 13

13. Existieren Initiativen, um die Attraktivität und Wettbewerbsfähigkeit der Fachschulen zu erhöhen?
Ja ☐   Nein ☐

Diese Frage gründete sich auf eine beobachtete Entwicklung in den Fachschulen des Landes Schleswig-Holstein. In den letzten Jahren war festzustellen,
- dass die Schülerzahlen in den Fachschulen immer mehr zurückgehen und
- dass weiterhin die Technikerausbildung in der Teilzeitform im Vergleich zur Vollzeitform stärker nachgefragt wird.

Das hängt vorrangig mit der Verschiebung des Technikerbildes, den veränderten Einsatzgebieten der Techniker in den Unternehmen und mit den Rahmenbedingungen für die Technikerausbildung zusammen. Wesentliche Indikatoren dafür und sich abzeichnende Tendenzen sind[18]:

- Der Wegfall der finanziellen Förderung der Technikerausbildung in der Vollzeitform (Arbeitsförderungsgesetz). Dadurch ergeben sich schlechtere (finanzielle) Rahmenbedingungen, eine Technikerausbildung in Vollzeitform zu absolvieren.

---

[18] Zusammenfassung grundlegender Ergebnisse einer empirischen Erhebung bei mehr als 1000 Technikern (Fragebogen) und 16 Unternehmen, die Techniker einstellen (Interviews) [vgl. DIEHL 2000, S. 21f., S. 111ff., S. 214ff., S. 277ff.].

- Die klassische Form der Aufstiegsqualifizierung „Techniker" ist durch die neuen Unternehmensstrukturen und den Wegfall von Hierarchieebenen nicht in dem Maße gegeben wie in früheren Jahren.
- Konjunkturbedingt stieg in den letzten Jahren die Anzahl der stellensuchenden Fachhochschul-Ingenieure auf dem Arbeitsmarkt, die bei besserer theoretischer Ausbildung und gleichem Gehalt von den meisten Unternehmen bevorzugt eingestellt werden.
- Die rasante Technikentwicklung bedingt, das klassische Einsatzgebiete der Techniker vermehrt von Ingenieuren übernommen werden. Als Beispiel sei die Entwicklung in der Regeltechnik (hier: Regler) genannt: Reine Hardware-Lösungen werden immer häufiger durch Software-Lösungen ersetzt. Für diese Aufgaben werden zunehmend Ingenieure – die de facto eine (in diesem Bereich notwendige) fundiertere theoretische Ausbildung absolviert haben – eingestellt.
- Der Trend bei der Einstellung neuer Techniker geht hin zu betriebsintern erfahrenen Technikern, die entweder ihre Technikerausbildung in der Teilzeitform – neben der eigentlichen Arbeit im Unternehmen – absolvieren oder eine Berufsausbildung in dem Unternehmen durchlaufen haben. Techniker, die die betriebsinternen Bedingungen nicht kennen, werden kaum noch eingestellt.

Ziel der Fachschulen sollte es sein, die Unternehmen über veränderte Ausbildungsinhalte und didaktisch-methodische Arrangements zu informieren, den Kontakt mit Unternehmen, die Techniker einstellen, zu pflegen und junge Facharbeiter über den Beruf Techniker und seine Einsatzgebiete zu informieren.

Acht Ministerien bestätigten die Durchführung von Aktivitäten zur Steigerung der Attraktivität der Fachschulen.

	Initiativen zur Erhöhung der Attraktivität	
	Anzahl	Anteil
ja	8	66,7%
nein	4	33,3%

Zur Frage nach Fachschulen zum Informationsaustausch

In allen ausgefüllt zurückgesandten Fragebögen (vgl. *Abs. 8.3*) waren zumindest drei Fachschulen als Ansprechpartner – wenn auch teilweise mit rudimentären Adressen – genannt. Die drei unausgefüllt zurückgesandten Fragebögen enthielten keine Adressen. Dennoch stand einem Erfahrungs- und Informationsaustausch somit nichts mehr im Wege. Die Kollegen des Schulstandortes Lübeck – Fachschule Technik – haben erste Kontakte aufgenommen.

	Ansprechpartner genannt	
	Anzahl	Anteil
ja, rudimentär	2	15,4%
ja, ausführlich	8	61,5%
nein	3	23,1%

8.5 Zusammenfassung

Die Befragung hat gezeigt, dass wesentliche Elemente der KMK-Rahmenvereinbarung über Fachschulen mit zweijähriger Ausbildungsdauer von 1992 in den einzelnen Bundesländern größtenteils umgesetzt wurden (vgl. *Abbildung 8.5*). Insgesamt neun Bundesländer bestätigten die vollständige und drei Bundesländer die partielle Umsetzung für zumindest einzelne Berufsfelder. In der überwiegenden Anzahl der Bundesländer wurden Grundlagenfächer (z. B. Mathematik, Naturwissenschaften ...) ganz (fünf Bundesländer) oder zumindest teilweise (vier Bundesländer) in eher anwendungsbezogene Fächer integriert. Die Anzahl der Fächer wurde reduziert (sechs Bundesländer) und es wurden fachrichtungsübergreifende Lernbereiche eingerichtet (neun Bundesländer).

Dadurch wurden (auf der Ebene der Schulorganisation) grundlegende Rahmenbedingungen geschaffen, die es ermöglichen, neue Inhalte – wie beispielsweise das Qualitätsmanagement – in die Ausbildung an Fachschulen zu integrieren.

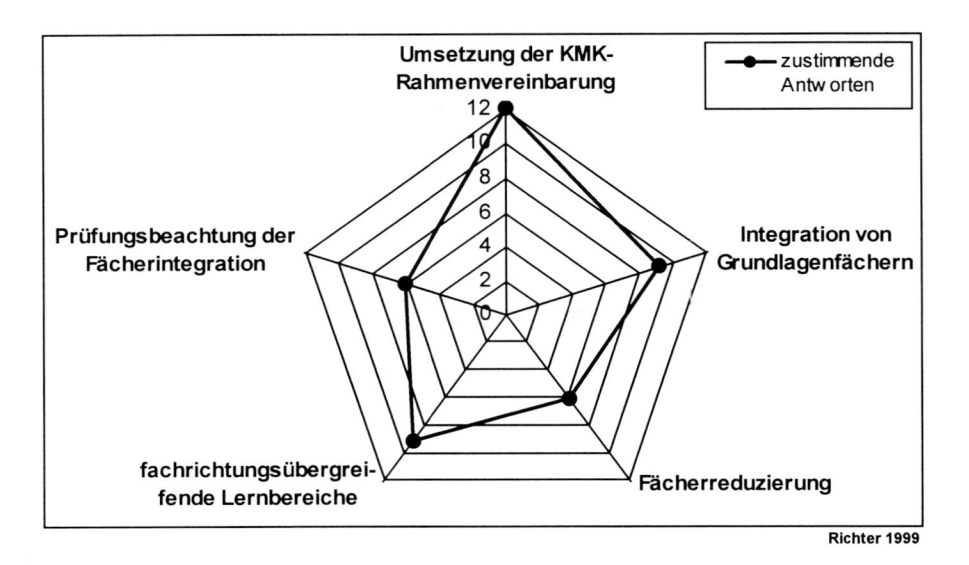

Abbildung 8.5: *Antwortenverteilung zu Aspekten, die unmittelbar mit der Umsetzung der KMK-Rahmenvereinbarung in Verbindung stehen*

Um jedoch auch auf der Ebene des Unterrichts veränderte Lehr-Lern-Arrangements und letztendlich Inhalte aus dem Bereich Qualitätsmanagements zu integrieren, müssen weitere Voraussetzungen geschaffen werden. Das problemorientierte, nicht allein auf Fächer bezogene integrative Lernen und Arbeiten wird erst möglich, wenn die Bildung von Lehrerteams durch die Schulorganisation angeregt wird (vgl. hier und zu den folgenden Aspekten die *Abbildung 8.6*). In der Hälfte der Bundesländer ist dies prinzipiell möglich. Darüber hinaus betonen alle Bundesländer, dass Projektunterricht durchgeführt wird und in neun Bundesländern sogar ausgewiesener Bestandteil der Stundentafel ist. Dies ist insofern von Bedeutung, als die Integration neuer Inhalte nicht nur schematisch und auf der Ebene der Fachsystematik in ein Unterrichtsfach integriert werden sollte, sondern im engeren Sinne handlungsorientiert, z. B. in Form von Projekten, umgesetzt werden muss. Ein weiterer Aspekt betrifft die Aus- und Fortbildung der Lehrkräfte in dem zu integrierenden Handlungsfeld. In diesem Bereich betonen acht Bundesländer, die Lehrer mit Inhalten, Werkzeugen und Methoden des Qualitätsmanagements bereits vertraut gemacht zu machen.

Demnach hat die überwiegende Anzahl der Bundesländer grundlegende Rahmenbedingungen geschaffen, um Inhalte des Qualitätsmanagements in die Ausbildung zu integrieren.

Jedoch wurden diese Voraussetzungen nicht nur geschaffen, sondern in neun Bundesländern bereits genutzt, um Elemente des Qualitätsmanagements bzw. der DIN EN ISO 9000 ff. in den Unterricht einfließen zu lassen. Acht Bundesländer haben zudem bereits Projekte zum Qualitätsmanagement durchgeführt (vgl. auch hierzu die *Abbildung 8.6*).

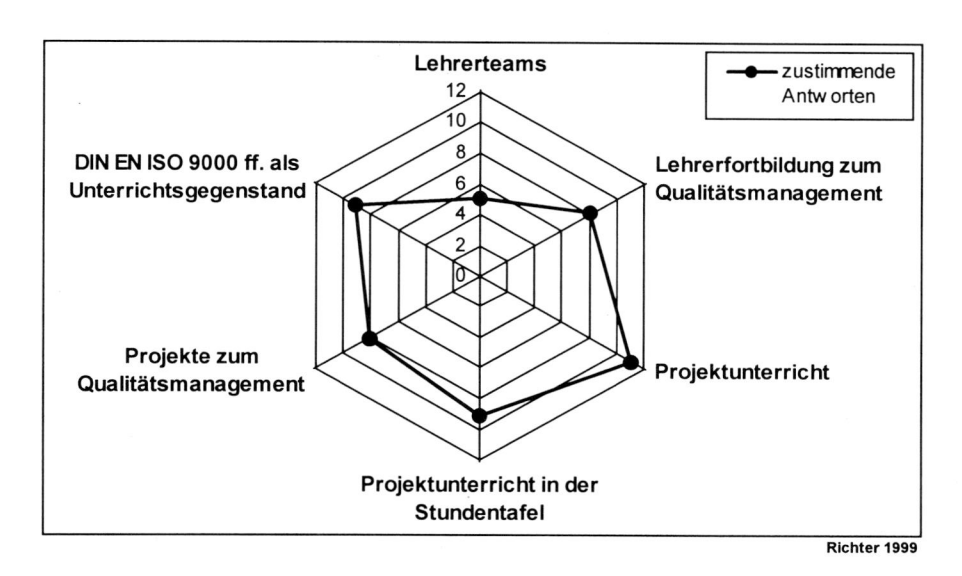

Abbildung 8.6: Antwortenverteilung zu Voraussetzung und Aspekten der Integration des Qualitätsmanagements in den Unterricht der Fachschule

Im Sinne des Zieles der Befragung, allgemeine Tendenzen in der didaktisch-methodischen Entwicklung in den Fachschulen des Bundesgebietes aufzuzeigen und speziell etwas über den Stand der Integration von Inhalten, Methoden und Werkzeugen des Qualitätsmanagements in den Unterricht von Fachschulen sowie in die Lehrerfortbildung zu erfahren, lässt sich zusammenfassend feststellen, dass Inhalte des Qualitätsmanagements in vielen Fachschulen des Bundesgebietes bereits integriert wurden, wenn vielleicht auch nicht in dem Umfang und der Intensität wie an der Fachschule Technik in Lübeck im Rahmen des Modellversuchs „Qualitätsmanagement und berufliche Bildung – QMB". Jedoch zeigen die Ergebnisse auch, dass gerade in diesem Bereich noch Einiges zu leisten ist.

Literatur

BOROWKA, KLAUS (1996):
Die Fachschulen in Nordrhein-Westfalen – Berufliche Weiterbildung mit innovativem Konzept. In: Die berufsbildende Schule (BbSch) 48 (1996) 3, S. 91-95.

DIEHL, THOMAS (2000):
Zukunft technischer Weiterbildungsberufe. Eine empirische Untersuchung am Beispiel Staatlich geprüfter Techniker der Fachrichtung Elektrotechnik. Europäische Hochschulschriften, Reihe 11, Pädagogik, Bd. 800. Frankfurt am Main [u. a] (Peter Lang) 2000. (zugl.: Otto-von-Guericke-Universität Magdeburg, Dissertation, 1999).

Teil IV:

Gestaltung von Lernfeldkomponenten zum Qualitätsmanagement

AXEL BRAND, ANDY RICHTER, DIETMAR SCHEEL, REINHARD SCHULZ, BERND SIEFER, CHRISTOPH SLADEK, HANS-ULRICH ZIGGERT

9 Lernfeldkomponenten zum QMB-Qualitätskreis

9.1 Klassische Lehrplanstruktur und daraus resultierende Problemfelder

Ziel jeder modernen Berufsbildung ist es, junge Menschen auf ein selbstständiges und verantwortliches berufliches Handeln vorzubereiten. Dieses Ziel kann erreicht werden, wenn der Lernprozess während der Ausbildung methodisch so gestaltet wird, dass Auszubildende Schritt für Schritt die selbstständige und eigenverantwortliche Erfüllung ihrer Aufgaben erlernen, erproben und einüben können. Inhaltlich müssen sich die in der Ausbildung gestellten Aufgaben an den Erfordernissen der Berufspraxis orientieren – gelernt wird an den Anforderungen und Problemen, die das spätere Tätigkeitsfeld stellt.

Die Integration neuer, bildungsrelevanter Inhalte (des Qualitätsmanagements) – wenn auch nur im Rahmen eines Modellversuchs – und nicht zuletzt das Ziel, solide fachliche Qualifikationen zu vermitteln sowie verstärkt Human- und Sozialkompetenz unter besonderer Berücksichtigung von Methodenkompetenz zu entwickeln, zeigt die Notwendigkeit einer Weiterentwicklung geltender Lehrpläne und Ausbildungsordnungen (speziell der Berufsbilder) auf.

Die derzeitigen, eher fachsystematisch strukturierten Lehrpläne reflektieren die heutigen (auch durch das Qualitätsmanagement hinzugekommenen oder veränderten) betrieblichen Anforderungen und Gestaltungsmöglichkeiten noch nicht hinreichend. Die Kritik an der sehr stark theoretisch und fachsystematisch ausgerichteten Vermittlung fachlicher Qualifikationen ist sicherlich nicht neu, aber hat sich aufgrund der vermehrten Einführung von Qualitätsmanagement-Systemen und der Erweiterung der Tätigkeitsbereiche in den Unternehmungen verstärkt. Der Rahmenlehrplan der neugeordneten Metallberufe, der seit rund zehn Jahren die Vorgaben für die Berufsschule bestimmt, orientierte sich aber an einem betrieblichen Produktions- und Organisationsniveau, welches heute nur noch teilweise existiert.

Im Modellversuch „Qualitätsmanagement und berufliche Bildung (QMB)" wurde untersucht, inwieweit Inhalte des Qualitätsmanagements sinnvoll in die berufliche Aus- und Weiterbildung des Berufsfeldes Metalltechnik integriert und betriebliche Zusammenhänge den Auszubildenden transparenter dargestellt werden können. Die zentrale Frage dabei ist: Welche curricularen und didaktisch-methodischen Arrangements sind geeignet, um neue Produktionskonzepte, die derzeitigen Restrukturierungs- und Reorganisationsprozesse in den Unternehmungen sowie die immer breitere Einführung von Qualitätsmanagement-Systemen angemessen und reflektiert in den Unterricht der Berufs- und Fachschule zu integrieren? In den beruflichen Lehrplänen scheinen Ergänzungen und veränderte Schwerpunktsetzungen unumgänglich.

Das Dilemma, neue Inhalte und veränderte didaktisch-methodische Strukturen unter Beibehaltung der stark fachsystematisch strukturierten Lehrpläne zu integrieren, scheint unauflösbar. Das Konzept der Kultusministerkonferenz [vgl. KMK 1996], neue Lehrpläne durch Lernfelder zu strukturieren, richtet sich stärker an den aktuellen Entwicklungen und Veränderungen des gesellschaftlichen und betrieblichen Umfeldes sowie der neu erwachsenden Anforderungen aus. Zudem könnte es die Möglichkeit eröffnen, die Lehrpläne und Ausbildungsordnungen (inkl. der Berufsbilder) zu innovieren und flexibler – auch im Hinblick auf die Berufsabschlussprüfungen – zu gestalten.

Erste Überlegungen des Modellversuchs führten deshalb zur Konzipierung modellhafter Bausteine (Lernfeldkomponenten) für einen Lehrplan (der industriellen Metallberufe) in Anlehnung an die einschlägige Empfehlung der Kultusministerkonferenz (KMK), in der die Struktur der künftigen Rahmenlehrpläne auf der Basis von „Lernfeldern" vorgegeben wird.

9.2 Zur reflexiven Transformation beruflicher Handlungssituationen in Lernfelder und Lernsituationen

Lernfelder sind durch Zielformulierungen beschriebene thematische Einheiten, die sich an beruflichen Handlungsfeldern und -situationen orientieren. Die Konkretisierung dieser realen Handlungssituationen (diesbezügliche Makroebene) zu Lernfeldern (auf der Ebene der Lehrplanausschüsse – Mesoebene) und letztendlich zu Lernsituationen (in Bildungsgangkonferenzen der Schulen – Mikroebene) erfolgt in mehreren Abstraktionsschritten (vgl. Abbildung 9.1), die zusätzlich reflexiv verbunden sind.

In einem ersten Schritt müssen die realen Handlungssituationen mittels didaktischer Analyse auf ihre Gegenwarts-, Zukunfts- und exemplarische Bedeutung hin analysiert werden (didaktische Analyse in Anlehnung an KLAFKI [vgl. KLAFKI 1975 und 1996]). Ein Reflexionsschritt innerhalb dieser Konkretisierungsebene soll prüfen, ob das abgeleitete Lernfeld zur Entwicklung von Handlungskompetenz beiträgt.

Lernfeldkomponenten zum Qualitätsmanagement 195

Der folgende Abstraktionsschritt konkretisiert die Lernfelder zu Lernsituationen. Dabei sollen die Lernfelder unter den jeweiligen Voraussetzungen der Lernenden *und* der Lehrenden als auch unter den schul- und unterrichtsorganisatorischen Bedingungen reflektiert werden. Das Ziel ist es, typische Lernsituationen zu erhalten, die zum einen vollständige Handlungen darstellen und zum anderen die Lernfelder exemplarisch abbilden. Die Lernsituationen eines Lernfeldes sollen dabei aufeinander bezogen sein und das Lernfeld umfassend abbilden.

In einem letzten Schritt erfolgt eine reflexive Verknüpfung zu den realen beruflichen Handlungsfeldern und -situationen unter der Fragestellung: inwieweit die Lernsituationen zur Entwicklung beruflicher Handlungskompetenz beitragen können. Die zentrale Frage dabei ist: Welche Lernsituationen leisten ein Beitrag, um die Auszubildenden auf das spätere gesellschaftliche und betriebliche Anforderungsniveau vorzubereiten? [vgl. insgesamt BADER, SCHÄFER 1998]

Handlungsfelder sind zusammengehörige Aufgabenkomplexe mit beruflichen sowie lebens- und gesellschaftsbedeutsamen Handlungssituationen, zu deren Bewältigung befähigt werden soll. Handlungsfelder sind immer mehrdimensional, indem sie stets berufliche, gesellschaftliche und individuelle Problemstellungen miteinander verknüpfen. Die Gewichtung der einzelnen Dimensionen kann dabei variieren. Eine Trennung der drei Dimensionen hat nur analytischen Charakter.

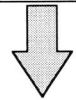

Lernfelder sind didaktisch begründete, schulisch aufbereitete Handlungsfelder. Sie fassen komplexe Aufgabenstellungen zusammen, deren unterrichtliche Bearbeitung in handlungsorientierten Lernsituationen erfolgt. Lernfelder sind durch Zielformulierungen im Sinne von Kompetenzbeschreibungen und durch Inhaltsangaben ausgelegt.

Lernsituationen konkretisieren die Lernfelder. Dies geschieht in Bildungsgangkonferenzen durch eine didaktische Reflexion der beruflichen sowie lebens- und gesellschaftsbedeutsamen Handlungssituationen.

Abbildung 9.1: Reflexionsstufen zur didaktischen Analyse (Grafik entnommen aus BADER, SCHÄFER 1998, S. 229)

9.3 Lernfelder zum Qualitätsmanagement?

Aus den o. g. Gründen war es naheliegend, die im Modellversuch gewonnenen Erfahrungen zum Qualitätsmanagement mit dem Lernfeldkonzept zu kombinieren, nicht zuletzt, weil eine bundesweite Überarbeitung der Metallberufe demnächst anstehen sollte.

Es wurden jedoch keine kompletten Lernfelder konzipiert – das gibt Qualitätsmanagement für einen Lehrplan allein nicht her – sondern exemplarisch *Lernfeldkomponenten* für die industriellen Metallberufe entwickelt, die evtl. später in neue Lehrpläne integriert werden können. Die Lernfeldkomponenten zum Qualitätsmanagement orientieren sich in erster Linie an dem Strukturelement *Qualitätskreis* (vgl. *Abbildung 9.2*). Der Qualitätskreis ist ebenfalls ein strukturierendes Element im Qualitätsmanagement.

Der Ausgangspunkt des *Qualitätskreises* ist der Kunde, in dessen Zentrum steht nach dem TQM-Ansatz der (handlungskompetente) Mitarbeiter. Ein Kunde formuliert Anforderungen und es ist das Ziel einer Unternehmung, diese Anforderungen im Laufe eines Prozesses vollständig zur Zufriedenheit des Kunden zu erfüllen. Bei der Bearbeitung eines konkreten Kundenauftrages gehen wir davon aus, dass neun Aufgabenbereiche abgearbeitet werden müssen. Deshalb wurden diese Aufgabenbereiche als *Lernfeldkomponenten* definiert und in einem ersten Ansatz Lernziele formuliert und Inhalte zugeordnet.

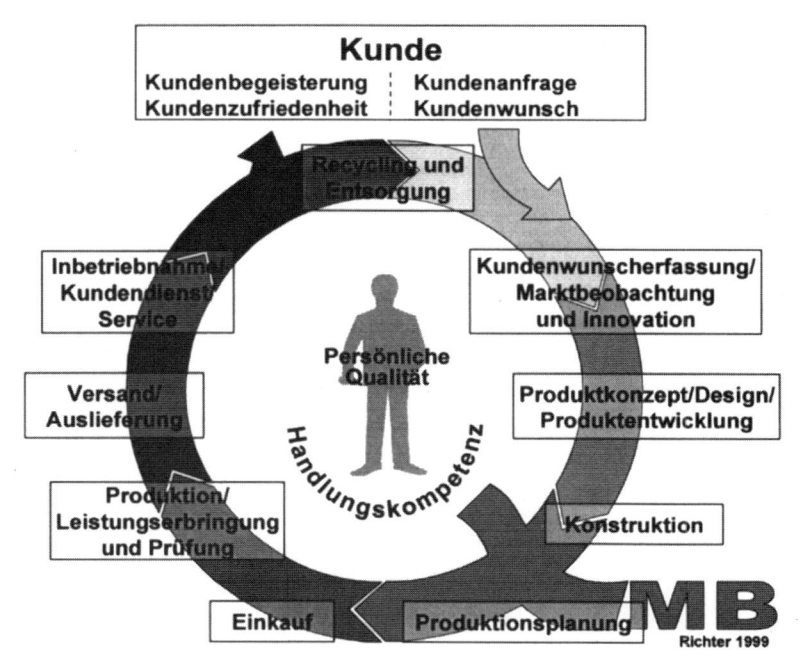

Abbildung 9.2: QMB-Qualitätskreis zur Strukturierung der Lernfeldkomponenten

9.4 Lernfeldkomponenten zum Qualitätsmanagement

9.4.1 Grundsätzliche Rahmenbedingungen und Vorüberlegungen

Vorüberlegungen – alle Lernfeldkomponenten betreffend – wurden von der Modellversuchsgruppe wie folgt gekennzeichnet.

Philosophie

Im Modellversuch wurde eine grundlegende Konzeption für die berufliche Erstausbildung im Berufsfeld Metalltechnik erprobt, die verstärkt das *präventive, eigenverantwortliche und wirkungsorientierte Denken* des Menschen fördern soll. Der Lösungsansatz bestand darin, Veränderungen von Bewusstsein und Verhalten als Schlüssel für qualitätsbewusstes Handeln in den Mittelpunkt zu stellen. Folgende Eckpunkte sind dabei konstituierend.

▶ Die Schülerinnen und Schüler sollen in allen Handlungssituationen beachten, dass
- Arbeit für Kunden stattfindet und der Kundenwunsch möglichst zu erfüllen ist,
- ständige Verbesserung möglich und erforderlich ist,
- sie und ihre Mitarbeiter/-innen wichtiger Bestandteil der gesamten Leistungserstellung sind,
- globales Denken und lebenslanges Lernen an Bedeutung gewinnen,
- es nur eine Umwelt gibt,
- Fehlervermeidung ein vorrangiges Ziel ist,
- wirtschaftliches sinnvolles Handel das Überleben des Betriebes und den Arbeitsplatz sichern hilft,
- die Bereitschaft, Verantwortung zu übernehmen, zur Erfüllung der Aufgaben erforderlich ist,
- Kommunikation und Teamarbeit stärker gefordert ist,
- das Denken in Wertschöpfung und Verschwendung eine Chance zur Kreativität beinhaltet,
- Flexibilität immer stärker gefordert wird,
- ganzheitliches Erfassen von Aufgaben und Aufträgen sowie die Entwicklung und Anpassung geeigneter Evaluationstechniken wichtige Voraussetzung für Leistungsfähigkeit darstellen,
- ... .

9.4.2 Lernfeldkomponenten – orientiert am Qualitätskreis

Von den Modellversuchsmitgliedern wurden folgende Vorüberlegungen für Lernfeldkomponenten angestellt. Die Untersetzungen *Lernzielformulierung* und *Inhalte* orientieren sich dabei an den Vorgaben der KMK-Empfehlung. [vgl.. KMK 1996]

Lernfeldkomponente 1: Kundenwunscherfassung/Marktbeobachtung und Innovation

Lernzielformulierung:

▶ Die Schülerinnen und Schüler sollen
- bei internen und externen Kundenkontakten deren Wünsche, Anregungen und Kritik wahrnehmen, sachgerecht dokumentieren, analysieren sowie die ausgewerteten Informationen an die betroffenen Mitarbeiter weitergeben,
- Informationen über Absatzchancen, Mitbewerber, Beschaffungsquellen und neue Technologien sichten, fachgerecht sammeln und einer betrieblichen Verwendung sachgerecht zur Verfügung stellen,
- ... .

Inhalte:

- Marktinformationen;
- Gesprächsführung mit Fragetechnik;
- Protokolle;
- Befragung;
- Datenverarbeitung;
- Visualisierung;
- Benchmarking;
- Quality Function Deployment (QFD);
- Angebotserstellung und Auftragsannahme;
- ... .

Lernfeldkomponente 2: Produktkonzept/Design/Produktentwicklung

Lernzielformulierung:

▶ Die Schülerinnen und Schüler sollen
- Aufgaben bei der Entwicklung eines Produktes übernehmen, die in Zusammenarbeit mit einem Produktteam und/oder dem Kunden festgelegt wurden,
- das Produktteam und/oder den Kunden im Rahmen seiner/ihrer fachlichen Qualifikation bei der Entwicklung eines Produktkonzeptes beraten,
- über störungsanfällige oder verbesserungsfähige Produktionsabschnitte berichten und Veränderungen im Bereich des Produktes, der Produktion und des Geschäftsprozesses anregen,
- ... .

Inhalte:

- Skizzen, Entwürfe, Alternativen;
- Werkstückzeichnungen;
- Ablaufpläne;
- Maschinen-, Werkzeug-, Werkstoff- und Hilfsmitteldisposition;
- Maschinenfähigkeitsbetrachtung;

- Prozessbetrachtung;
- Eigenschaften von Werkstoffen;
- Recyclingfähigkeit;
- Kostenabschätzung, Vorkalkulation;
- Findungsverfahren (7 Tools, Brainstorming, Kartenauswahltechnik, ...);
- Fehleranalyse und -auswertung;
- Verbesserungsvorschläge;
- Präsentation;
- ... .

Lernfeldkomponente 3: Konstruktion

Lernzielformulierung:

► Die Schülerinnen und Schüler sollen
- für ein Fertigungsteil bzw. eine Baugruppe ein Pflichtenheft formulieren helfen, Skizzen anfertigen und eine einfache Konstruktion nach methodischen Konstruktionsverfahren anfertigen,
- grundlegende Bauteilbelastungen berechnen und die geeignete Auswahl bzw. Abmessungen der einzelnen Bauteile und deren Verbindungstechniken/-elemente mit Hilfe vorgegebener Werkstoffkennwerte bestimmen,
- beim Entwurf eines Produktes Maßtoleranz-, Passungs- sowie Form- und Lagetoleranzsysteme anwenden,
- ihre Entwürfe mit Hilfe eines CAD-Systems darstellen,
- alle notwendigen Skizzen, Teilzeichnungen, Zusammenstellungen, die dazugehörigen Stücklisten sowie Technische Illustrationen und Funktionsbeschreibungen anfertigen,
- zur Erläuterung ihres Entwurfs Skizzen und geeignete Präsentationsmethoden auswählen und einsetzen,
- im Zuge einer qualitätsorientierten Konstruktion in der Lage sein, eventuell auftretende Funktionsstörungen der geplanten Bauteilgruppe mit Hilfe einer Konstruktions-FMEA (Fehlermöglichkeits- und -einflussanalyse) vorausschauend zu erkennen,
- alle zur Verfügung stehenden Informationsquellen nutzen können und erforderliche Informationen und Prozessdaten sammeln,
- alle Entscheidungen im Rahmen eines Prozessregelkreises auf ihre Durchführbarkeit und Wirtschaftlichkeit überprüfen und nötigenfalls weitgehend selbstständig korrigieren,
- die Arbeits- und Umweltschutzbestimmungen in die Konstruktion mit einbeziehen,
- ... .

Inhalte:

- Findungsverfahren (7 Tools, Brainstorming, Kartenauswahltechnik, methodisches Konstruieren ...);
- Produktmerkmale und technologische Produktdaten;
- Wirtschaftlichkeitsüberprüfung von gefundenen Lösungen;
- Prozessdatenbeschreibung;
- Nutzung von Automatisierungsmöglichkeiten;
- Auditierfähigkeit;

- rechtliche und technologische Daten aus Druckerzeugnissen, internen bzw. externen Datenbanken, Expertenbefragungen ...;
- konstruktionsrelevante Sicherheits-, Arbeitsschutz- und Umweltbestimmungen
- Maschinengesetz;
- Bestimmungen der CE Kennzeichnung;
- Elemente der DIN EN ISO 9000 ff.;
- Lasten- bzw. Pflichtenheft;
- grundlegende Bauteilbelastungen, Dimensionierung;
- Verbindungstechniken;
- Teilzeichnungen, Zusammenstellungen und Stücklisten;
- CAD-Systeme;
- Maßtoleranz-, Passungs- bzw. Form- u. Lagetoleranzsysteme;
- Maschinen- und Messmittelfähigkeit;
- Fehleranalyse und -korrektur (Konstruktions-FMEA, ISHIKAWA-Diagramm, Fehlerbaum-Diagramm, KVP ...);
- Vorkalkulation für die entwickelte Baugruppe (Prinzip der Zuschlagkalkulation, Vor- und Feinkalkulation, Kostenträgerrechnung ...);
- Dokumentenverwaltungssysteme;
- ... .

Lernfeldkomponente 4: Produktionsplanung

Lernzielformulierung:

▶ Die Schülerinnen und Schüler sollen
- qualifizierte Verfahrensauswahlentscheidungen treffen und begründen können,
- alle notwendigen Prozessabläufe nach den Grundsätzen der DIN EN ISO 9000 ff. und unter Berücksichtigung der internen Kunden-Lieferanten-Beziehung planen, organisieren und verantworten,
- die erforderlichen Informationen und Prozessdaten mit den zur Verfügung stehenden Informationsquellen sammeln und die notwendigen Unterlagen erstellen,
- alle getroffenen Entscheidungen auf ihre Durchführbarkeit und Wirtschaftlichkeit überprüfen und eventuell korrigieren,
- die Arbeits- und Umweltschutzbestimmungen in die Planungsschritte mit einbeziehen,
- den Aufbau von Elementen eines Qualitätsmanagement-Systems mitgestalten,
- ... .

Inhalte:

- 7 Tools, Brainstorming, Kartenauswahltechnik ...;
- interne Kunden-Lieferanten-Beziehung;
- Organisationsaufbau (Lean Production, Fraktale Fabrik, Inselfertigung ...);
- Produktionsplanungselemente (Netzpläne, Programmablaufpläne, Materialflusspläne ...);
- Produktivität;
- Wirtschaftlichkeit;
- Abschätzung des Machbaren (*make-or-buy*-Entscheidung);
- Prozessdenken;

- Nutzung von Automatisierungsmöglichkeiten;
- Arbeitsschutz- und Umweltbestimmungen;
- Qualitätsmanagement-System nach DIN EN ISO 9000 ff.;
- Auditierfähigkeit;
- Prozessdatenbeschreibung;
- Maschinen- und Messmittelfähigkeit;
- Termin- und Einsatzplanung (JUST IN TIME);
- technologische und umweltrelevante Daten aus Druckerzeugnissen, internen bzw. externen Datenbanken, Expertenbefragungen ...;
- Fehlererkennungsmöglichkeiten, Fehlerreaktionsschemata;
- Arbeits- bzw. Verfahrensanweisungen;
- Prüfplanung (Selbstprüfung, Erstmuster- und Stichproben-, Wareneingangs-, Warenausgangsprüfung, Werkzeug- bzw. Prüfmittellisten ...);
- Kalkulation (Prinzip der Zuschlagkalkulation, Vorkalkulation, Kostenträgerrechnung, Kostenstellenrechnung, Betriebsabrechnungsbogen ...);
- ... .

Lernfeldkomponente 5: Einkauf

Lernzielformulierung:

▶ Die Schülerinnen und Schüler sollen
- Bezugsquellen ermitteln und dokumentieren,
- Angebote anfordern und anhand verschiedener Merkmale vergleichen,
- Bestellungen auslösen,
- Budgetplanung verantwortlich und kostenbewusst durchführen,
- Wareneingang überwachen und bestätigen,
- ... .

Inhalte:

- Lieferantendatei;
- Informationsbeschaffung;
- Anfragen (per Telefon, Fax, Email, WWW ...);
- Angebotsvergleich;
- Terminüberwachung;
- Lagerkennziffern;
- Bestellzeitpunkt;
- Auslagerung;
- Lieferantenauditierung;
- Kontenverwaltung;
- ... .

Lernfeldkomponente 6: Produktion/Leistungserbringung und Prüfung

Die Lernfeldkomponente *Produktion/Leistungserbringung und Prüfung* ist eng mit der Lernfeldkomponente *Produktionsplanung* verbunden. Die Planung der Produktion findet hier ihre Umsetzung und Evaluierung.

Lernzielformulierung:

▶ Die Schülerinnen und Schüler sollen
- die Prozessvoraussetzungen schaffen, kontrollieren und bei Abweichungen die notwendigen Maßnahmen einleiten,
- nach Planungsvorgaben Prozesse aus dem Bereich der Fertigungstechnik mit Hilfe von Informationsunterlagen unter den Gesichtspunkten einer ganzheitlichen Betrachtung aller qualitätsbeeinflussenden Maßnahmen durchführen und bewerten,
- den gesamten Produktionsprozess verstehen und bei eventuellen Störungen geeignete Maßnahmen ergreifen,
- im Sinne des kontinuierlichen Verbesserungsprozesses (KVP) den Produktionsprozess überdenken und entsprechend verändern,
- alle Planungen und praktischen Umsetzungen nach Unfallvorschriften, wirtschaftlichen, sozial verträglichen und ökologischen Aspekten durchführen,
- ... .

Inhalte:

- vorausschauende Wartung (TPM – Total Productiv Maintenance);
- Maschinen einrichten;
- Maschinen-, Messmittel- und Prozessfähigkeit;
- Arbeitspläne, Verfahrensanweisungen, Prüfpläne, Werkzeugpläne ...;
- Verbesserungsvorschlag (KVP), Produktions- und Qualitätszirkel;
- Sicherstellung der Qualität zu günstigen Kosten;
- Kostenerfassung;
- Minimalprinzip;
- statistische Prozesskontrolle (SPC);
- Verfahrensaudit (Prozessaudit);
- Messmittelüberwachung;
- Kostenstellenrechnung;
- gesetzliche Grundlagen;
- ... .

Lernfeldkomponente 7: Versand/Auslieferung

Lernzielformulierung:

▶ Die Schülerinnen und Schüler sollen
- beim Verkauf mitwirken,
- die Vollständigkeit aller Bestandteile, die für eine kundengerechte Auftragserfüllung erforderlich ist, vor dem Kundenkontakt überprüfen, dokumentieren und alle Bestandteile termingerecht bereitstellen,

- Verkaufs- und Liefertermine mit dem Kunden abstimmen und alle Voraussetzungen zur Einhaltung dieser Termine schaffen,
- Ware an den Kunden so ausliefern und Dienstleistungen beim Kunden so erbringen, wie es den Wünschen des Kunden entspricht,
- Reklamationen von Kunden wahrnehmen, dokumentieren sowie mit den Methoden des Qualitätsmanagements auf Ursachen hin analysieren,
- Maßnahmen vorschlagen und ergreifen, die eine Wiederholung des Reklamationsgrundes ausschließen,
- ... .

Inhalte:
- Vertragsunterlagen;
- Produkthaftung;
- Kontenführung, Kassenführung und Geldverwaltung;
- Kontrolllisten;
- Terminplan;
- Lieferschein und Beipackzettel;
- Wartung und Wartungsüberwachung der Transportmittel sowie rechtliche Grundlagen;
- Verpackungsmaterial und Verpackung;
- Angebote von Fremdfirmen;
- Gesprächsführung;
- Einsatzplanung;
- Verkaufsgestaltung;
- Reklamationen;
- 7 Tools;
- Arbeitsanweisungen;
- ... .

Lernfeldkomponente 8: Inbetriebnahme/Kundendienst/Service

Lernzielformulierung:
► Die Schülerinnen und Schüler sollen
- im Bereich ihrer Entscheidungskompetenz Kundenwünsche aufnehmen, berücksichtigen und Verantwortung bei der Umsetzung übernehmen,
- Montage-, Wartungs- und Reparaturtermine mit dem Kunden abstimmen und alle Voraussetzungen zur Einhaltung dieser Termine schaffen,
- den Kunden nach wirtschaftlichen und ökologischen Gesichtspunkten bei der Auslieferung des Produktes hinsichtlich Bedienung, Besonderheiten und Wartung beraten,
- vor der Durchführung von Wartungs- und Reklamationsarbeiten Tätigkeiten und den Einsatz der Materialien planen,
- Reklamationen entgegennehmen, technisch, wirtschaftlich und rechtlich bewerten, dokumentieren, bearbeiten und weiterleiten,
- bei der Bearbeitung von Reklamationen der Kundenzufriedenheit besondere Beachtung schenken,

- Reklamationen als Chance zur Verbesserung des Produktes bzw. der Dienstleistung erkennen und nutzen,
- ... .

Inhalte:

- Produkthaftung;
- Vertragsrecht (Garantiebestimmungen, Werkverträge, Werklieferungsverträge ...);
- Arbeitsplanung (Montage, Demontage, Werkzeuge, Materialbedarf, technische Illustrationen ...);
- Zeitplanung (Einschätzung der Zeit von Tätigkeiten);
- Kostenvoranschläge;
- Dokumente (Bedienungsanleitungen, Sicherheitshinweise, Wartungshinweise, Einbauanweisungen, Schaltpläne, Diagramme ...);
- Einweisung, Übergabe und Beratung;
- Kommunikation mit dem Kunden;
- Fehleranalyse;
- Verbesserungsvorschlag (KVP);
- ... .

Lernfeldkomponente 9: Recycling und Entsorgung

Lernzielformulierung:

▶ Die Schülerinnen und Schüler sollen
- Recycling als Möglichkeit des aktiven Umweltschutzes und der Nutzung der Ressourcen verstehen,
- bei der Planung die Umweltverträglichkeit und Recyclingmöglichkeiten beachten,
- fertigungsbedingte „Abfälle" wie Späne, Betriebsmittel, Hilfsstoffe ... einer sachgerechten Aufbereitung und Wiederverwertung zuführen,
- die Verpackungsmaterialien quantitativ und qualitativ hinsichtlich der Wiederverwendbarkeit auswählen und einsetzen,
- ein System der Rücknahme und Aufbereitung (z. B. Altteile und Verpackung) einrichten, durchsetzen und Maßnahmen zur Aufrechterhaltung und Verbesserung dieses Systems ergreifen,
- nichtrückführbare Materialien sachgerecht trennen und sich mitverantwortlich für die umweltgerechte Entsorgung zeigen,
- ... .

Inhalte:

- Recyclingsysteme;
- Möglichkeiten der Aufbereitung;
- Recyclingfähigkeit sowie Unbedenklichkeit von Stoffen;
- Stoffidentifizierung;
- Auswirkungen bei sorglosem Umgang mit Stoffen und Energie;
- Rechtliche Grundlagen (Kreislaufwirtschaftsgesetz, Gefahrenguttransporte, Technische Anweisungen Luft und Wasser);

- Ökologische Energiebilanz;
- Kostenvergleich von Entsorgungssystemen;
- ... .

9.4.3 Zur inhaltlichen und zeitlichen Dimension der Lernfeldkomponenten

Sowohl in der inhaltlichen und demzufolge auch in der zeitlichen Dimension ergeben sich durch das Lernfeldkonzept – und mittelbar auch durch die entwickelten Lernfeldkomponenten – neue Gestaltungsmöglichkeiten hinsichtlich flexibel zu handhabender Lehrpläne.

In diesem Sinne stellt der angegebene Katalog auch lediglich eine Auswahl möglicher Inhalte dar, die darüber hinaus noch in unterschiedlichen Ausprägungen in den Unterricht (bzw. durch Lernfelder in neue Lehrpläne) eingebunden werden können. Es ergibt sich somit eine Vielzahl von Variationsmöglichkeiten, die es zudem ermöglichen, die Inhalte entsprechend der einzelnen Ausbildungsberufe reflektiert auszuformen. Dabei sind allerdings zwei wesentliche Aspekte zu beachten:

1. Im Hinblick auf die sich entwickelnde Dienstleistungs- und Informationsgesellschaft und aufgrund der veränderten Anforderungen an die Facharbeiter in den Unternehmungen, sollte eine inhaltliche Umorientierung und veränderte Schwerpunktsetzung erfolgen. So ist beispielsweise für den Ausbildungsberuf „Industriemechaniker" eine alleinige Ausrichtung auf die Segmente *Konstruktion, Produktion/Leistungserbringung und Prüfung* sowie evtl. auf Elemente der *Produktionsplanung* (vgl. *Abbildung 9.2* und insbesondere *Abbildung 9.3*) nicht mehr zeitgemäß.

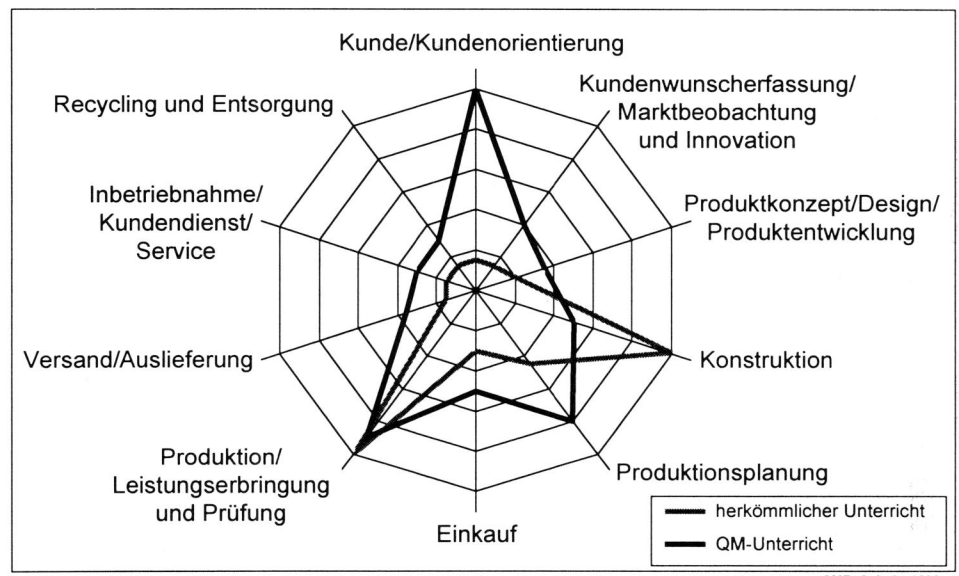

Abbildung 9.3: Veränderte inhaltliche und zeitliche Schwerpunktsetzungen – Ausbildungsberuf „Industriemechaniker"

So sollte beispielsweise der Bereich *Kunde/Kundenorientierung* (externe und interne Kunden-Lieferanten-Beziehung) eine stärkere Beachtung erfahren aber auch Segmente, in denen die „Industriemechaniker" ihre Gestaltungskompetenz einbringen können, müssen ausgeformt werden. Das betrifft z. B. direkt die Bereiche *Produktkonzept/Design/ Produktentwicklung* und *Inbetriebnahme/Kundendienst/Service*, indirekt aber auch die Segmente *Kundenwunscherfassung/Marktbeobachtung und Innovation, Einkauf, Versand/ Auslieferung* sowie *Recycling und Entsorgung* (vgl. *Abbildung 9.2* und insbesondere *Abbildung 9.3*).

2. Zum anderen erfordern verschiedene Ausbildungsberufe (z. B. kaufmännische und gewerblich-technische Berufe) auch verschiedene inhaltliche und zeitliche Ausformungen (vgl. *Abbildung 9.4*).

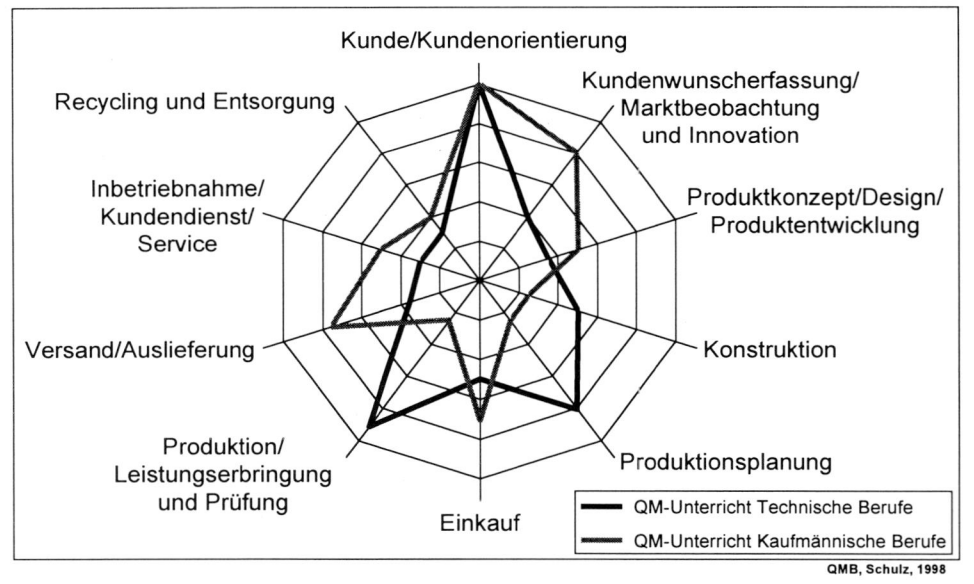

Abbildung 9.4: *Veränderte inhaltliche und zeitliche Schwerpunktsetzungen – technische und kaufmännische Berufe*

Ziel einer notwendigen Überarbeitung der Lehrpläne unter besonderer Berücksichtigung des Qualitätsmanagements im berufsbildenden Bereich sollte u. a. auch die verbesserte globale Wettbewerbsfähigkeit der Auszubildenden sein. Allerdings würden wir es begrüßen, wenn mit der „Qualitäts-Denke" schon im Elternhaus, im Kindergarten und insbesondere in den allgemeinbildenden Schulen begonnen wird, damit die Entwicklung eines gelebten Qualitätsbewusstsein kontinuierlich gefördert werden kann.

Literatur

BADER, REINHARD; SCHÄFER, BETTINA (1998):
Lernfelder gestalten – Vom komplexen Handlungsfeld zur didaktisch strukturierten Lernsituation. In: Die berufsbildende Schule (BbSch) 50 (1998) 7-8, S. 229-234.

KLAFKI, WOLFGANG (1975):
Studien zur Bildungstheorie und Didaktik. (10. Aufl.) Weinheim 1975.

KLAFKI, WOLFGANG (1996):
Neue Studien zur Bildungstheorie und Didaktik. (5. unveränd. Aufl.) Weinheim, Basel 1996.

KMK (1996):
Sekretariat der Ständigen Konferenz der Kultusminister der Länder in der Bundesrepublik Deutschland: Handreichung für die Erarbeitung von Rahmenlehrplänen der Kultusministerkonferenz für den berufsbezogenen Unterricht in der Berufsschule und ihre Abstimmung mit Ausbildungsordnungen des Bundes für anerkannte Ausbildungsberufe. Bonn, 09.05.1996.

Abbildungsverzeichnis

Abbildung 1.1:	MIT-Studie; Quelle: Globus	10
Abbildung 1.2:	Geäußerte Qualitätsauffassung eines Unternehmens	11
Abbildung 1.3:	Fehlerentdeckung und Kosten; [DEUTSCHE GESELLSCHAFT FÜR QUALITÄT E. V. 1996, Modul 2 – S. 8]	12
Abbildung 1.4:	Analyse der Reklamationen; Quelle: nach Sauer Sundstrand GmbH & Co., Neumünster	13
Abbildung 1.5:	Wie entsteht Qualität?; Quelle: nach Sauer Sundstrand GmbH & Co., Neumünster	14
Abbildung 1.6:	Ziele und Nutzen eines Qualitätsmanagement-Systems; [nach DEUTSCHE GESELLSCHAFT FÜR QUALITÄT E. V. 1996, Modul 2 – S. 5]	15
Abbildung 1.7:	Fertigungsweg Welle; Quelle: Sauer Sundstrand GmbH & Co., Neumünster	17
Abbildung 1.8:	Werkstattfertigung und die Wege der Verschwendung; Quelle: Sauer Sundstrand GmbH & Co., Neumünster	17
Abbildung 1.9:	Inselfertigung, ein Beispiel für Wertschöpfung; Quelle: Sauer Sundstrand GmbH & Co., Neumünster	18
Abbildung 1.10:	Der Facharbeiter 2000	19
Abbildung 1.11:	Der Facharbeiter 2000 – erweitertes Anforderungsprofil	20
Abbildung 1.12:	Kommunikation im Betrieb [EHRLENSPIEL 1995, S. 148]	21
Abbildung 1.13:	QMB-Qualitätskreis	22
Abbildung 2.1:	Lernprozess bei einer vollständigen Handlung [nach PAMPUS 1987, S. 47]	29
Abbildung 2.2:	Entwicklung der Qualitätssysteme; Gerasterter Teil nach: Deutsche Gesellschaft für Qualität e. V. – DGQ	31
Abbildung 2.3:	Produktionskette in der handwerklichen Einzelfertigung	33
Abbildung 2.4:	Qualitätssystem der handwerklichen Einzelfertigung	34
Abbildung 2.5:	Produktionskette zu Beginn der industriellen Massenproduktion	35
Abbildung 2.6:	Produktionskette in der Blütezeit der industriellen Massenproduktion	35
Abbildung 2.7:	Qualitätssystem in der industriellen Massenfertigung	36
Abbildung 2.8:	Produktionskette in der Schlanken Produktion und in der Anfangszeit des Qualitätsmanagements	38
Abbildung 2.9:	Qualitätssystem in der Schlanken Produktion und in der Anfangszeit des Qualitätsmanagements	38
Abbildung 2.10:	Säulen des Qualitätsmanagements (House of Quality) [GREẞLER, GÖPPEL 1996, S. 33; Hervorhebungen durch die Verfasser]	39
Abbildung 2.11:	Idealbild einer Produktionskette im Qualitätsmanagement	41

Abbildung 2.12:	Idealbild des Qualitätssystems im Qualitätsmanagement	42
Abbildung 2.13:	Mögliche Produktionskette in fraktalen Strukturen	43
Abbildung 2.14:	Mögliches Qualitätssystem in fraktalen Strukturen	43
Abbildung 2.15:	Ablaufstruktur eines sozio-technischen Handlungssystems	45
Abbildung 2.16:	Qualitätskreis (Quelle: GREßLER, GÖPPEL 1996, S. 7)	47
Abbildung 2.17:	Qualitätskreis zur Strukturierung von Unternehmensprozessen	48
Abbildung 2.18:	Fraktale Schachtelung des Qualitätskreises (erste und zweite Ebene) zur Strukturierung von Unternehmens- und Arbeitsprozessen (sowie Arbeitshandlungen)	50
Abbildung 4.1:	Phasen der Integration des Qualitätsmanagements in den Berufsschulunterricht	64
Abbildung 4.2:	Lernträger Garderobensystem – Grundplatte	66
Abbildung 4.3:	Lernträger Garderobensystem - Garderobenhaken	67
Abbildung 4.4:	Zeichnung Türstopper, Variante mit Inlay	73
Abbildung 4.5:	Vom Auftraggeber bereitgestellte Skizze des Hoftores	74
Abbildung 4.6:	Von den Schülern erarbeitete Zeichnung des Hoftores	75
Abbildung 4.7:	Auslieferung der Türstopper beim „Kunden"	77
Abbildung 4.8:	Präsentation des Garderobensystems und Kundenbefragung auf dem Itzehoer Wochenmarkt	81
Abbildung 4.9:	Prozentuale Verteilung der Kundenantworten auf die Frage: „Spricht Sie dieses Produkt an?" (Bewertung nach dem Schulnotenprinzip)	82
Abbildung 4.10:	Prozentuale Verteilung der Kundenantworten auf die Frage: „Wie gefallen Ihnen die Farbkombinationen?" (Bewertung nach dem Schulnotenprinzip)	83
Abbildung 4.11:	Prozentuale Verteilung der Kundenantworten auf die Frage: „Welchen Preis würden Sie bezahlen?"	84
Abbildung 4.12:	Fischgrätendiagramm (ISHIKAWA-Diagramm) für den Qualitätsmangel „Nasen bei der Lackierung"	85
Abbildung 4.13:	Von den Schülern erdachte Fräsvorrichtung im Einsatz	86
Abbildung 5.1:	Zuordnung von Zeitrichtwerten zu den Lehrplaninhalten	106
Abbildung 5.2:	QMB-Planungsinsel mit Fertigungsraum	110
Abbildung 5.3:	Kalkulationsbeispiel des Produktes „Deckel"	114
Abbildung 5.4:	Messanordnung Messmaschine/Servozylinder	117
Abbildung 5.5:	Prozess-FMEA für ein Werkzeugteil; Risikoprioritätszahlen	123
Abbildung 5.6:	Übergabe der Konstruktionsunterlagen	124
Abbildung 6.1:	Ziele des Modellversuches in der Fachschule Technik am Beispiel des Zielekreises [vgl.: DIEMER V. 1993, S. 6 ff.]	137
Abbildung 6.2:	Betroffene werden zu Beteiligten	142

Abbildung 6.3:	Veränderung der Lehrerrolle	160
Abbildung 7.1:	Defizite nach der beruflichen Erstausbildung – Defizite in den fachlichen Kenntnissen des Berufes	165
Abbildung 7.2:	Defizite nach der beruflichen Erstausbildung – mangelnde kaufmännische Grundkenntnisse	166
Abbildung 7.3:	Defizite nach der beruflichen Erstausbildung – mangelndes ganzheitliches Denken	166
Abbildung 7.4:	Bedeutung erweiterter Inhalte für eine berufliche Erstausbildung – Elemente der DIN EN ISO 9000 ff.	167
Abbildung 7.5:	Bedeutung erweiterter Inhalte für eine berufliche Erstausbildung – Qualitätskreis	168
Abbildung 7.6:	Bedeutung erweiterter Inhalte für eine berufliche Erstausbildung – Kostendenken/Kostenrechnen	168
Abbildung 7.7:	Bedeutung erweiterter Inhalte für eine berufliche Erstausbildung – Denken in Wertschöpfung und Verschwendung	169
Abbildung 7.8:	Bedeutung erweiterter Inhalte für eine berufliche Erstausbildung – Kundenorientierung/Kunden-Lieferanten-Beziehung	170
Abbildung 7.9:	Bedeutung erweiterter Inhalte für eine berufliche Erstausbildung – Prozessdenken	170
Abbildung 7.10:	Bedeutung erweiterter Inhalte für eine berufliche Erstausbildung – ganzheitliches Denken	171
Abbildung 7.11:	Bedeutung des Handlungsrahmens „Lernfirma"	172
Abbildung 7.12:	Bereitschaft, „Kunde" einer solchen Lernfirma zu werden	172
Abbildung 7.13:	Prozentuale Antwortenverteilung auf die Frage nach Defiziten nach einer beruflichen Erstausbildung	173
Abbildung 7.14:	Prozentuale Antwortenverteilung auf die Frage nach Qualitätsmanagement-Inhalten für die berufliche Erstausbildung	174
Abbildung 8.1:	Originalauszug Fragebogen – Ministerien zur Fachschulsituation	178
Abbildung 8.2:	Antwortenverteilung und Zuordnung der Bundesländer auf die Frage nach der Integration von Elementen des Qualitätsmanagements und der DIN EN ISO 9000 ff. in den Unterricht der Fachschule	186
Abbildung 8.3:	Antwortenverteilung und Zuordnung der Bundesländer auf die Frage nach Projekten zum Qualitätsmanagement	187
Abbildung 8.4:	Antwortenverteilung und Zuordnung der Bundesländer auf die Frage nach Lehrerfortbildung zum Qualitätsmanagement	188
Abbildung 8.5:	Antwortenverteilung zu Aspekten, die unmittelbar mit der Umsetzung der KMK-Rahmenvereinbarung in Verbindung stehen	190

Abbildung 8.6:	Antwortenverteilung zu Voraussetzung und Aspekten der Integration des Qualitätsmanagements in den Unterricht der Fachschule	191
Abbildung 9.1:	Reflexionsstufen zur didaktischen Analyse (Grafik entnommen aus BADER, SCHÄFER 1998, S. 229)	195
Abbildung 9.2:	QMB-Qualitätskreis zur Strukturierung der Lernfeldkomponenten	196
Abbildung 9.3:	Veränderte inhaltliche und zeitliche Schwerpunktsetzungen – Ausbildungsberuf „Industriemechaniker"	205
Abbildung 9.4:	Veränderte inhaltliche und zeitliche Schwerpunktsetzungen – technische und kaufmännische Berufe	206

Tabellenverzeichnis

Tabelle 4.1:	Produktionsplanung der Schüler zum 24.01.1997	92
Tabelle 4.2:	Inhalte zum Qualitätsmanagement	93
Tabelle 5.1:	Ausbildungsberufe, ausbildende Unternehmen, Schüleranzahl	102
Tabelle 5.2:	Inhalte des Qualitätsmanagements, deren Zuordnung zu Ausbildungsabschnitten und der veranschlagte Zeitrahmen	105
Tabelle 5.3:	Qualitäts-Audit-Checkliste	119
Tabelle 5.4:	Audit-Fragen	120
Tabelle 5.5:	Empfehlungen für das Qualitätsmanagement-Element 5	121
Tabelle 5.6:	Wertetabelle und Wahrscheinlichkeitsnetz	127
Tabelle 5.7:	Auftragsspezifikation zum Kunststoffspritzwerkzeug	131
Tabelle 6.1:	Stundentafel für die Fachrichtung Maschinentechnik (Vollzeitform)	139
Tabelle 6.2:	Ausgewählte Themenbereiche zum Qualitätsmanagement	140
Tabelle 6.3:	Vor- und Nachteile der Teamarbeit [vgl. BULLINGER, ULBRICHT, VOLLMER 1995, S. 14; Hervorhebungen durch die Autoren]	146
Tabelle 6.4:	Zusammensetzung der Zeugnisnoten im zweiten Durchgang	151
Tabelle 6.5:	Zusammensetzung der Note „Referatsleistung"	151
Tabelle 6.6:	Zusammensetzung der Zeugnisnoten im dritten Durchgang	152
Tabelle 6.7:	Zusammensetzung der Note „Dokumentation"	152
Tabelle 6.8:	Beurteilung der Projektergebnisse durch die jeweiligen Kunden im zweiten Durchgang	153
Tabelle 6.9:	Beurteilung der Projektergebnisse durch die jeweiligen Kunden im dritten Durchgang	154

Autorenverzeichnis

BADER, REINHARD; Prof. Dr.; Otto-von-Guericke-Universität Magdeburg, Institut für Berufs- und Betriebspädagogik, Virchowstraße 24, 39104 Magdeburg.

BRAND, AXEL; Studiendirektor; Berufliche Schulen des Kreises Steinburg, Juliengardeweg 9, 25524 Itzehoe.

LUKASCZYK, KLAUS-PETER; Dipl.-Ing., Studienrat; Gewerbeschule III, Fachschule – Technik, Georg-Kerschensteiner-Straße 27, 23554 Lübeck.

RICHTER, ANDY; Dipl.-Gwl., wissenschaftlicher Mitarbeiter; Otto-von-Guericke-Universität Magdeburg, Institut für Berufs- und Betriebspädagogik, Virchowstraße 24, 39104 Magdeburg.

SCHEEL, DIETMAR; Oberstudienrat; Walther-Lehmkuhl-Schule, Roonstraße 90, 24537 Neumünster.

SCHNEIDER, BERND; Dipl.-Ing., Oberstudienrat; Gewerbeschule III, Fachschule – Technik, Georg-Kerschensteiner-Straße 27, 23554 Lübeck.

SCHULZ, REINHARD; Dipl.-Ing., Studiendirektor; Landesinstitut Schleswig-Holstein für Praxis und Theorie der Schule, Schreberweg 5, 24119 Kronshagen.

SIEFER, BERND; Dipl.-Ing., Oberstudienrat; Walther-Lehmkuhl-Schule, Roonstraße 90, 24537 Neumünster.

SLADEK, CHRISTOPH; Dipl.-Ing., Studienrat; Berufliche Schulen des Kreises Steinburg, Juliengardeweg 9, 25524 Itzehoe.

ZIGGERT, HANS-ULRICH; Dipl.-Ing., Studienrat; Berufliche Schulen des Kreises Steinburg, Juliengardeweg 9, 25524 Itzehoe.

Sachwortverzeichnis

Abschlussprüfung 96, 125
Abschlusszeugnis 129
Abteilung
   Nachbesserungs- 36
   Qualitätssicherungs- 36
Aktionsformen 109
Arbeits
   -gestaltung 29
   -prozess 28
   -system 28
Arbeitsprozesswissen 27, 28, 30, 174
Audit 119, 128
Ausbildungsordnung 104, 193

berufliche Bildung 26
Berufswirklichkeit 127
   veränderte 107
betriebliche Aufgaben 141
betriebliche Realität 103, 141

Denken
   ganzheitliches 155, 164, 166, 170, 175
   prozesshaftes 170, 175
   prozessorales 164

erweiterte Fähigkeiten 169

fachliche Differenzierung 121
fachrichtungsübergreifender Lernbereich
   177, 182
Fachschule 133, 177
Fertigung
   Insel- 16, 128
   Werkstatt- 16, 37
FMEA 12, 122, 124
   Prozess- 123, 128
Fragebogen 164, 177
Fremdprüfung 11, 19

Globalisierung 10

Handlungskompetenz 23, 27, 108
   berufliche 40, 164, 181
handwerkliche Einzelfertigung 32, 33
Hauptfragen 58
   Antworten zu 97, 154

industrielle Massenproduktion 32, 36
Inselfertigung 128

ISHIKAWA
   Problemlösungsmethode nach 85

Just In Time 124

kaufmännische Inhalte 168
Kenntnisse
   erweiterte 165, 173
   fachliche 173
   kaufmännische 165
Kompetenz
   Fach- 26, 108
   Gestaltungs- 28, 29, 40, 164
   Handlungs- 26, 108
   Human- 26, 108
   Sozial- 26, 109
kontinuierlicher Verbesserungsprozess
   (KVP) 40, 107, 142
Kosten
   -bewusstsein 143
   -denken 58, 155, 168, 169
Kunde 48, 113
Kunden
   -befragung 84
   -orientierung 79, 157, 169
   -wunsch 39, 49
   -wunsch, Erfassung des 80
Kunden-Lieferanten-Beziehung 40, 76, 169
   externe 206
   interne 42, 50, 87, 108, 206
   reale 144
Kunden-Lieferanten-Verhältnis 107, 157
   reales 136, 139

Lean Production 37
Lehrerteams 159, 185
Lehr-Lern-Arrangements 109
Lehr-Lern-Prozesse 181
Lehr-Lern-Prozessstruktur 185
Lehrplan 22, 104, 193, 205
   -bezug 104, 139
Lernen
   eigenverantwortliches 129
Lernfeld 194
   -komponenten 194, 197
Lernfirma 72, 103, 128, 171
Lernträger 182

Machbarkeitsuntersuchung 89
Medien 111
Mitgestaltung 28
MIT-Studie 9, 11

Notenfestsetzung 150

Präsentation 144
Praxisrelevanz 109, 140
Produktionssystem 31, 32
Projekt 72, 73, 78
  -aufgaben 136
  -beurteilung durch den Kunden 153
  -formulierung 143
  -phase 75, 147
  -planung 75
  -unterricht 183, 184
Prozess
  -denken 141
  ganzheitlicher 107
  -kontrolle, statistische 116
Prüfung 184

QMB-Qualitätskreis 23
Qualifikation
  erweiterte 164
  extrafunktionale 27, 163
Qualität 14, 77
  persönliche 16, 20, 23
Qualitäts
  -bewusstsein 11, 23, 128
  -denken 19
  -kontrolle 20
  -mängel 35, 36
  -philosophie 15
  -planung 11
  -sicherung 12, 38
  -sicherungsabteilungen 38
  -system 31, 32
  -verständnis 20
Qualitätshandbuch 115

externes 115
internes 115
Qualitätskreis 22, 47, 49, 51, 71, 73,
  104, 107, 155, 167, 196
Qualitätsmanagement 30, 39, 186
  Lerninhalte 93, 106
  -system 119
  -unterricht 147

Raumkonzeption 110

Schlanke Produktion 32, 37
Schulkultur 159
Schulorganisation 129
Selbstprüfung 12, 19
Sozialformen 109
sozio-technisches Handlungssystem 44
Statistische Prozesskontrolle 116, 128

Taylorismus 20, 34, 145
Team
  -arbeit 142, 145
  -arbeit, Ziele der 145
  -bildung 145
  -geist 145
Total Quality Management (TQM) 15

Unternehmenskultur 145, 159
Unterrichts
  -konzept 134
  -projekt 134, 143

Verschwendung 13, 17, 23, 143, 166
Vorprojektphase 147

Wareneingangsprüfung 38
Wertschöpfung 13, 17, 143

Zeitmanagement 141
Zielorientierung 58
Zielsetzungen 99